北大法学
教育改革丛书

北大法学私塾 壹

北京大学法学院 | 编

法律出版社 LAW PRESS · CHINA
北京

图书在版编目(CIP)数据

北大法学私塾. 壹 / 北京大学法学院编. -- 北京 :
法律出版社, 2024
ISBN 978 -7 -5197 -8169 -9

Ⅰ. ①北… Ⅱ. ①北… Ⅲ. ①法学－高等学校－教学
参考资料 Ⅳ. ①D90

中国国家版本馆 CIP 数据核字(2023)第 140633 号

北大法学私塾 · 壹
BEIDA FAXUE SISHU · YI

北京大学法学院 编

责任编辑 宋丽娜
装帧设计 汪奇峰 臧晓飞

出版发行 法律出版社
编辑统筹 法律教育出版分社
责任校对 王 丰 李景美
责任印制 刘晓伟
经　　销 新华书店

开本 710 毫米 × 1000 毫米 1/16
印张 14 **字数** 226 千
版本 2024 年 1 月第 1 版
印次 2024 年 1 月第 1 次印刷
印刷 北京金康利印刷有限公司

地址:北京市丰台区莲花池西里 7 号(100073)
网址:www. lawpress. com. cn
投稿邮箱:info@ lawpress. com. cn
举报盗版邮箱:jbwq@ lawpress. com. cn

销售电话:010 - 83938349
客服电话:010 - 83938350
咨询电话:010 - 63939796

书号:ISBN 978 - 7 - 5197 - 8169 - 9
定价:49. 00 元
凡购买本社图书,如有印装错误,我社负责退换。电话:010 - 83938349

编写说明

北京大学(以下简称北大)是中国法学教育的滥觞之地,是中国法学教学改革的先行者和探路者。北大法学院始终秉持科研与教学并重的立院方针,将教学与科研视作大学教师的基本职责,两翼不可偏废。近年来,北大法学院大力推进教学供给侧改革,增加教学产品,改善教学结构,提升课程质量,创新教学活动,引领中国法学界教学改革风潮。

“北大法学私塾”是北大法学院“第二课堂”教学改革项目的重要环节,旨在将教学创新的着力点从培养方案内的课程向课外延伸,并在教育关系上从以教师为主体转向为打造教师与学生互动的新型教育共同体,弥补“第一课堂”在授课形式、传授内容、课时等方面的局限。

一百年前,李大钊曾多次参加学生的红楼读书会。20 世纪八九十年代以来,北大校园里各种读书小组成为一种风潮。虽然近年来随着网络信息技术的发展,学生获取知识和交流的渠道日益拓宽,但是师生面对面一起读书和讨论,始终有着不可取代的魅力,更是自主性学习的重要组成部分。北大法学院的教师长期不计报酬甚至自费组织课堂之外的读书会、讨论会等活动,在体系性地讲授法学知识的课堂之外,开辟出研讨、思辨、沟通、评论等不同类型的丰富多彩的教学新形式。或周末,或夜晚,学院的研讨室永远充满着学术烟火气,十余名同学在一名或数名老师的带领下,或同读书,或辩议题,或评习作,或析案例,弦歌不断,书声琅琅,师生问道,乐在其中。在这个所有人都备感忙碌和焦虑的时代,学院老师们组织的此种义务性的第二课堂活动,不仅体现了其关爱学生、乐于奉献的情怀,也凝聚着他们因材施教的教育理想、好书共赏的精神追求以及求真尚美的学术志向。

2018 年以来,学院将此类活动命名为“第二课堂”,通过项目制的方式给予些许资助。迄今有三十余位老师参与立项,项目总数已超百个。为了更全面地展示第二课堂的项目风采,与全国法学教师共同探索教学改革经验,学院在征求教师意见后,决定将部分项目的内容整理出版,并命名为“北大法学私塾”。在具体内容上，首先由参与立项的老师亲自撰文详细介绍启动项目的目的初衷、相关活动的组织程序、具体使用的教学资料；然后再由积极参与活动的一至二名同学，结合具体的研讨过程和读书内容，分享其参加活动的心得体会。

《北大法学私塾》的编纂与出版，是北大法学院几十位教师的集体作品，同时也得到了来自法律出版社、中国法律评论编辑部、北京大学宣传部、北大英华公司等社会各界人士的关心、支持和帮助。在各方协力下，学院的“第二课堂”以一种新的方式在纸上重现。在此一并致谢！

北京大学法学院

2023 年 11 月

目 录

张骐老师的私塾

法与正义读书会

张　骐

法学博士，北京大学法学院教授，北京大学法学院学术委员会委员；最高人民法院案例指导工作专家委员会委员，中国法学会法理学研究会副会长，中国法学会比较法学研究会副会长，中国法学会案例法学研究会副会长，国家社科基金重大项目“构建中国特色案例制度的综合系统研究”首席专家。2019年2月被评为中国法学会“全国法学会系统先进个人”，2021年11月被评为中国法学会案例法学研究会“2021年年度人物”（首届）。

自1982年1月从吉林大学法律系本科毕业后，至今一直从事法律教育和法学研究工作。1987年7月在北京大学法律系（法学院前身）研究生毕业后留校任教至今。讲授课程包括：法理学、法理学专题、比较法总论、比较法研究、西方法理学研究、马克思主义法理学、法学流派与思潮、西方法哲学研究、法学前沿、法学方法论与论文写作，Chinese Judicial System（英语授课），Comparing the Legal Systems of China and America（英语授课）。

总体说明

我们从2013年春季学期开始举办“法与正义读书会”读书活动。下面综合谈一下这个读书活动的意义、坚持它的原因及希望达到的目的。

现在正处于历史的转折时期。在这个时期,各种利益群体诉求差异巨大,社会与国家的利益表达机制尚在建设之中,多种多样,甚至彼此冲突的迫切要求需要通过法律妥当处理。同时,互联网、大数据、人工智能、基因编辑等纷至沓来,对法律实践和法学理论提出多方面的新挑战。司法、执法、进一步的立法及法学教育,都面临许多新的法律问题。北京大学法学院的博士研究生、硕士研究生和本科生在毕业后,将和其他高校毕业的青年学子一样,不仅要承担诸多法律实践方面的任务,还肩负着发展法律、治国安邦、传承文化的使命,阅读哲学、社会理论、历史等基础理论著作,对于他们在法学院的学习、研究和将来的工作十分重要。具体来说,我们坚持读书有五个方面的理由。

第一,学习研读理论著作,是学习、研究法律基本问题的一个基础。法学理论专业的研究生乃至法学院其他专业的研究生,都需要研究法律的基本问题。认真研读基础理论著作,有助于我们运用基础理论著作学习、研究许多法律的基本问题。

第二,学习研读基础理论著作,是校园生活的必要组成部分。由于种种原因,近年来的大学生活,出现僵化和内卷的现象,有些同学的校园生活变得被动、“躺平”,甚至出现身心问题。同学们在一起阅读基础理论著作,可以从两个方面充实、改善自己的学习生活:首先,这种阅读可以使同学们保持一种充实、积极的思考状态,因而不会把精力浪费在无益、无趣的事情上;其次,同学们一起阅读、讨论,实际上是在体验一种反思的积极人生。苏格拉底说:“一个未经省察的生活是不值得人过的生活。”读书是一种省察人生的愉快生活。

第三,学习研读基础理论著作,是培养、训练研究能力的重要途径。阅读基础理论是一种思想锻炼,是培养、训练自己研究能力的良好途径,对同学们形成澄明的思想非常有帮助。

第四,学习研读基础理论有助于增长见识。见识是一种眼光,是人们对事物、社会长远发展的智识性判断。一个人的见识决定着这个人的人生、格局。

美国哲学家阿德勒有一本小书《六大观念》,它的副标题是“我们据以判断的真、善、美,我们据以行动的自由、平等、公正”,这个副标题有道理、有见地。这六大观念对于培养人的见识十分重要。而学习、研读基础理论有助于我们认识这些基本观念,从而有助于增长自己的见识。

第五,学习研读基础理论有助于培养高贵灵魂。高贵的灵魂远不只是独善其身,而是能够像北宋思想家张载所说的“为天地立心,为生民立命,为往圣继绝学,为万世开太平”,这是被许多中国知识分子实践的崇高理想。在现代,这个理想与敬畏之心相结合,会使人的心灵平静而有定力,苏格拉底的“无知之知”有助于让人在现代社会心生敬畏,苏格拉底“把自己比喻成一只牛虻,不断提醒雅典人关心自己的灵魂”。学习研读基础理论有助于同学们发现无知、扩展新知、关心自己的灵魂,使之高贵。

“法与正义读书会”多年来凝聚了专业方向不同、兴趣爱好各异、观点立场多元的一批批同学持续不断地加入,大家在浮躁喧闹的世界中一起认真读书、思考,乐在其中。当然,基础理论著作不是包治百病的灵丹妙药,我们不可能指望阅读几部基础理论著作就可以解决我们所面临的所有问题。但是,我们日积月累地坚持阅读,收获将是巨大的。

■ 组织程序

我们自2013年春季学期开始举办“法与正义读书会”的读书活动。读书会主要面向北京大学法学院法理学专业博士研究生、硕士研究生开设,同时欢迎法学院各专业各年级以及国内其他高校的同学、青年教师参加。多年来,不仅法学院同学积极参与,其他院系乃至其他兄弟院校的同学都慕名前来,规模常年保持在10~15人。举办至今,参与读书会的有北京大学、中国政法大学、中国人民公安大学等高校的博士研究生、硕士研究生和高年级本科生。

“法与正义读书会”按照一定的主题,选择哲学、法学以及社会学的基础理论著作。我们提前确定阅读书目和讨论主题,参与读书会的同学结合各自的研究方向、个人兴趣及课业安排,自愿参加。每学期读书会一般会选择每周或隔周集中阅读讨论,每次讨论2~3小时。自2020年春季开始,春季学期的读书会与“现代西方法理学研究”课合并,作为“第二课堂”的读书会只在每个学年的秋季学期进行。

“法与正义读书会”采用导读报告与讨论相结合的“习明纳”方式。每次读书会以研讨基础理论著作为主,也会穿插讨论和评议同学们的论文。每次读书会由2~3位同学根据读书任务提前准备,在读书会当天对阅读章节进行导读。导读同学一般负责梳理文本,归纳作者论证结构,分析其论点与论据之间的关系。负责导读的同学在准备过程中,不仅需要吃透自己负责的文本,也需要参阅作者的其他作品,甚至是一些研究文献。所以,导读报告不仅是就书谈书,也有许多涉及背景知识或当下学术热点的发散和拓展。导读的同学也时常需要留意核心概念的译文是否准确。指导教师适当引导;其他同学针对阅读书目或报告提问并参与讨论,提出著作中的难点、重点、疑问以及存在争议之处,也可以发表自己的看法。无论是文字报告还是口头讨论,大家都会仔细倾听他人观点,讨论时尽可能畅所欲言,尽量做到思路清晰、意思观点明确、紧扣文本或讨论主题,发言简练,完全避免个人情绪性表达。在读书会的组织与参与过程中,我们充分尊重各位同学的兴趣爱好,鼓励大家结合自己的专业和关切参与讨论。如果大家觉得文本较难或难以提出有价值的问题时,指导教师会提醒大家关注文本中的特定概念或段落,启发大家寻找自己认为重要的问题进行有效率的讨论。

阅读篇目

表1 “法与正义读书会”阅读主题及书目

学期	主题	书目
2013年春季学期	正义理论	罗尔斯:《正义论》
2013年秋季学期	社会理论与法理论	哈贝马斯:《在事实与规范之间》
2014年春季学期	西方法理学	德沃金:《法律帝国》 阿列克西:《法概念与法效力》
2014年秋季学期	正义、国家与法	阿马蒂亚·森:《正义的理念》 凯尔森:《法与国家的一般理论》
2015年春季学期	康德实践哲学	康德:《实践理性批判》 《道德形而上学奠基》 《道德形而上学》

续表

学期	主题	书目
2015 年秋季学期	韦伯社会学理论	韦伯:《社会学基本概念》 《支配社会学》
2016 年春季学期	法社会学与法哲学	韦伯:《法律社会学》 黑格尔:《法哲学原理》
2016 年秋季学期	亚里士多德哲学	亚里士多德:《政治学》 《尼各马可伦理学》
2017 年春季学期	哲学诠释学	伽达默尔:《真理与方法》
2017 年秋季学期	鲁曼社会理论	鲁曼:《社会中的法》
2018 年春季学期	德里达哲学	德里达:《声音与现象》 《论文字学》 《书写与差异》
2018 年秋季学期	法国社会学经典	涂尔干:《社会分工论》 福柯:《规训与惩罚》 布尔迪厄:《反思社会学导引》
2019 年春季学期	康德哲学	康德:《未来形而上学导论》 《纯粹理性批判》(第 2 版)
2019 年秋季学期	胡塞尔现象学	扎哈维:《胡塞尔现象学》 胡塞尔:《现象学的观念》 《生活世界现象学》
2020 年秋季学期	海德格尔哲学	海德格尔:《存在与时间》
2021 年秋季学期	分析哲学	塞尔:《心灵、语言与社会》 奥斯汀:《如何以言行事》
2022 年秋季学期	维特根斯坦哲学 心灵哲学	维特根斯坦:《逻辑哲学论》 《哲学研究》(部分) 塞尔:《心灵导论》

■ 研习成果

《纯粹理性批判》(第 2 版)前言与认知建构主义

赵英男(北京大学 2020 届法理学专业博士研究生)

《纯粹理性批判》是有关人类认知问题的重要作品。康德为此耗费了十余年的心血。他在 1771 年写给自己的学生赫兹(Herz)的信中透露,自己正在写作一部有关认知问题的作品。这部著作最终在 1781 年完成,便是《纯粹理性批判》的第 1 版。令康德感到意外的是,这部在他看来非常重要的作品并没有引起人们的关注,仅有的两篇书评都是颇具毁灭性的批评。不过,康德并没有放弃完善与澄清自己观点的努力。他在 1783 年出版了可以说是《纯粹理性批判》简写本的《未来一切形而上学导论》,并在 1787 年出版了经过自己实质修订的《纯粹理性批判》(第 2 版)。相较于初版,《纯粹理性批判》(第 2 版)的重要改动之一,就是康德补充了阐述自己理论观点的"前言"。根据其中的论述,学者们认为康德由此开启了哲学史中的"哥白尼革命"。本文将围绕康德有关"哥白尼革命"的讨论展开分析,试图从《纯粹理性批判》(第 2 版)所呈现的理论样貌,表明康德提出的认知理论是一种认知建构主义。

在展开讨论前有必要对概念稍加澄清,形而上学、认识论以及伦理学构成了哲学领域的三个重要支柱。它们分别对应着"存在什么"、"可以知道什么"以及"应该做什么"这三个问题。认知理论就是对我们"可以知道什么"这个问题的解答,主要讨论认知主体和认知对象之间的关系。认知主体指的不是某个特定群体或人,而是在一般意义上具有理性能力的人类本身。认知对象也并非现实世界中某个可以被我们观察、感知或触碰到的具体事物,而是一般意义上的外部世界。认知建构主义即隶属于认知理论。它认为我们无法认识世界本来的样子,而只能认识到自己以某种方式建构的世界。

康德对于这一观点的论述,集中体现在《纯粹理性批判》(第 2 版)前言中被后来学者称为"哥白尼革命"的部分。在这一部分中,康德提出了如下三个重要的观点。首先,康德提议转变构建认知理论的视角。他简要分析了两种不同的立场。一种是试图让认知对象符合我们的概念的立场,另一种是试图让概念遵照认知对象的立场。康德指出,后一种立场是认知理论中较为常见的情形,但是迄今为止的一切努力都没有证明我们的概念能够符合对象。因此,康德指出既然这种立场行不通,可以尝试另一种立场,让对象符合我们的概念,由此来尝试为我们的知识提供辩护。他将这个思路归结为哥白尼的启发。哥白尼的理论讨论的是天体之间的关系。在康德看来,"日心说"的理论似乎是将"地心说"的立场进行了某种转换,将我们原本认为一动不动的东西(地球)视为运动的,又将我们原本认为运动的东西(太阳)视为静止的。在这个意义上,康德发起的哲学中的"哥白尼革命"其实是一种视角上的转换:认知理论不再试图证明我们的认识符合外部世界,而是考察外部世界如何符合我们的认知条件进而可以被我们获知。

其次,康德指出我们的知识是一种先天的知识。依据他的表述,对象符合概念,意味着在对象被给予我们之前,就已经将我们固有的知性规则作为前提。知性规则先在于对象,言下之意,就是对象是由知性规则所建构的;知性规则为我们所固有,即它是我们人所具有的理性思维能力的一部分,并不源自外部世界的刺激。因此,康德认为我们的知识是先天的,或者说是不依赖于经验的。这里需要注意避免一种常见的误解。知识不依赖于经验并不等于经验在知识的构成中不发挥任何作用。康德认为,感知觉经验也即感性材料为知识的形成提供了内容,而知性规则则为知识提供了形式。这两者的结合才能够形成知识。正是在这个意义上,康德的理论构成对经验主义和理性主义立场的综合。这些知性规则,就是康德归纳的知性所拥有的 12 个先天范畴。它们确保我们对于外部世界的认识必然为真。因此,康德的学说也是对休谟理论的一种回应。根据休谟的观点,因果性不过是我们心灵在认知中形成的习惯;但康德认为,我们有关因果性的认识是以感性材料和知性规则为条件的,知性规则的先天性构成了我们的认识必然为真的保障。

在《未来一切形而上学导论》中,康德以"阳光照射,石头发热"这个现象为例,阐明了因果性范畴的运作机理。当我们看到(1)阳光照射在石头上时,用手触摸石头,就会(2)感到很烫。此时,我们形成了一个对自己有效的感性认识,它由(1)和(2)两种认知组成。我们用因果性范畴联结这两个认识,形成"阳光照射,石头发热"这样一个具有普遍有效性的认识——它并不特别针对某个人的具体感受,而是在描述一种一般现象。在此基础上,我们再次运用因果性范畴,在两个现象之间确立了因果关系,形成"阳光照射使得石头发烫"这样一种知识。

我们将这点进一步加以引申,就可以推论出,先天知识是必然为真的知识,也是一种非语境性和非历史化的知识。何以见得?依据康德构想,知识的形成少不了先天范畴的参与。在实践中就不外乎出现两种情况。一种情况是先天范畴得到正确使用,我们形成了有关外部世界的先天知识;另一种情况是先天范畴得到误用,我们所获得的就并非知识。还是以因果范畴为例。我们发现水会在加热到 100 摄氏度时沸腾,于是认为水因为加热到 100 摄氏度而沸腾;但后来我们发现只有在标准大气压下才会如此。有关这种认知上的转变,康德不是将之理解为知识会随着历史发展而进步,而是将先前观点视为先天范畴的误用所导致的认知错误。换言之,康德为"知识"设定了非常高的标准,认为它具有超越一切时空条件的有效性。他并不否认我们获得正确的知识需要付出艰苦的努力、经过漫长的时间,但只要我们获得了知识,它就不会改变,否则我们所拥有的就并非知识。

最后,正是由于康德强调知性范畴与感性材料在构成知识中共同发挥作用,他会认为我们只能认识到事物的显象(appearance)或表象(representation),也即事物作用于我们后形成的有关事物的"观念",而非事物本身的样态。物自身(thing in itself)与显象的区分体现了这一点。物自身即事物本身的样态,显象即是物自身作用于我们后,我们依据知性范畴所形成的有关物自身的观念。康德指出,我们只能够知道物自身存在,但却无法具有关于它的知识。因此,从因果关系角度来看,康德与柏拉图达成一致:两者都拒绝从结果(显象)向原因(物自身)的回溯性推理。思维与存在的同一,在康德这里也就体现为,思维与其所建构的存在同一,而非思维与独立于它的存在相符。

总结康德的看法,就会发现非常有趣的一点。在《纯粹理性批判》首版问世的10年前,康德在1771年写给赫兹的信中指出,自己正致力于阐发一种被称为"表象主义"的学说。这个学说认为,存在一个独立于认知者心灵的外部世界,但是认知者无法直接诉诸经验或智性直观认识到这个外部世界,只能通过某种中介获得有关外部世界的知识。这里的中介就是"表象",它一方面是对外部世界的准确描述,另一方面又是认知主体可以直接把握的事物。简言之,这种观点认为我们通过表象来认识到被表象的事物。但是,《纯粹理性批判》特别是第2版最终呈现的样貌却与之截然不同。康德认为,我们的认知对象是由我们的感官经验以及知性范畴共同建构的;同时,我们通过事物的表象也无法推断出事物本身的样态。在这个意义上,康德并没有兑现自己的理论承诺,而是提出了一种与所承诺的理论不同的学说。不过,康德之后的德国观念论哲学的发展表明,康德的认知建构主义立场,具有强劲的说服力与生命力,也的确称得上是一种"哥白尼革命"。

社会与其环境之间的结构耦合关系

——《社会中的法》第十章"结构耦合"读书报告

刘岩(北京大学法学院2016级法学理论专业博士研究生)

鲁曼的理论又被称为"系统论",基本观点之一便是社会存在系统与环境的区分。那么必须要回答的一个问题:系统与环境的关系是如何的？进一步的问题是,两者是否存在因果关系、谁影响谁、如何影响、影响到何种程度等。鲁曼对此的回答是,系统与环境之间存在“结构耦合”(structural coupling)。

鲁曼在前两节描述了结构耦合的一般理论问题。与转瞬即逝的“运作耦合”不同,结构耦合表征了系统与环境的“持续性”关系。且由于系统是“运作上封闭、认知上开放”的系统(该书第二章),因此,系统不是一个“输入—输出”的转换器,环境无法“穿越”系统的界限“进入”系统,只能对系统产生“激扰”(irritation),给系统制造“惊讶”,这样系统就不得不作出是否改变自身的选择。由此,激扰就与时间维度和系统的期望产生了关系。

激扰表明系统与环境具有“同时性”,但不保证“同步性”。毕竟,系统对环境的刺激不是瞬间的应激反应,而需要时间来作出决定(选择),因此,系统有可能改变自己过去的期望并形成认知性期望,亦有可能坚持过去的期望以维持规范性期望。(有关“期望”参见该书第三章以及鲁曼《法社会学》第二章前三节)即面对环境变化的刺激,法律系统既有可能“随之”作出调整也有可能不为所动,一切取决于系统自身的选择而非环境——环境无法决定系统,两者之间不存在“点对点”(point - to - point)的一致性。(参见该书第三章)反过来,如果系统只是随着环境“起舞”,那么区分系统与环境就毫无意义,诸如法律系统的独立性也无从谈起。

法律系统的结构耦合形式不是先验的、固定不变的,而是在社会演化过程(参见鲁曼《法社会学》第三章)中呈现不同的样态。比如,在“片段分化”的阶段,由于法律的可执行性与特定参与者有关,因此,法律就与强制手段产生结构耦合以保证法律决定的执行;在“层级分化”阶段由于存在等级制,法律则与占统治地位的家族产生结构耦合。

鲁曼在该书第三节以法律系统与经济系统的结构耦合为例来说明结构耦合的特征。法律系统中出现的“经济利益”已经不是经济系统对于“利益”的意义建构,而是以自己的运作将其区分为“法律上受保障的/法律上不受保障的”两类利益。此即法律系统是以自己的运作逻辑“处理”经济问题而非以经济系统的逻辑处理,否则法律就与经济产生了混同。在社会演化过程中,法律与经济在“所有权”或者说“财产”(property)上产生结构耦合。所有权人对财产拥有处分权并且禁止武力的侵夺,这一点既受到法律保护又与经济系统的“支付/不支付”符码(参见鲁曼《社会的经济》)相关。不过,从法律系统观察,法律仍然是要追求正义(参见该书第五章),只不过这一追求有可能获得或者损失经济上的收益;从经济系统观察,其仍然需要围绕"支付/不支付"的符码运作,而法律有关的决定只能对此产生激扰但不能取代这一运作。两者另一个结构耦合形式是"契约",在此不做详细分析。总之,法律与经济借助所有权与契约形式彼此结构耦合、互相激扰对方但不代替对方。在这个意义上,法律与经济通过结构耦合各自提升了自身的复杂性以应对环境更为复杂的复杂性,两个系统在社会演化中均获得了"成长"。鲁曼这部分论述隐含了一个结论:法律与经济未必只结构耦合于所有权或者契约两种形式,在社会演化历程中,很可能会出现新的形式,这取决于演化本身。

第四节则涉及法律系统与政治系统的结构耦合问题。如果说经济与法律的结构耦合主要体现在私法领域,那么政治与法律的耦合则主要体现在公法领域,"国家"成为政治与法律耦合的承载者。当然,这种耦合也是发生在社会演化过程中。在鲁曼看来,在片段分化或阶层分化的早期,在农业经济占支配地位时,所谓的国家并非政治与法律结构耦合意义上的国家。只有当国家能够使实证法成为政治性的塑造手段并通过宪法来驯化政治之时,政治与法律的结构耦合才能成立。因此,现代政治与现代法律的发展密切相关。鲁曼对实证法的界定比较特殊——实证法是自身改变自身的法律。(参见鲁曼《法社会学》第四章)现代宪法也是这种意义上的实证法,其涉及自我套用,并在"法律不得违反宪法"的层面将其他实证法囊括在内,由此构成了现代法律系统的实在法体系,并以自我指涉(self - reference)的方式运作。在这个体系内,宪法既是特别的又是普通的——宪法像一般的制定法那样被解释和运用,并作为评价"合法/非法"的依据,而一般的法律是否违宪则被作为关于"最高政治性权力"的问题。最高政治权力(主权)由于是"最高"的,因此可以作出任何决定,但这种权限背后的恣意性又是无法被心安理得接受的。因此,主权问题实际处于一个"对必然不受拘束的权力提出拘束"的"悖论"中,无法被进一步分析。这个"悖论"最终在法律与政治的结构耦合中得到"处理"(并非"解决"):宪法尝试为法律的自我指涉寻求政治上的应对方案,为政治的自我指涉问题寻求法律上的应对方案;对于法律系统而言,宪法是最高位阶的制定法;对于政治系统而言,宪法是政治的工具。在此意义上,宪法的法律意义与政治意义彼此分离而各自发展但同时相互激扰。两者另一种结构耦合形式则是"立法":立法实际上是法律系统将自身"暴露"在政治的影响之下,而政治也正是通过立法“变更”法律。总的来说,法律与政治的结构耦合都是在社会演化出“实证法”这一法律形式的背景下产生的。

第五节则以法律系统为例阐明全社会系统与心理系统的结构耦合关系。在鲁曼的理论中,社会是意义系统而非由“个体”组成的集合,那么心理系统就不属于社会系统而只能是社会系统的环境。社会并非与心理(意识)毫无关系,但也绝不是由心理系统“直接决定”。(有关该问题可以参考涂尔干的有关分析)在鲁曼的理论中,心理系统与全社会系统也存在结构耦合关系。就法律系统而言,主观权利就是两者的结构耦合形式,同时与沟通和意识产生联系。随着宪法将主观权利纳入自身,政治系统也被牵涉进来。就主观权利这个形式而言,法律(包括宪法)的确规定了主体可以在什么范围内行动,但同时将具体是否行动、如何行动的选择权交给了个体的意识(心理),并保留对该具体行动的评价权利。

鲁曼在最后一节中借助法律演化史上的几个例子提出了一个重要命题:“全社会系统系借助诸多自我再制的功能系统,与诸多结构耦合之间的差异,而获得实现,并且也借助这种方式而与一种环境相互界分开来。”结构耦合与功能系统一样,都是社会演化的产物,说到底都是为了应对超载的复杂性而生的。

由于本书的核心在于法律系统,所以对“激扰”和“结构耦合”本身的理论阐释并不充分,此问题可以参照鲁曼的 *Social Systems* 和 *Theory of Society* 两本著作的相关内容来理解。总的来说,鲁曼以激扰和结构耦合的概念解释了社会系统与其环境(包括其他社会子系统)之间的“非决定性”关系。该关系需要从现象学层面而非实体层面予以理解。该解释框架对于法律如何回应社会需求的问题有着极强的启发和解释力。概言之,由于系统与环境之间不存在“点对点”的关系,无法建构直接的因果关系链条,那么系统本身对环境的“影响”就不是可以清晰预见的甚至可能导致走向南辕北辙。因此,更重要的是系统本身的运作——就法律而言,面对社会环境的挑战与变化,更重要的可能并非将法律视为实现某种目的之工具,反而是要将重心落在自身的独立运作上,落在法治上。

不可说的神秘之域与人生之谜的答案

——《逻辑哲学论》[1]论题6“命题的一般形式”读书笔记

樊一江(北京大学法学院2020级法学理论专业硕士研究生)

“对于不可言说的东西,人们必须以沉默待之。”这是维特根斯坦在《逻辑哲学论》中提出的最后一个论题。之后,该书归于沉默,却给读者留下了三个值得深思的问题:不可说者是什么?为什么它是不可说的?不可说者意味着什么?论题6即是维氏在提出前述论题之前对这些问题的集中回答,从中亦能一窥维氏对人生意义相关问题的看法。

针对第一个问题,维特根斯坦认为:“的确存在着不可言说的东西。它们显示自身,它们就是神秘的事项。”(6.522)通过对世界与思想和语言的结构进行分析,维特根斯坦指出它们具有共同的逻辑结构。逻辑常项如同钩子一般,将诸基本命题以真值函项的形式结合成一个巨大而精细的命题网络。处在其中的有意义的命题都是描画(映现)事态或事实的。因此,语言的命题可以描述世界中的事实,亦即事实是可以言说的。不难看出,逻辑映现整个世界的逻辑性质,是主体与世界之间的“桥梁”,也是“可说”的基础。然而,内在于世界或事实之中的逻辑性质和逻辑形式恰恰是不可言说的。这也将我们的着眼点转移到了第二个问题上。

逻辑之所以能够映现事实,是因为逻辑当中并不包含任何实质内容,而仅仅包含与做出命题相关的规定性。在此意义上,维氏认为逻辑命题是以一种“同语反复”的方式映现世界的。“映现”并非描述性的,毋宁是使描述成为可能的,亦即逻辑命题的真理性仅仅通过分析符号本身的逻辑性质即可加以确定,而无须求助于经验。所以逻辑不仅先于经验而且独立于经验,质言之,逻辑是先天的。在此前提下,逻辑规律自身不能再受制于逻辑规律,这意味着我们失去了使描述逻辑成为可能的条件。任何对其之言说,只会成为无意义的胡说。在维氏看来,既往的逻辑学研究忽略了这一点,导致关于逻辑的理论沦为同语反复式的重复与规模的扩大,看似声势浩大,实则空无一物,仅仅说明了“在它们之中不存在本质上基本的规律和导出的命题”(6.127)。是故,面对

---

〔1〕 参见[奥]路德维希·维特根斯坦:《逻辑哲学论》,韩林合译,商务印书馆2019年版。

逻辑的正确态度是保持沉默。

在上述论证中能够获得关于逻辑的两个命题:(1)逻辑映现世界(经验事实)的结构;(2)逻辑是先天的。将此二命题相综合可得出:在经验事实之中无法找到逻辑的映现(参见5.633),这意味着逻辑是在世界之外的。通过回答为什么逻辑是不可说的,维氏在存在论和语义学的意义上区分了两个世界:一是由可说者构成的,通过逻辑能够领会的世界;二是非事实的、超事实的、不可言说的神秘的领域("世界"一词都称不上是一个合适的描述)。

对处在世界之内的经验主体而言,神秘之域的设置至少意味着两个维度的影响。

第一,确定性的丧失。在论题6.3中,维氏以自然科学为靶,说明了世界之内所发生的事实之间不存在任何必然的因果联系;所发生的一切事实都是偶然的,关于事实之间存在因果关系的信念是一种迷信。自然科学中包括因果律在内的基本规律,被维氏视作关于科学命题的构造,即关于科学命题所可能采取的形式的先天洞见。这是认识论层面上的逻辑形式,而非对自然现象的解释。近现代自然科学试图用存在于人之先天能力当中的逻辑形式,去解释独立于个体意志而存在的世界,但其实科学的作用范畴是关于科学语言的逻辑句法规则。换言之,追求确定性的自然科学所追求的及所能追求到的,是逻辑的确定性——同语反复式的真值的确定性。其也只能追求到一种合规律性,即合乎逻辑的规律的性质。

第二,确定性丧失对世界之内更为深刻的影响是价值的相对化。一般而言,作出"某物或某事实具有价值"这一表述时,言说者的价值判断总是与某种预设的标准或目标相联系。当语句所指称之事实能够满足该标准或对实现该目标有所助益时,言说者便称其具有价值。与之相对,当我们表达某事项具有绝对价值时,我们的意思可能有二:其一,该事项之价值具有独立性,即该事项本身就具备不依赖于他者的价值;其二,该价值具有普适性,无论时空、对象,该事项均会被视作具有价值。可见,绝对价值是一种确定性的立场。但世界之内只存在同语反复式的缺乏实质内容的确定性,故而绝对价值不可能存在于世界之内,只能存在于世界之外的神秘之域中。因之,绝对价值是不可说的。绝对价值的不可说,意味着在世界之内的诸(相对)价值缺乏可供参照的尺度,其结果是"所有命题都具有相同的价值"(6.4),但在维氏看来,这只意味着诸价值均丧失了价值——它们都不具有价值。

此结论并不足以让经验主体满足。确定性的消散意味着事实世界是被给定的,是经验主体所不得不接受之物。其所愿不见得实现,其所恶却常常无情降临;纵使如愿以偿,也不过是一次偶然。生活在世界之内的经验主体是缺乏确定性期待的。由此言之,世界是独立于经验主体的意志的。这表明经验主体在世界之内的认知、行动都将受到限制,无法具有哲学传统中的不受规定性的自由。雪上加霜的是,价值的缺位意味着经验主体无法在世界之内实现人生的终极目标,难以获得慰藉,更不可能获得真正的幸福;经验主体甚至无法获得下一步该如何行动的指引。

至此,我们不免想起哲学中的经典问题——人生的意义是什么?维氏将之称作"人生之谜"(Rätsel des Lebens)。然而,几乎整本《逻辑哲学论》都在告诉我们世界的存在性、世界的本质及其逻辑形式都是不可言说的;为人生和世界意义问题提供答案的事物是神秘的,同样不可言说。很不"凑巧"的是,这些内容恰恰是既往哲学研究中讨论得热火朝天的内容。所以维氏指出:哲学,就其通常意义而言,作为一种理论形式,是不可能的。哲学的研究理应陷入沉默。

当关于人生意义的既有回答都归于沉默后,我们应当如何存活于世?维氏的回应依然体现出神秘主义的色彩:"人们在人生问题的消失之中看出了这个问题的解答。"(6.521)在逐渐归于沉默的过程中,人们并非一无所获,当既往的误解被厘清后,经验主体便能够"正确地看待世界了"(6.54)。

何为正确的方式?维氏的回答是,以自己为界限(Grenze),亦即将作为经验主体的自身升格为形而上主体——与世界同而为一的主体。事实上,世界只会提出人生问题,但不会为其提供答案。人生问题的答案是由世界之外的神秘之域提供的;为了进入这样的神秘之域,经验主体必须放弃其所欲影响或改变世界中的事实的任何愿望,无条件地接受所发生的和将要发生的一切。维氏通过"神秘之域"试图传达的人生观,不是消极的姿态,而是超然的态度。因为世界就是如此,无论发生何种事实都不会拒绝,而是将其作为自己的一部分予以接受。

当经验主体依世界之所是的方式生活时,我们可以认为经验主体与世界同而为一,成为世界的界限,或主体就是世界。因此,主体得以成为形而上主体,进入世界之外的神秘之域,找寻绝对的价值,获得人生的意义。又由于世界与主体的同一,先前的世界在此终结而为神秘之域所取代,它及在它之中的诸多事项亦被赋予了意义。但从另一种视角看，世界始终都是经验主体先前生活于其中的事实世界，在神秘之域中得到升格的形而上主体仍然生活在常人之间。其与常人唯一区别在于：形而上主体总是以超然的态度来生活。

《逻辑哲学论》从语法与逻辑常项出发，最终导向了伦理学或道德形而上学。而伦理问题的解决或消解必须要在我们看清楚“世界”（和语言）的逻辑构造之后才可能。传统哲学并不满足于只是在字面上给出对于世界的整体理解，总是希望通过其字面含义揭示出“后面的”“内在的”东西。维氏在本论题中反其道行之，一步步地将本书述及的诸命题——逻辑、价值，甚至是哲学——归入不可说的神秘之域中，主张应以沉默待之。然而，这沉默并非指向虚无。经由维氏之批判，我们从种种误解与教条中解脱，在振聋发聩的沉默中找寻到意义后重归平凡世界，沉默即是我们对超越世界的神秘的认可。

凌斌老师的私塾

星期五读书小组之法学理论

关于作者

凌　斌

北京大学法学院教授、博士生导师。中关村实验室双聘研究员。国家“万人计划”青年拔尖人才、北京大学博雅青年学者。先后毕业于北京大学法学院（法学博士，2005年）、耶鲁法学院（LLM，2006）。曾任北京市房山区人民法院挂职副院长、审判委员会委员和审判员（2011～2013年）。康奈尔大学法学院、蒂尔堡大学法学院、美国夏威夷大学中国研究中心、哥伦比亚大学法学院访问学者。主要研究方向为法理学、法律与人工智能、网络安全与治理、法律与社会科学、法律与公共政策、电子商务法学。发表核心期刊论文近50篇，出版学术专著3部和教材1部。承担国家社科基金等多项国家级、省部级课题。荣获“北京市哲学社会科学优秀成果”等多项省部级奖励。

总体说明

“星期五读书小组”是在2000年发起召集、与众多师友和同学共同组织的一个学术经典著作读书会,每个学期每周举行,从未中断。

“星期五读书小组”这个名称,提议之初有几个寓意。一是第一次举行读书会的日期是2000年4月1日,那天是星期五,以为纪念。二是当时在读《鲁宾逊漂流记》,有个角色叫“星期五”,是个尚未被文明教化的野蛮人。小组最初的成员都是本科生、初学者,所以这个名称提醒我们自己保持初心,要好好读书,懂就是懂,不懂就是不懂,不要患上自以为是的文明病。三是当时有个很流行的电脑病毒叫“星期五”。这种病毒传染性、破坏性极强,那个年代熟悉电脑的人应该都知道;但北京大学数学专业的一个老乡说,正是这些病毒推动了计算机系统的发展完善。真正伟大的思想家也是这样,他们思考平庸者无视的那些根本问题,被主流视为异类,却推动着一个社会乃至人类本身的曲折演进。

提议小组的成员都赞成这个名称,就这么定了下来。如今趁着这次机会,记录下来,也算是不忘初心的纪念。这些初心被后来的历届成员所秉承,并且已经开枝散叶。就像我们的读书会也是效仿当年李猛老师的读书会一样,后来渐渐知道,学园、书社、学会等读书会的形式由来有自,薪火相传,生生不息。

我们这个读书会自始至终只有一个纯粹的目的:读书。读书会的首要原则,就是老老实实读书。一个基本预设,是读者还达不到作者的水平和境界。把伟大思想家拉低到和我们一样的水平很容易,但真要读懂这些作品,除了老老实实、逐字逐句地阅读,没有别的办法。人格平等不应磨灭思想等级。

现在市面上有很多听书软件,无论是喜马拉雅、得到这样的专业App,还是抖音、B站等娱乐软件,都很容易找到“一分钟读懂”“半小时通读”之类的音频视频解说。人们越来越习惯于别人替自己读书。“说书”行业复活是挺好的一件事,是个获得知识的捷径。对此,我也很喜欢。但是,对于那些凝聚人类思想精华的经典著作来说,却没有这样的捷径。这是捷径本身的局限,注定有的能“得到”,有的“得不到”。

读书会的目的就是不走捷径,正道直行;只把读书当作唯一的目的,不在意读书能够得到的任何功利。人类从来不缺少好书,而是缺少好的读者。现在最大的一个问题是,读者耐不住性子,心浮气躁,静不下心。而糙和躁,都需要通过读书来磨炼。读书会就是提供一种形式、一个契机,强迫自己坐下来,静下心,耐住性子和大家一起逐字逐句地读读书。伟大作品就有这样神奇的力量:一旦进入这个精神世界,便会静气凝神,超然物外。

如果说还有一个附带的功利目的,那就是少读书。今人的烦恼和古人不同。以前是书太少,现在是书太多,多到永远也读不完,沉渣泛起,鱼龙混杂。阅读经典的一个重要作用是过滤杂质,让人摆脱读书的焦虑。伟大作品就是这样的作品:读通了一本书,便可以少读、快读乃至不读千百本书。

因此,读书会其实不只是读书。读书会是共同砥砺的人生修养。

■ 组织程序

"星期五读书小组"创建之初的"宏愿",是从头阅读西方经典。从最初的荷马史诗、智者运动开始,柏拉图、亚里士多德、迈蒙尼德、马基雅维利、培根、霍布斯、洛克、卢梭、休谟、亚当·斯密、康德、黑格尔、托克维尔、涂尔干、马克思、尼采……这样一路读下来,这些伟大思想家的代表作品已经伴随我们度过了22个春秋。

小组成员最初来自各个院系。如今,"星期五读书小组"作为北京大学法学院第二课堂的组成部分,法学背景的同学已经成为主体。但是,文史哲、政经社各类专业的同学也会加入进来,这为阅读增添了丰富的知识背景。

读书会的组织很简单。每段时间有一本书集中阅读,读完这本书再读下一本。每个思想家都只是选取一两部代表性的作品。很多时候并不需要读完,因为当大家已经能够把握作者的思想逻辑,每个人自己就可以完成后续的部分。即便如此,仍然读得很慢,一本书花费几个学期乃至几个学年都是常事。因此,尽管读书会举办有22年的时间跨度,实际上只读了十几本书,且大多还没有读完。

实际的读书过程,就是在每周的固定时间大家围坐在一起,接着上次读到的内容继续讨论。首先,由一个同学朗读中文版的一段文字,通常就是一个自然段落。其次,大家对照各个译本进行翻译校对,查看中文翻译中有无错误,特别是留意重要概念的原文或英文词语。这时就会有讨论,研究一些关键语句的含义。在此之后,文本的问题没有了异议,就开始讨论内容。有赞同,有批判,还会有一些结合切身感悟,乃至时事热点的引申。兴之所至,水到渠成,没有刻意而为的预先准备。为了让同学们能有更多参与,老师通常是最后发言,也会提示一些同学们没有注意到的关键问题。

大多数时候,一个下午只能读三五段,有时甚至只有一段。我们曾经尝试给这种读书方式起很多名字:会读、句读、细读文本。这里还是称之为"慢阅读",多少令人联想起"蔓越莓"的味道。

阅读篇目

最近阅读的著作是马克思的《资本论》。除了中央编译局的译本,我们还参考了恩格斯亲自校订的英文版、企鹅版英译本,以及德英对照本。阅读的过程首先是多文本的翻译和校对过程,以期准确理解作者的本意。

马克思在《资本论》的法文版序言中,写下了那段著名的广为传颂的格言:"在科学上没有平坦的大道,只有不畏劳苦沿着陡峭山路攀登的人,才有希望达到光辉的顶点。"恐怕不那么为人所知的是,马克思写这段话是有所针对:"法国人总是急于追求结论,渴望知道一般原则同他们直接关心的问题的联系,因此我很担心,他们会因为一开始就不能继续读下去而气馁。"他希望提醒这本书的读者,不要"急于追求结论"。这也是我们阅读本书需要遵守的法则。

尽管《资本论》是写给工人阶级的书,但这本书并不那么好读。这一方面令人感慨德国乃至欧洲产业工人的知识和阅读水平,因而自惭形秽。另一方面也使人逐渐意识到这本书作为"未来哲学"的意味:本书的副标题是"政治经济学批判",这不应理解为马克思同名作品的重复,而是预示着一种康德以降的哲学性质。马克思在第2版序言中说,他希望这部著作"更容易到达工人阶级的手里"。但是与此同时,他并不打算为此而降低阅读难度。他深知这本书的阅读门槛。他对此的解释是,"我所使用的分析方法至今还没有人在经济问题上运用过,这就使前几章读起来相当困难",但也不可能写得更为通俗易懂了。马克思承认这是一种"不利",但是依然强调:"对此我没有别的办法,只有事先向追求真理的读者指出这一点,并提醒他们。"(法文版序言)

伟大的作品都预设门槛。马克思明确规定了这本书的读者需要具备的人格品质:他们应当是"追求真理的读者",因此不会"急于追求结论,渴望知道一般原则同他们直接关心的问题的联系”，比如，读《资本论》对法学研究或者法官办案有什么意义。这也是阅读之前必须做好的心理准备。如果马克思自己也“没有别的办法”，那么，那些试图通俗化《资本论》内容的“说书人”，恐怕除了大为简化因而浅化马克思的原本思想，也同样“没有别的办法”。

■ 研习成果

本学期参加读书会的同学，既有刚刚从第一课堂转入第二课堂的新同学，也有一直参加的老成员。他们或者带着学习法理学课程的激情和期待，进入更为深入系统的阅读阶段（因而展现出第一课堂与第二课堂的关联）；或者已经伴随《资本论》中的字字句句，经历了漫长的跋涉、艰苦的攀登，进而习惯了这种缓慢、悠闲的阅读方式，真正进入了经典作品构筑的精神世界。

这里选刊读书报告的几位同学都是老成员，参加读书会一年以上。其所思所写，既是对读书内容的总结和思考，也有对读书本身的心得和感悟，还透露出参加读书会的收获和喜悦。他们谈及的心路历程，而非读书报告的具体论述，或许也会对于正在和将要从事理论学习的同学有所裨益。

虚拟财产与交换价值

——基于《资本论》第一章第一节“商品的两个因素”的思考（节选）

马润艺（北京大学法学院2021级法学理论专业博士研究生）

一、财产之价值

学界诸多关于虚拟财产的讨论，都涉及价值、使用价值、交换价值等概念。这些概念由马克思系统阐释，但学者们在援引相关理论时经常出现各种理解错误。

例如，一篇论文直接引用了《资本论》原文，论述虚拟财产的价值性：

> 马克思曾经指出：“物的有用性使物具有使用价值。”从政治经济学角度而言，使用价值在于人们的某种需要被满足。虚拟财物使得使用者感受到精神愉悦，这属于主观价值的体现同时也是使用价值的体现，其客观价值由游戏开发商生产过程、玩家打游戏的过程凝集在虚拟财物上的时间、精力、劳动而形成，转化成交换价值。对于虚拟财物而言，需要同时具

备客观价值与主观价值,还是具备其一即可,是学界争论的焦点。笔者认为,只要具备主观价值或者客观价值,就拥有了交换价值,即可认定该虚拟财产的价值性。[1]

这篇文章关于虚拟财产的刑法意义的整体论述有很多深入的理论思考,富有启发性,只是在谈及虚拟财产的价值性部分,出现了一些理解性的错误。正是由于作者对商品两因素的理解欠缺,对虚拟财产价值性的论证也略显混乱。

二、偏差之表现

具体而言,论文作者对使用价值、交换价值和价值这三个概念的理解是错误的。

第一,关于使用价值。作者引用马克思的话,"物的有用性使物具有使用价值",但作者对使用价值的理解仅围绕"有用"。实际上,这句援引的话后文是,"但这种有用性不是悬在空中的。它决定于商品体的属性,离开了商品体就不存在"[2]。这句话强调的是物的使用价值取决于物的自然属性。作者在探讨虚拟财产的使用价值时,不谈它的客观属性,只谈使用者的精神愉悦,将虚拟财产的使用价值等同于主观价值,明显是对使用价值的误读。

第二,关于交换价值。作者没有理解商品交换价值的含义,认为虚拟财物的交换价值是由凝集在虚拟财物上的时间、精力、劳动形成的客观价值转化而来。这实际上是价值的来源。并且,即使作者定义的客观价值等同于马克思所讲的价值,交换价值也不是直接由客观价值转化而来。

第三,关于何为商品。作者对虚拟财产价值性的理解背离了商品两个因素之间的辩证关系,由此得出的结论也失之偏颇。作者在商品经济下探讨虚拟财产的价值性,虚拟财产自然被视为一种商品。那么,作者所定义的价值性无论理解为价值还是交换价值,都需要先满足虚拟财产作为商品这个条件。作者认为,只要具备主观价值或者客观价值就可以认定虚拟财产具有价值性,这一观点是错误的。并且,即使姑且将主观价值理解为使用价值、客观价值理解为价值,将任意一方剥离都将否定虚拟财产的商品属性。

---

〔1〕 陈罗兰:《虚拟财产的刑法意义》,载《法学》2021 年第 11 期。文中所引,参见马克思:《资本论》(第 1 卷),人民出版社 1975 年版,第 48 页。

〔2〕 马克思:《资本论》(第 1 卷),人民出版社 1975 年版,第 48 页。

归结起来,作者把使用价值、交换价值、主观价值、客观价值以及价值这些概念混在一起,反而导致了论述的偏颇,无助于理解虚拟财产的价值问题。

三、问题之根源

这些概念在马克思的《资本论》中都有清晰的论述。使用价值、交换价值和价值等概念最初系统出现于马克思《资本论》的第一章第一节,马克思对商品两个因素的论述是《资本论》理论体系的基础,因此,这部分概念与关系的论述尤为细致。

值得深思的是,作者为什么没能理解这些概念。从我以往的阅读经验来看,一个重要原因,在于通常习惯的读书方法无法正确而深入地理解马克思的观点。

参加《资本论》读书会之初,在阅读这部分内容时,我对这些概念的理解与论文作者很相似。我所采用的方法是一种很常见的方法,美其名曰"概括中心思想",实质却是只记结论、断章取义。或许对于阅读一些畅销书,这种读书方法是适用的;但面对《资本论》这类带有哲学色彩,甚至作为学术思想基础的著作,是远远不够的。这种粗糙的读书方法会使我们理解问题时浮于表面,援引理论时断章取义,阐释观点时逻辑混乱。

读书会的阅读方法,正是针对以往的问题——对一段话逐句地读,读懂一句再读下一句,只要读不懂绝不糊弄过去。尤其是《资本论》这样的经典著作,我们要学会用马克思的逻辑去读马克思的著作。我称之为"以马见马"。

第一节的最后一段,是对整节内容的概括和梳理。这段话有 11 句话。因为下文要不断提及,我把编号添加到文中,方便读者查看:

> (1)一个物可以是使用价值而不是价值。在这个物不是以劳动为中介而对人有用的情况下就是这样。例如,空气、处女地、天然草地、野生林等等。(2)一个物可以有用,而且是人类劳动产品,但不是商品。谁用自己的产品来满足自己的需要,他生产的虽然是使用价值,但不是商品。(3)要生产商品,他不仅要生产使用价值,而且要为别人生产使用价值,即生产社会的使用价值。[(4)而且不只是简单地为别人。中世纪农民为封建主生产作为代役租的粮食,为神父生产作为什一税的粮食。但不管是作为代役租的粮食,还是作为什一税的粮食,都并不因为是为别人生产的,就成为商品。(5)要成为商品,产品必须通过交换、转到把它当作使用价值使用的人的手里。](6)最后,没有一个物可以是价值而不是使用物

品。如果物没有用,那么其中包含的劳动也就没有用,不能算作劳动,因此不形成价值。[1]

第(1)句话讲的是产品的使用价值与价值不同,并举了例子。这句话第一层意思是没有劳动的介入而存在的物不具有价值,只具有使用价值。第二层意思是物只要对人有用,就具有使用价值。第二层意思在《资本论》前文中也有提及,"商品首先是一个外界的对象,一个靠自己的属性来满足人的某种需要的物"[2]。

第(2)句话讲的是只具有使用价值的物不是商品。这句话的关键在于"用自己的产品来满足自己的需要",强调"自产自销"的不是商品。第(3)句话讲的是物成为商品的条件除了需要具有使用价值,还需要具有社会的使用价值。承接上一句话,这句话的关键在于"为别人生产使用价值",强调满足别人的需要才是成为商品的关键,也就是要具有交换价值。

第(4)句话是对前文"为别人生产使用价值"这一表述的情景限缩,并举例说明需要排除的场景。这句话的关键在于"不只是简单地为别人"。根据所举的两个例子,"简单地为别人"是指生产者所生产的粮食上交给粮食收集者以换取一些权利,却不是换来其他的物品。因而,这种情况并不属于常规的商品交换,所上交的粮食也就不具有交换价值。

第(5)句话讲的是产品只有通过交换环节才能最终成为商品。这句话强调的是,交换才能产生交换价值,具有使用价值的产品在具有交换价值后,才成为商品形态。马克思在前文中对交换价值进行了诸多论述。"交换价值首先表现为一种使用价值同另一种使用价值相交换的量的关系或比例。这个比例随着时间和地点的不同而不断改变。"[3]交换价值非由使用价值决定,按照马克思所言,"作为使用价值,商品首先有质的差别;作为交换价值,商品只能有量的差别,因而不包含任何一个使用价值的原子"。[4] 交换价值也不是价值的直接转化,相反,价值是由交换价值所表现。马克思在谈及三者关系时说,"在商品的交换关系本身中,商品的交换价值表现为同它们的使用价值完全无关的东西。如果真正把劳动产品的使用价值抽去,就得到刚才已经规定

[1] 马克思:《资本论》(第1卷),人民出版社1975年版,第54页。
[2] 马克思:《资本论》(第1卷),人民出版社1975年版,第47页。
[3] 马克思:《资本论》(第1卷),人民出版社1975年版,第49页。
[4] 马克思:《资本论》(第1卷),人民出版社1975年版,第50页。

的它的价值。因此,在商品的交换关系或交换价值中表现出来的共同东西,也就是商品的价值"[1]。

第(6)句话讲的是有价值的物一定具有使用价值。这句话的推导将劳动纳入其中作为中介,理解成没有使用价值的物所蕴含的劳动也没有使用价值,那么劳动就不能算作劳动,也就没有创造价值,所生产的产品也将没有价值。

正确的读书方法能够帮助我们进入马克思的逻辑体系,深入理解各种概念,还能帮助我们理解所面临的现实世界。读懂商品的两个因素后,我们重新审视虚拟财产的价值性。首先,虚拟财产作为商品,就需要理解商品的两个因素。一方面,它具有使用价值,这是由它的属性决定的,并不是由某个所有者或使用者的主观想法所决定,即不是主观价值。另一方面,它还具有价值,"作为价值,一切商品都只是一定量的凝固的劳动时间"[2]。虚拟财产的价值是由凝集在虚拟财物上的劳动时间形成的。其次,虚拟财产作为财产,"价值性"指的是它的交换价值。这种交换价值又有多种价值形式,如物物交换、直接变现、充当一般等价物。无论以哪一种价值形式存在,虚拟财产的价值都是由交换价值表现的。总之,虚拟财产具有价值、使用价值和交换价值。它的交换价值与使用价值无关,而在商品交换中表现为另一种商品的价值。重视虚拟财产的交换价值,并将其与使用价值剥离开来,能够帮我们更好地理解实务界关于虚拟财产权利的争端,以及理论界关于虚拟财产范围的争论。

四、走出舒适区

上述关于虚拟财产价值的思考,只是对马克思《资本论》中劳动价值论的初步应用。这来自读书会的阅读收获。

正像前文所说,理论应用的基础是正确的读书方法。老师时常举这样一个例子,如果每个人思考事物都是用一把尺子在丈量,我们的思想精度可能是分米级的,只能量出个大概,那么马克思的思想精度就是纳米级的,连一个简单的商品概念都能考虑得那么细致。我们要努力提高自己思想的精度,就算达不到纳米级,也要努力变成厘米级、毫米级,细致入微地思考分析问题。这个磨炼的过程,需要研读《资本论》《利维坦》《理想国》这样的作品。只有在读书时一句话接着一句话地理解清楚,才能在自己思考时做到一环紧扣

---

[1] 马克思:《资本论》(第1卷),人民出版社1975年版,第51页。

[2] 马克思:《政治经济学批判》,柏林敦克尔出版社1859年版,第6页。

一环。

这样逐字逐句、环环相扣的阅读,已经持续了一年多的时光。每个周五下午,我已经养成了和老师同学们一起阅读的习惯。慢慢地,我开始沉心静气,在不知不觉中进入了马克思博大精深的理论世界。之前读书是为了追求一种充实感和满足感,仿佛把一本书从头看到尾就完成了一项任务、达成了一项成就。参加读书会的一年多来,我开始走出以往的舒适区,体会到读书的不同意义。

从读《资本论》第四章看平台经济中的“剩余价值”与“商品流通”(节选)

李冠男(北京大学法学院2022级法学理论专业博士研究生)

一

在《资本论》中,“剩余价值”是马克思的理论体系中的核心概念之一。[1]近年来,有学者将“剩余价值”这一概念引入有关互联网平台的讨论中。

在一篇关于互联网平台治理的论文中,著者进行了如下论述:

> 互联网平台企业对商品的定价具有很大的隐蔽性和欺骗性,它们往往先利用信息不对称的优势给消费者制造错觉,然后再通过把控定价权来侵占剩余价值,比如近年来的互联网电商企业的“大数据杀熟”、借助节日活动进行先抬价再打折的虚假优惠等现象。[2]

此处著者将商品流通中的低买高卖现象当作剩余价值的来源。然而,这种对“剩余价值”的理解是错误的,甚至是与马克思对“剩余价值”的论述是相反的。

二

这是“剩余价值”在《资本论》正文中第一次出现的地方:

> 一个货币额和另一个货币额只能有量的区别。因此,G－W－G过程

---

〔1〕“剩余价值”在《资本论》第1卷的第四章中第一次出现。参见马克思:《资本论》(第1卷),中共中央马克思恩格斯列宁斯大林著作编译局译,人民出版社2004年版,第176页。

〔2〕徐则荣等:《互联网平台企业的垄断特征与治理》,载《福建论坛(人文社会科学版)》2021年第9期。

所以有内容,不是因为两极有质的区别(二者都是货币),而只是因为他们有量的不同。最后从流通中取出的货币,多于起初投入的货币。例如,用100镑买的棉花卖100镑+10镑,即110镑。因此,这个过程的完整形式是G-W-G′。其中的G′=G+ΔG,即等于原预付货币额加上一个增殖额。我把这个增殖额或超过原价值的余额叫作剩余价值(surplus value)。可见,原预付价值不仅在流通中保存下来,而且在流通中改变了自己的价值量,加上了一个剩余价值,或者说增殖了。正是这种运动使价值转化为资本。[1]

初读这段内容,很容易把剩余价值作为商品流通的产物,以为剩余价值是在倒买倒卖中产生的。低价买进,高价卖出,就获得了剩余价值。这非常符合我们的“常识”。并且,马克思明确写道:“最后从流通中取出的货币,多于起初投入的货币……原预付价值不仅在流通中保存下来,而且在流通中改变了自己的价值量。”这里所讲的“G-W-G过程”即“货币—商品—货币”的商业贸易,不就是买进、卖出的符号表达吗?马克思给的例子也貌似很容易理解:花100镑买棉花,再用110镑卖出去,这个过程产生了10镑的剩余价值。

如果按照通常的习惯,去后文中寻找答案,同样会印证上述结论。马克思在后文中确实表示:“价值成了处于过程中的价值,成了处于过程中的货币,从而也就成了资本。它离开流通,又进入流通,在流通中保存自己,扩大自己,扩大以后又从流通中返回来,并且不断重新开始同样的循环。”[2]由此,似乎可以得出一个确定的结论:商品流通产生剩余价值。基于这种错误的理解,便会认为作为当下“商品流通”领域中重要环节的互联网平台可以通过“大数据杀熟”、虚假优惠等方式获取剩余价值。就像是马克思举的例子,将原本卖100镑的棉花抬价到200镑,再打折到110镑,便因此多获得了10镑的剩余价值。

---

〔1〕 马克思:《资本论》(第1卷),中共中央马克思恩格斯列宁斯大林著作编译局译,人民出版社2004年版,第175~176页。通过对比该中文译本和两个英文译本,中译本和企鹅版的内容更为接近,而与恩格斯校对版有所不同,例如,“而且在流通中改变了自己的价值量,加上了一个剩余价值,或者说增殖了”。在恩格斯校对版中为:“but adds to itself a surplus value or expands itself.” See Karl Marx and Frederick Engels, *Collected Works*, 35 Karl Marx: Capital: A Critique of Political Economy161 (1996), translated by Samuel Moore and Edward Aveling, Edited by Frederick Engels. See also, Karl Marx, *Capital: A Critique of Political Economy*, Vol. 1, translated by Ben Fowkes, Penguin Classics, 1990, p. 252.

〔2〕 马克思:《资本论》(第1卷),中共中央马克思恩格斯列宁斯大林著作编译局译,人民出版社2004年版,第181页。

然而,马克思其实在文中讲道,商品流通不产生剩余价值:“那些试图把商品流通说成是剩余价值的源泉的人,大多是把使用价值和交换价值弄混了、混淆了。”[1]那么,问题出在什么地方?

三

产生前述误读的原因,在于错误的阅读习惯,一是主要关注重要结论,二是读不懂的地方到后文找答案,这样很快能够读完一本书,感觉效率很高,这也是我最初阅读《资本论》时所使用的方式。但是这种方式很容易错误理解《资本论》中的“剩余价值”与“商品流通”的关系。

这是我们平时读书会上经常校正的问题。老师总是禁止我们从下文找答案。他说,读书不能只关注结论,不能遇到不懂的地方就往下看;要真正了解作者的思想,不应该从后文中看结论,而要回头读前文的内容。在一本书的写作中,后面的内容是基于前面的内容的,而不是前面的内容基于后面的内容。

有关“剩余价值”与“商品流通”关系的理解就如此。回顾《资本论》前3章的内容,不难发现前文提到的那段关于“剩余价值”的论述,只有“资本”“剩余价值”是第四章中新出现的概念。而“价值”“商品流通”“货币”都是马克思在前文中花了大量篇幅去论述的概念。在这种情况下,无论把这段话读多少遍,或是在后文中找多少答案来印证,都是没用的,甚至会强化误解。《资本论》是一个思想体系,不是靠寻章摘句能读懂的。

此时,再读上述段落,理解变得全然不同。马克思在这段论述的前文段落,实际上用了很大篇幅论证为什么商品流通不产生剩余价值,尤其强调商人倒买倒卖的行为并不会创造剩余价值:“货币回流到它的起点同商品是否贱买贵卖没有关系。后者只影响回流的货币额的大小。”[2]互联网平台利用欺骗手段或是优势地位确实能在商品流通中使100镑变成110镑,但这多出来的10镑是货币而不是剩余价值。货币的增加只是价值增殖的一种表现形式。但是,要真正读透这一逻辑,还需要进一步理解背后的概念基础。

想要厘清“价值”、“流通”和“货币”等一系列概念,便需要理解《资本论》前3章所讲的内容。一方面,剩余价值的产生,的确“发生”在商品流通过程

---

〔1〕 马克思:《资本论》(第1卷),中共中央马克思恩格斯列宁斯大林著作编译局译,人民出版社2004年版,第185页。

〔2〕 马克思:《资本论》(第1卷),中共中央马克思恩格斯列宁斯大林著作编译局译,人民出版社2004年版,第174页。

中,要在交换价值中得以实现。其最直观的表现是货币数量的增加,从100镑变成了110镑。“作为价值尺度和作为价格标准,货币执行着两种完全不同的职能。作为人类劳动的社会化身,它是价值尺度;作为规定的金属重量,它是价格标准。”〔1〕然而,另一方面,隐藏在商品流通背后的,是劳动的价值创造,是一定量的劳动时间的产物。正如在《资本论》第一章中马克思引用其在《政治经济学批判》中的论述:“作为价值,一切商品都只是一定量的凝固的劳动时间。”〔2〕剩余价值作为价值的增殖部分,也是如此。

互联网平台抬高、降低商品价格的行为导致的是价格的变化而非价值上的变化。产生剩余价值需要的是劳动的投入。在商品流通的过程中,确实出现了剩余价值,但剩余价值的出现绝不是因为商品流通中贱买贵卖的行为。如果理解了“剩余价值”的前置概念,也就不会因为误解而将“剩余价值”置于“利用信息不对称”和“大数据杀熟”的语境下。

这样,前后的理解实际上彻底反转。从最初理解的“剩余价值产生于商品流通”,变成了“商品流通本身不产生剩余价值”。如果一直按照以往习惯的读书方式,带着错误的理解去阅读《资本论》一类的著作,实则是自己在阅读的过程中不停地糊弄自己。以前将自己感到书中有矛盾的地方,经常归结为作者的问题,很少想这是读者的问题。以往,主要关注著者说的“是什么”,而不去思考其背后的“为什么”,读书的确失去了很多意义。

四

说起来,老师讲的方法没有什么深奥之处。前文或后文有什么差别?但是当自己坚持下来,会感到阅读能力上的脱胎换骨。从后文找答案,读到的是一个一个的知识点,四处散落。自从开始在前文中找答案,阅读时所得到的则是可以将这些知识点所联系起来的线,是一个个逻辑链条。从后文找答案很容易,可以读得很快。而从前文找答案,是一个比较辛苦的过程。但这样去做,的确会苦尽甘来。

读书会上,老师常拿不同楼层举例,将阅读能力分为不同层次。一个人的阅读能力在第一层时,读得再多,也只是在扩充这第一层的面积,但始终无法

---

〔1〕 马克思:《资本论》(第1卷),中共中央马克思恩格斯列宁斯大林著作编译局译,人民出版社2004年版,第118页。

〔2〕 马克思:《资本论》(第1卷),中共中央马克思恩格斯列宁斯大林著作编译局译,人民出版社2004年版,第53页。

看到第二层所能看见的风景。大多数同学选择了一直停留在第一层这个舒适圈,而不是努力地爬上第二层。从第一层上第二层的过程会很辛苦,并且在到达第二层之前,那个爬楼梯的过程也不容易见到即时的成效。这是大多数人不愿意坚持拾级而上的原因。

阅读能力的提升需要长周期的阅读习惯的培养。这个过程看起来很“低效”:一下午的时间本可以用来去读两篇论文,为什么要把时间花费在纠结《资本论》中的一句话的意义上?然而,不尝试对阅读习惯进行改变,读再多的文献可能也只是“量”的堆积而非“质”的变化。即使从功利的角度来讲,花费时间在“细读”上也是有收益的。从参加《资本论》读书会至今,经过对读书方法的改变,以及每周坚持对名著的“细读”,目前我已经能够明显感觉到阅读其他文献时的效率,要显著高于先前的读书方式。

更何况,每周都有一个下午,能去不追求效率而是追求质量的阅读,本身就是很快乐的。

商品拜物教与法律形式主义批判

——《资本论》第一卷第一章第四节读书报告(节选)

黄运畅(北京大学哲学系 2019 级本科生)

一

马克思关于商品拜物教的论述是以其对于商品特性的说明开始的:“最初一看,商品好像是一种简单而平凡的东西。对商品的分析表明,它却是一种很古怪的东西,充满形而上学的微妙和神学的怪诞。”[1]商品是简单的,因其作为可感的物,提供了具体的使用价值。而商品之古怪,则在于其所具有的价值是超感觉的:作为一种“幽灵般的对象性”[2],价值不能在商品自身中被把握,而只能在与另一个商品的比较中被抽象地体现出来。

商品的这一特性伴随如下后果:在一个商品对其他商品的关系上,生产商品的劳动以及生产者的社会关系这些更为根本的内容被隐去,最终呈现的,仅

---

〔1〕 马克思:《资本论》(第1卷),中共中央马克思恩格斯列宁斯大林著作编译局译,人民出版社 2004 年版,第 88 页。

〔2〕 马克思:《资本论》(第1卷),中共中央马克思恩格斯列宁斯大林著作编译局译,人民出版社 2004 年版,第 51 页。

仅是物与物之间的抽象价值关系。商品的拜物教性质,指的就是此种“用头倒立着”的颠倒状态:“人们自己的一定的社会关系……在人们面前采取了物与物的关系的虚幻形式。”[1]而相应地,商品拜物教便是基于此而产生的奇怪狂想:人们倾向于把价值视为物的天然的社会属性、视为某种如宗教崇拜对象一般独立存在的东西,并进而屈从于物与物的关系,成了跪倒在商品面前的信徒。

二

在马克思的政治经济学批判中,我们可以进而发现一个更为一般化的、历史唯物主义的批判进路。正如《哲学的贫困》所指出的,上述经济学谬误之所以发生,是因为经济学被形而上学化了:“经济学家所以说现存的关系是天然的,是想以此说明……这些关系是不受时间影响的自然规律,这是应当永远支配社会的永恒规律。”[2]这种将当前社会关系自然化、永恒化的做法,既是资本主义生产关系中永恒不变、自我指涉的物的世界在观念层面的体现,也是维持资本主义经济运行的动力。

这种形而上学的思维完全符合拜物教的特征:笃信永恒的外观而忽视背后的社会关系,从而使后者被前者所支配。这种批判主题的转换意味着,拜物教批判有可能提供了马克思历史唯物主义批判的一种一般化结构——它不仅可以指向商品(以及《资本论》后文中的货币、资本),也可以指向永恒化的社会关系因而超越历史的、包括资产阶级经济学与哲学形而上学在内的一系列观念。或许,“商品拜物教”一节的论述开辟了一个比其论题更为宏大的批判视野。

三

尽管马克思并未提供一套完整的法律理论,但是,根据其相关论述以及西方马克思主义的进一步发展,法律同样可以被置于拜物教批判的视野之下进行分析。

类似于商品的二重性,由法律所规范的个体也呈现二重性的特征,法律自身则扮演了商品形式的角色。正如马克思在《论犹太人问题》中所指出的:“国

---

〔1〕　马克思:《资本论》(第1卷),中共中央马克思恩格斯列宁斯大林著作编译局译,人民出版社2004年版,第90页。

〔2〕　马克思、恩格斯:《马克思恩格斯全集》(第4卷),中共中央马克思恩格斯列宁斯大林著作编译局译,人民出版社1959年版,第153－154页。

家按照自己的方式废除了出身、等级、文化程度职业的差别。尽管如此,国家还是任凭私有财产、文化程度、职业按其固有的方式发挥作用……只有同它这些因素处于对立的状态,它才会感到自己是政治国家。"[1]在现代国家(法律)中,一方面,每个人都是拥有不同财产、习惯、偏好的个体,人们的行为是特殊的、在一定程度上不可通约的;另一方面,法律给予了所有人一般性的、彼此平等一致的主体身份,"所有人与人之间的具体区别都融为一般意义上的抽象人,即法律主体"[2]。由此,法律成为一种"普遍的政治等价物"(universal political equivalent)[3]:通过剥离了个人偏好的差异性与多样性,一个形式上的平等主体得以保留,以此为基础,法律才能够对于复杂的社会关系、利益纠纷进行统一而有效的规范。

四

由于法律的规定是形式性的,它同样可能表现出某种拜物教性质,遮蔽现实的社会关系。在《黑格尔法哲学批判》中,马克思指出:"作为国家的理想主义者,公民完全是另一种存在物,他不同于他的现实性,而且是同它对立的。"相应地,就法律的制定与实践而言,一旦将具体的个人抽象为法律主体、将具体的利益诉求化约为权利基础,"法律的理想主义者"也必定会面临失去"现实性",甚至与之对立的风险。以19世纪初普鲁士颁布的林木盗窃法为例:在形式上,该法强调对于林木占有者私有财产的保护、要求处罚侵犯林木财产的主体,看似平等公正。但实际上,当时的"违法者"大多是食不果腹的底层劳动人民,他们并非砍伐树木,只是捡拾树枝、摘取野果来维持生活;而当时的护林官员则与林木占有者沆瀣一气,通过民事赔偿和刑事罚款来获取私利。在这种情况下,法律以其公正的外观掩盖与确认了现实中的社会不平等与私人利益关系,虽然法律在形式上提供了一个平等而自由的世界,却无法在现实中将其实现。

法律形式与现实的矛盾并不总会激烈地被展现出来,当矛盾较小时,法律的拜物教性质就更为隐秘,而法律拜物教的观念也就更容易形成。类似于商

---

[1] 马克思、恩格斯:《马克思恩格斯全集》(第1卷上),中共中央马克思恩格斯列宁斯大林著作编译局译,人民出版社1956年版,第427页。

[2] [苏联]帕舒卡尼斯:《法的一般理论与马克思主义》,杨昂、张玲玉译,中国法制出版社2008年版,第66页。

[3] Balbus, Isaac D., *Commodity Form and Legal Form: An Essay on the "Relative Autonomy" of the Law*, 11 Law and Society Review 576 (1977).

品拜物教,法律拜物教的信徒将法律视为自然的、永恒的东西,而把自身的主体性从属于法律的抽象规定之中。巴尔布斯(Isaac D. Balbus)指出,法律拜物教的极点就是关于法律本身的形式主义理论:"这种理论将法律概念化为一种'独立的'、'自主的'现实,根据其自身的'内部动力'加以解释,也就是说,将其视为一个独立的主体,社会的生存取决于其创造力。"[1]一旦接受这种观念,我们就丧失了反思、评价法律的能力与可能性,而只能不断地"物化"或"法律化"自身,以适应法律运行的规则——正如商品交换者适应经济规律一样。又一次,"他们没有意识到这一点,但是他们这样做了"[2]。最终,人们会忘却法律的起源,由人创造的法律反而成为禁锢人的永恒枷锁。

当然,法律拜物教的批判并不意味着应当放弃对于法治的坚持,其重要意义在于为我们提供了一个反思的空间:随着法律的形式化、法律行业的专业化,法律工作者成为法律的化身,普通民众则成为被事先规定的抽象个人,法律的运行的确存在脱离现实的风险。为了避免法律如同商品一般成为外在的物的体系,成为"同人民生活现实性的人间存在相对立的人民生活普遍性的上天"[3],我们有必要在法律的制定与执行中充分考虑社会现实的维度,在普遍性中兼顾对于特殊性、多样性的现实关切。这一方面是拜物教批判对于我们当下实践的启示,另一方面也是一种认知上鞭策——它要求我们回到马克思的文本与分析方法之中,拨开拜物教的迷雾,理解何为"现实"。

---

[1] Balbus, Isaac D., *Commodity Form and Legal Form: An Essay on the "Relative Autonomy" of the Law*, 11 Law and Society Review 583 (1977).

[2] 马克思:《资本论》(第1卷),中共中央马克思恩格斯列宁斯大林著作编译局译,人民出版社2004年版,第91页。

[3] 马克思、恩格斯:《马克思恩格斯全集》(第1卷上),中共中央马克思恩格斯列宁斯大林著作编译局译,人民出版社1956年版,第283页。

戴昕老师的私塾

现当代法学理论经典文献阅读

戴　昕

北京大学法学院长聘副教授。获北京大学法学学士学位和法学双学士（社会学专业）学位、美国杜克大学法律博士（J.D.）学位、美国芝加哥大学法学博士（J.S.D.）学位。曾在美国谢尔曼·思特灵律师事务所纽约办公室和中国香港办公室任专职律师，并曾任教于中国海洋大学法学院。主要研究领域为法理学、法律经济学、法律社会学、信息隐私法和数据化公共治理等。

2020年调入北京大学法学院任教，主要讲授的本科及研究生课程包括法理学、法律经济学、法律和社会科学、人工智能的法律治理等。

总体说明

在不同主题的课程中，带领学生沿着相关领域的核心学术脉络，对一手学术文献作较为系统的阅读和研讨，原本应是高校人文社科专业对高年级本科生和学术型硕博研究生进行基础学术训练的必要且有效的方式。但目前，至少就法学专业而言，本科生乃至硕士研究生的培养方案设置并不合理，学生需要修读的课程数量过多，导致绝大多数课程的任课教师无法在课内对学生真正提出并尤其严格执行文献阅读要求。专业理论文献阅读训练的缺乏，对于学生毕业后从事实务工作同样有负面影响，但相对不太直观。阅读训练缺乏导致的负面影响，会更明显地体现在学生的学术研究能力上。近年来，包括我自己在内，许多老师的感觉是，硕士研究生，甚至博士研究生新生在入学时，阅读积累严重不足，阅读习惯没有养成，阅读方法不通门径。这严重影响了学生的学术发展前景。

我个人的看法是，至少对有学术兴趣的法学专业本科生和研究生来说，通过广泛且系统的文献阅读，掌握本学科的核心问题线索与研究脉络，是不能跳过的训练环节。特别是，最晚到硕士研究生毕业之前，除自己所处的二级学科、与自己学位论文研究有关的前沿文献外，学生对法学领域中的基础或经典理论文献，需要有过至少一轮较为系统的阅读经历。如果没有这个“童子功”，就很难在更具整体性的层面上，对法学的问题意识和知识形态有足够了解，也难以形成足够高的学术品位。这样的学生进入博士研究生阶段后，很容易被困在二级学科，甚至更小的课题领域中，乃至终生只能开展就事论事的研究，无法将自己的工作和更长的学术脉络与更广阔的知识网络联结起来。

基于上述认识和感受，也得益于学院提供的慷慨资助和支持，我在2021年春季、秋季和2022年春季3个学期中，组织了一个第二课堂读书会，主题为“现当代法学理论经典文献阅读”，选用的文本是由哈佛大学法学院 David Kennedy 和 William Fisher 两位教授主编、普林斯顿大学出版社于2006年出版的论文集《美国法律思想经典》（*The Canon of American Legal Thought*）。该文集精选了美国法学界自19世纪末到20世纪晚期约100年中公认有最广泛学术影响力的21篇著名论文，且每篇之前都配有编者撰写的关于作者和论文本身的精彩背景导读。我在美国法学院修过的一门学术研讨课,用的就是这个文本。而那门课开设的主旨也就是确保有兴趣未来从事学术工作的少数学生,能够形成基本的"学养",可以和学界同行在共享的、有足够纵深的学术语境和学术传统之中进行智识对话。或者,更通俗/庸俗地说,就是要确保学生不至于缺失最基本的理论知识储备和阅读素养,将来"出门不好意思跟人打招呼"。而之所以选择美国的文本,除了我基于教育背景和研究积累比较熟悉之外,更因为中国的法学研究和写作一直以来所受的美国学理和话语的影响。至少,我从教以来读过的硕博研究生论文,不援引美国理论的几乎没有,但往往一知半解甚至错漏百出。究其原因,都是因为求学阶段没有扎实完成过至少一轮较为系统的阅读,特别是没有直接接触过原文,过度依赖早年质量参差不齐的译本。同时,在美国法学的智识传统中,对部门法分野不十分看重,更强调用理论线索将不同领域法律现象串联起来做整体思考,影响广泛深远的经典文论尤其如此。多做这种类型的阅读,对当前受部门法思维影响较深的中国学生来说,尤其有益。

就个人主观意愿而言,我其实很希望在正式开设的课程内,为本科生和研究生提供文献阅读训练。但考虑学生总体学分多、修课压力大的实际情况,目前我只在两门选修人数相对较少的专题性课程中,尝试了课下文献阅读、课上以文献讲解和讨论为主要内容的教学模式。而在其他选课人数规模较大的基础性理论课程中,还是只能识时务地以讲授知识为主、"推介"文献为辅。可以说,开设"第二课堂",已是目前总体不合理的教学培养方案约束下所能达到的次优了。参加读书会对于学生来说,负担加重,无法获得学分,且可以随时退出,因此,这是一个比选修课还要更有效的筛选机制,避免了教师费力带领学生阅读、学生没兴趣读不进去又怨声载道的拧巴情况。当然,能够自愿把读书会从头到尾坚持下来的学生,肯定比选修课不逃课的学生还要更少。这使得通过读书会形式对学生进行阅读训练,无法做到与课程相同程度的系统性,但至少聊胜于无。

从活动开展的实际情况来看,由于我精力所限,在两学期中各开展了 6 次读书活动,一年加在一起共计 17 次,只完成了论文集中包含文献的 3/4 左右,但总体效果还是可以的。参与的学生以法理学专业的硕博研究生为主,但也有少数几名宪法与行政法、民商法和经济法专业的博士研究生参与。过去一年中阅读的文献,至少有一半以上是学生此前早有耳闻但从未真用心读过的

“名篇”。针对这些文献,学生的阅读讨论积极性比较高,也可以和自己以前基于道听途说获得的印象进行对比,容易激发出其自觉的思考和讨论。至于另一些篇目,在美国学术界知名度和学理地位都很高,但中国学界因各种原因了解不多,少有译介,学生此前完全没有听说过,这时教师不得不把读书会重新变成讲授式课堂,更明确地帮学生梳理出文献中包含的核心理论主张、理论主张提出的背景及其在更大学术脉络中产生的影响等。但无论是上述哪种情形,相信学生通过精细阅读讨论,都还是有不小收获的。

此外,在指导读书会的过程中,尽管我经常要扮演以讲解为主要职责的教师角色,但相比于正式课堂上,我会有意识地更多谈论自己作为文献读者的阅读经历和阅读感受。特别是,我会告诉学生,自己在求学的不同阶段,阅读相同一篇经典文献有不同感觉和不同理解。这是为了让学生明白,理论学习是一个长期的过程,在本科和研究生期间,阅读完全不必以一次到位理解通透为追求,因为这是不可能做到的。尤其在人文社科领域,对理论问题的理解深化与生活阅历的增长密切相关。但在学校学习期间,必须通过至少一轮系统的阅读,把问题“种”在自己的头脑之中,哪怕一直模模糊糊,过些年往往是不经意间就会有开窍、顿悟的感觉。不下点功夫打下基础,长期的学术成长就是无本之木。

组织程序

“现当代法学理论经典文献阅读”读书会面向所有对法学理论类文献感兴趣的学生开放。学期期初,教师会发布读书会的相关信息,同学们自愿报名并加入读书会的微信群,现有群成员 20 余人。微信群是发布开展每次读书会的具体信息的主要渠道,也是读书会成员主要的线上沟通渠道,方便教师和同学们及时进行交流与分享。

读书会每 2 ~ 3 周开展一次。开展前,教师会在微信群内与同学们协调当次读书会开展的具体时间,并通知具体地点。如无特殊情况,读书会通常在周六的上午或下午于陈明楼的某间会议室开展,时长 3 小时左右。每次读书会开展前,会在微信群内统计当次自愿报名的人数,每次参加的人数在 10 人左右。教师会为同学们统一订餐,有时还会购买咖啡。

每次活动之前,教师会提前指定当场读书会的阅读篇目,参与的同学需要提前阅读文章,熟悉并了解文章的内容,同时记录下对文章感兴趣以及认为有讨论价值的内容,以便在读书会上进一步讨论。读书会以教师带读和同学参与讨论的形式开展。一方面,教师在读书会上对文章进行导读,从文章写作的学术背景、社会背景、撰写风格、文章结构、基本理论观点、论证思路以及理论演变过程等方面对文章做整体的解读。针对文章中的重点段落,教师会带领大家进行精读;同时,也会介绍与文章相关的其他学术研究,使同学们对文章有更加深刻和立体的理解。在这一过程中,教师也会对同学们的阅读和写作进行指导,如经典文献如何阅读,学术论文如何谋篇布局、如何论证等。另一方面,同学们在读书会上可以自由发言,提出有意思的问题并对相关问题发表自己的看法,与教师和同学们展开讨论,述说自己阅读文章的心得体会,与大家一起进行交流和分享。

读书会开展前或结束后,教师还会同大家一起聊天吃饭,在指导同学们阅读文章之外,和同学们进一步交流关于学习和生活的体会和感悟。

■ 阅读篇目

1. Oliver Wendell Holmes, *The Path of the Law*, 10 Harvard Law Review 457(1897).
2. Wesley Hohfeld, *Some Fundamental Legal Conceptions as Applied in Judicial Reasoning*, 23 Yale Law Journal 16(1913).
3. Wesley Hohfeld, *Fundamental Legal Conceptions as Applied in Judicial Reasoning*, 26 Yale Law Journal 710(1917).
4. Robert Hale, *Coercion and Distribution in a Supposedly Noncoercive State*, 38 Political Science Quarterly 470(1923).
5. John Dewey, *Logical Method and Law*, 10 Cornell Law Quarterly 17(1924).
6. Karl Llewellyn, *Some Realism about Realism—Responding to Dean Pound*, 44 Harvard Law Review 1222(1931).
7. Felix Cohen, *Transcendental Nonsense and the Functional Approach*, 35 Columbia Law Review 809(1935).
8. Lon L. Fuller, *Consideration and Form*, 41 Columbia Law Review 799(1941).
9. Henry M. Hart, Jr. and Albert M. Sacks, *The Legal Process: Basic Problems in the Making and Application of Law*, 1 Unpublished Manuscript 241(1958).
10. Herbert Wechsler, *Toward Neutral Principles of Constitutional Law*, 73 Harvard Law

Review 1(1959).

11. Ronald H. Coase, *The Problem of Social Cost*, 3 Journal of Law and Economics 1(1960).
12. Guido Calabresi and Douglas Melamed, *Property Rules, Liability Rules, and Inalienability: One View of the Cathedral*, 85 Harvard Law Review 1089(1972).
13. Stewart Macaulay, *Non - Contractual Relations in Business: A Preliminary Study*, 28 American Sociological Review 55(1963).
14. Marc Galanter, *Why the "Haves" Come out Ahead: Speculations on the Limits of Legal Change*, 9 Law and Society Review 95(1974).
15. Ronald Dworkin, *Hard Cases*, 88 Harvard Law Review 1057(1975).
16. Abram Chayes, *The Role of the Judge in Public Law Litigation*, 89 Harvard Law Review 1281(1976).
17. Duncan Kennedy, *Form and Substance in Private Law Adjudication*, 88 Harvard Law Review 1685(1976).

研习成果

《法律的道路》与法律研究的道路

黄致韬(北京大学法学院2020级法学理论专业硕士研究生)

在戴昕老师组织的"现当代法学理论经典文献阅读"第二课堂活动中,对我影响最大的是,霍姆斯法官所著的《法律的道路》。《法律的道路》这篇文章是对当时美国法学研究的建议,但是在120余年后的今天阅读这篇文章,我也受益良多。本读书报告将基于《法律的道路》,并结合我自身的学习、研究感悟,讨论我对法学研究的理解。核心问题是,在今天,如何进行"好"的法学研究?

一、什么是法学研究?

要进行"好"的法学研究,首先要定义什么是"法学研究"。可能在霍姆斯看来,有些学术研究虽然发表在法学期刊上,但是并非真正的法学研究。霍姆斯主要批评的是当时学界在道德和法律之间的混淆,让"什么是法律?"这一问题变得复杂。法律和道德纠缠在一起,使得理解法律变得十分困难。霍姆斯提出了"坏人理论"。在"坏人理论"的框架下,法律是法官的判决和执行,法学研究则是对法官判决和执行的预测。坏人理论提供了一个足够清晰的框架,很巧妙地分离了法律和法律以外的因素。

法学研究和非法学研究的区分有助于我们理解和评价其他的研究,也有助于我们开展研究。霍姆斯在《法律的道路》(第3页)中强调了法律研究的边界,正是因为将法律和其他因素分割,将法学研究和其他类型的研究分割,法律和法学研究的轮廓才能清晰。

用现在流行的话来说,法学研究是在构建法官行为的预测模型。这个模型可以容纳很多因素:法律法规(成文法、判例法、比较法……)、司法判例、学说、道德、政策考量,等等,有很多的因素都会影响法官的行为。那么,这些因素具体如何影响法官呢?这就是相关领域的核心研究问题。例如,在教义法学会研究中,法官如何解释法律文本?法律法规如何影响法官判决?规范性研究对法律和判决作出规范性的评价,聚焦于评价法律是否正义?司法政治学会研究政治因素(选举、党派、政治结构等政治因素)如何影响判决。[1] 法律心理学则会研究心理学因素(例如,法官吃没吃早饭、困不困)会如何影响判决。[2]

不同的研究进路都只是解释了法官行为的某些侧面,学界需要多种角度的研究进路。法官判决不可能不依据法律文本,但在自由裁量权的范围内,法官又可能受到法律文本以外因素的影响。一个好的研究当然是解释力强的研究,也就是说,这个研究所构建的模型可以更准确、更稳定地预测法官的决策行为。一些教义学研究者可能会批评"法官不懂法",但如果依照霍姆斯的观点,这或许是这类研究者不懂什么是"法学研究"。法官的判决才是法律本身,而法学研究只是对判决的预测,当模型不能准确地预测现实行为时,拿着纸上的模型指责活生生的现实,或许是幼稚的。教义法学是不可或缺的,但并不是法学研究的唯一进路。

此外,学术界也还有一些霍姆斯所认为的"非法学"的研究。这些研究与法律也有关系,否则也无法发表在法学期刊上。但这些研究并非对法官、法律的直接预测,而是对其他领域的行为或现象的预测和解释。在法学研究中,法律是模型的被解释变量,而在其他领域的研究中,法律是模型的解释变量。例

[1] See Matthew Hall: *Experimental Justice Random Judicial Assignment and the Partisan Process of Supreme Court Review*, 37 American Politics Research 195(2009).

[2] 例如,一项研究法官吃饭、休息与判决相关性的研究:See Shai Danziger, Jonathan Levav, Liora Avnaim - Pesso, *Extraneous Factors in Judicial Decisions*, 108 Proceedings of the National Academy of Sciences 6889(2011)。

如,借由法律讨论道德,借由法律讨论制度,借由法律讨论社会,等等。

二、经验介入的可能

如果将法学研究视为对法官行为的预测,那么,批评法学研究过于逻辑化、推理化、概念化也是顺理成章的。霍姆斯耳熟能详的名言是,“法律的生命不在于逻辑,而在于经验”。在《法律的道路》中,他也批评了逻辑主导的法律研究。并非所有的法律问题都可以从“权利、自由、法治”等“大词”中推导出解决方案,法律问题并非存在于真空中,并非存在于纸面上,每个问题背后都有现实的条件和约束。追求“权利、自由、法治”当然是每个法律人的愿景,但是“大词”难以提供具体的、可操作的实践规则。更危险的是,如果仅从抽象的原则出发,试图“推导”出具体场景中的规则,就会导致要么是用“大词”来糊弄,要么是用原则来矫饰。

因此,法学研究需要经验的介入。这里的经验并不是法官、律师磨炼出的街头智慧,而是对法官的预测模型需要加入经验层面的“变量”。“书本上的法”只考虑了法律条文这一维度的变量,而“实践中的法”则需要考虑更多维度的变量。如果用统计学来解释,对法官的预测模型需要从只考虑法律文本的“单元回归模型”升级到纳入更多维度变量的“多元回归模型”。只有加入新的变量,才可以让模型的预测能力提高。

在今天的域外研究中,采用经验/实证的方法研究法律问题已经相当流行。对实证研究常见的批评认为,实证研究试图让法学研究更加社会科学化,而法学无法社会科学化,因此,实证研究是没有意义的。而实质上,实证研究并非为了社会科学化而社会科学化、为了量化而量化,采用社会科学工具的目的是提高预测的准确性。在中文世界中做出有解释力的经验研究,还需要学界的共同努力。

三、理论的想象力

霍姆斯还认为,法学研究还需要理论。他针对的是过于细节化的案例研究,他希望法学研究能够提供一些抽象的理论。这里强调的是预测模型的泛化能力。泛化能力强的模型可以预测更多的判决,而泛化能力弱的模型,可能只能预测一个案件的结果。在纷繁复杂的世界中,我们需要有普遍解释力的结构、模型、理论来帮助我们理解和预测法律。

霍姆斯的告诫不仅适用于教义学研究,也同样适用于法律经验研究。特别是在英文学界,在经济学、政治学等理论引入法学研究后,法学研究也有经验化、实证化的转向。但是,实证研究也可能陷入过于精细的窠臼,而丧失了理论的想象力。[1]

四、结语

这篇120余年前的演讲稿在今天也有极强的冲击力。每次阅读,霍姆斯的文字都会给我带来新的冲击和思考。只要人类社会还有纠纷产生,《法律的道路》的生命力和解释力就不会止息。

法学理论如何"落地"?

——《先验的妄语与功能的进路》(*Transcendental Nonsense and the Functional Approach*)读书笔记

樊一江(北京大学法学院2020级法学理论专业硕士研究生)

自《先验的妄语与功能的进路》发表之日起,法律现实主义便把颠覆法律形式主义神话、要求法律人深入理解现实作为核心要务。根据本书编者的区分,法律现实主义对形式主义法学的抨击构成了1900~1940年美国法学理论发展的主题。菲利克斯·科恩(Felix Cohen)所著《先验的妄语与功能的进路》一文即是此阶段之"大轴"。科恩批判地继承了之前现实主义法学家的思想,以更加广博的论据、更为成熟的论证,彻底地批驳了形式主义法学,并在此基础上阐释了立足于功能主义的方法论进路。是故,本文将围绕"批判"与"建构"两个维度展开。

科恩进行的批判,相较于之前的法律现实主义者,更为深刻之处在于通过分析多个在司法实践中频繁出现的"法律概念",指出基于概念作出司法裁判是一种循环论证,进而揭穿"存在某种先于法律却能够赋予法律以效力的概念"这一虚妄之语。

科恩开篇即以"耶林之梦"切入,辛辣地解构了当时司法裁判中盛行的形式主义立场。受形式主义影响的法学家声称司法裁判所依据的,是没有社会事实或道德价值基础的抽象原则。科恩描述了一个法律人能够尽情地从法律文本的抽象概念中分裂、挤压出裁判依据,毋庸遭受"地面人类事务"干扰的"法律的概念天国"。由此,形式主义法学的基本立场可被概括为:将抽象的法

[1] 参见[美]C.赖特·米尔斯:《社会学的想象力》(第3版),陈强、张永强译,生活·读书·新知三联书店2012年版。

律概念实在化,主张司法裁判的证立取决于能否像把握有形物那样确定法律概念的本质内涵。

“公司在哪”是科恩进行解构时提出的第一个质疑。通过展示跨州诉讼的管辖权争议,科恩指出诸如“公司”这般的法律概念在现实中并不存在对应的客观实在。质言之,诸如此类的概念并非实体,法律人亦不应将其具象化、实物化。然而,这一误解根深蒂固地存在于法律人群体当中。究其根源,系因为形式化的思考意味着便利——只需探寻到某个概念的本质,即可证立司法裁判。对此,科恩抛出了第二个问题:法人何时出现。当法院裁判某组织具备独立法人人格时,其所依据的是“该组织在本质上具备独立人格”,但这只是一项无法借助实证证据或者伦理论据证实或证伪的命题(proposition)。法律现实主义者会认为,某组织之所以具备独立人格,是因为法院如是判决。由此可见,司法裁判并没有完成关于组织独立人格的证明,而是陷入了循环论证。

循环论证广泛地存在于形式化的司法裁判中。以“商号”(tradename)为例,形式主义法学将裁判过程描述成审查商业词汇,并发现内在于商业概念之中的财产权,然而,该概念是否具备财产权却取决于法院裁判。这就陷入了循环论证的窠臼中。科恩认为,有关商号的裁判并非法律概念的发现过程,而是对案涉经济利益与权力资源的分配过程。其中构成裁判依据的,是包括利益分配在内的诸如商业习惯、伦理信念等社会事实或现实考量。科恩后续考察了基于宪法权利进行的公共规制与基于正当程序所展开的法续造。在这两种基础性的法律实践中同样存在循环论证:无论是宪法权利还是正当程序,皆因司法判决而具有效力,但裁判依据却是它们自身。

先验妄语的广泛运用使得未经证立的法律概念掩藏了裁判的真正依据,对其之推崇封堵了就社会事实与公共政策展开明智调查的进路。这意味着法律人需要转换思路,采取更为现实的视角,从“概念的天国”回到“地面”,回到具体的社会现实与伦理情境当中。

随着视角转向建构维度,科恩选择了其方法论——功能主义。科恩通过考察哲学、数学、物理学诸学科的发展史,指出采纳功能主义进路是诸学科发展过程中的必然阶段。功能主义在两个层面对形式主义发起进攻:在消极层面,功能主义代表的是对一切教条和计划的攻击,使之不能转化为实际经验的术语;在积极层面,功能主义主张对无法检验的概念进行功能性攻击,其结果是许多传统问题被认定为无意义的伪问题。就法学理论而言,可供研究的真问题无外乎两个:其一是"法院实际上如何裁判给定类型的案件";其二是"法院应该如何裁判给定类型的案件"。此种提问方式意味着功能主义视域下的司法裁判理论不再聚焦于能否探寻到法律概念的先验本质,而重视对于支撑裁判的社会事实及影响裁判的社会力量的考察。

功能主义进路对法学理论"真问题"的回答是通过澄清如下四个传统法学理论问题给出的:(1)法律的定义;(2)法律规则与法律概念的本质;(3)司法决策理论;(4)法律批判主义的作用。针对问题(1),功能主义进路基本沿袭法律现实主义的主张,认为法律是法官作出的裁判,行为人会因裁判结果产生某种期待并据此展开行动(参见霍姆斯所述"坏人论")。形式主义关于法律的定义——由国家最高权力机构制定并发布的行为规则,规定行为的正确与错误——毋宁是其自身立场的辩护。通过先验的妄语,形式主义者能够驳回任何特定的异议:要么称其"不公正、不合理",因而不是"健全的法律";要么称其无关紧要,因为"法律不是道德理论问题"。但是,这种故意的混淆导致法律人忽略了塑造法律的社会力量。厘清定义法律的正确立场后,回答问题(2)的过程即是考察司法裁判的过程。法律规则及法律概念本质上由司法裁判塑造,质言之,其并非先于并证立司法裁判,而是裁判结果的"化身"。采取功能主义进路的法官不会以先验的妄语支撑循环论证的裁判,而是会坦率地评估个案中的利益冲突,评价每一上诉先例的社会重要性,坦言裁判的真正理由。

在科恩看来,既往法律现实主义者通常止步于此,但前述二问题的厘清仅仅是法学理论研究的初步工作,进一步追问:司法决策的构成是什么?针对问题(3),通过放大司法行为中的个人因素与偶然因素的影响,既往法律现实主义者试图隐式地否定可预测的社会决定(socialdeterminants)与司法决策过程的显著相关性。科恩并不否认司法裁判中存在诸多偶然性因素,但他意识到先例同样属于法官通常受到的影响因素之一,所以不能全盘否认司法裁判的确定性。与他的现实主义盟友们相比,科恩更相信法院有可能遵循先例。因此,科恩并不满足仅为批判之用的法律现实主义,他更希望通过功能主义进路的提出,使得裁判过程与其背后的社会事实相互结合。意识到既存法律现实主义理论的不足之后,科恩在文章最后阐明了问题(4):法律批判主义的作用。这涉及法律制度的描述性分析和规范性分析之间的关系。在该问题上,科恩与他的法律现实主义盟友分歧最大。卢埃林主张"实然与应然的暂时分离",换言之,推迟考虑应该如何改革法律,直到人们清楚地知道它目前是怎样的。

科恩则认为二者是无法完全二分的:“缺乏人类价值作为选择性标准而搜集的社会事实,不过是无用数据的可怕荒野。”描述性分析和法律批判主义之间的关系并不是时间性优先关系,而是相互依赖的关系:如果没有对法律决策的因果性作出客观描述,那么法律批判是空洞的;如果没有价值理论的指引,那么对法律的描述是盲目的。

通览全文,能够看出科恩观点的两面性:一方面,作为一名法律现实主义者,他拒斥形式主义主导下沉沦于“概念天国”的法学理论,主张法律人的思考应当“回到地面”;另一方面,他也意识到法律现实主义存在极端化与相对化的风险,为防止法律现实主义走向虚无——另一种形式地脱离现实,科恩主张应通过社会价值的批判性理论指导经验性工作。这两方面的主张为“功能主义进路”所结合:功能主义可以被视为关于立场的立场,当法律现实主义成为教条时,也应对其进行功能性批评。就法学研究而言,科恩的遗产警示我们不应局限于某种单一主张或本质目的,而需具有超越特定视角的开放视野和对实质问题的清醒认知;同时,对于自身之立场也须抱持审慎与反思的态度,根据现实情形对之加以修正。理论是治学的“脚手架”而非“拐杖”,更不能代替我们行走,像是罗丹敲去了巴尔扎克像的手臂,我们终究不是理论的奴隶。

反思“纸上法律”

葛松(北京大学法学院2020级法学理论专业硕士研究生)

在 *Transcendental Nonsense and the Functional Approach* 一文开头,Cohen用生动而富有渲染力的笔触描绘了一个理想而又可怖的“法律概念天堂”的形象:这是一个专为法律理论家保留的特殊天堂,在这里,法律理论家们可以利用所有需要的逻辑工具,随心所欲地对法律文本进行切分和解读,从任何文本或法规中解析、转化、操纵种种法律概念以“创造”和“解决”法律问题,而不必关心具体的人类生活和事务〔1〕。Cohen 及其所代表的法律现实主义者们意在提示,法律实践与法学研究过分依赖以既定法学知识框架作为分析出发点和落脚点,而(有意或无意)否认所有人类行为背后存在的社会现实,只能沦为“纸上法律”(Law in Books),无法理解法律的白纸黑字同现实社会实践之间

〔1〕 See Cohen, F. S. , *Transcendental Nonsense and the Functional Approach*, 35 Colum. L. Rev. 809 (1935).

的紧张关系(Law in Action),更无法提供切实有效的回应与解决方案。

一、依赖法律概念体系

"纸上法律"式研究思路的一个突出表现便是对法律概念体系的依赖。法律概念在法律适用中发挥着首要功能,特定法律概念是引发特定法律后果的前提,法律实践者在适用法律过程中,须得将意欲规制的对象的语义进行确证或具体化,将其转化为制度性的法律事实,即现实世界与法律世界"词"与"物"的对应,明确规制对象在法律语境中"是什么",才能进一步基于规范性的意义对其予以分析和评价。但是,法律概念本身的模糊和普遍使用,使得其指涉对象在实践中往往并不明确,并进一步模糊化了规则背后的现实考量。例如,在 Hohfeld 看来,"我拥有这片土地"的财产权逻辑是一种"外行"的笼统主张,并不能揭示财产权背后人与人之间的互动关系。Hohfeld 认为,财产权的法律制度是权利对(right - duty)与特权对(privilege - no right)的结合。例如,土地所有人有权(right)要求相邻道路上的行人不得进入其土地,此时,行人则有相应的不进入该土地的义务(duty)。然而,如果法律规定,在道路被雪堆或其他障碍物阻碍正常通行时,行人有权(privilege)通过土地躲避障碍,此时,土地所有人则无权(no right)排除行人的权利。一个人的权利(right)是另一个人的义务(duty),一个人的特权(privilege)则是另一个人的无权利(no right),因此,扩大权利、特权或其他合法利益中的任何一种都会产生赢家和输家。[1] 由此,基于法律关系的运作与互动,我们才得以进一步理解,财产制度的发展所提出的政策问题的实质其实是社会利益的分配问题。

过于依赖法律概念的弊端还体现在不能灵活应对新业态和新的社会实践带来的规制挑战。如前所述,先要实现现实世界与法律世界"词"与"物"的对应,明确规制对象在法律语境中"是什么",才能进一步在规范性的意义层面对其予以分析和评价。而以平台商业模式为代表的新业态,恰恰也是由此证立逻辑出发,通过努力地定义自己"不是什么"——例如,售卖的不是服务、产品、内容等"东西"本身,而是"软件访问权限"[2]——以规避现行法律框架的监管。共享经济下劳动关系的规制问题便是典型例证之一。致诚农民工法律援助与研究中心研究发现,随着外卖平台用工模式的演进,外卖平台通过一系列表面性的法律安排及配合其中的配送商(众包服务公司)和灵活用工平台,编

---

〔1〕 See Wesley, N. H., *Some Fundamental Legal Conceptions as Applied in Judicial Reasoning*, 23 Yale Law Rev. 37(1913).

〔2〕 See Cohen, J. E., *Law for the Platform Economy*, 51 UCDL Rev. 133(2017).

织了一张完美的"法律关系暗网"——工资、个税、社保由三家不同的公司负责发放或缴纳,并将骑手批量注册为"个体工商户"[1]——将骑手们带来的人力成本和用工风险向外剥离、层层区隔,将骑手的劳动关系悄悄推向权益保障的边缘。骑手与平台、配送商、灵活用工平台之间的劳动关系趋于复杂化和间接化,难以认定,这为骑手的劳动权益保障带来重重困难。

二、法律形式本质化的思维倾向

"纸上法律"式研究思路的另一突出表现便是容易陷入法律形式本质化的思维倾向。法律形式本质化的思维倾向,是一种道德论立场叙事的体现,即认为法律规则的制定及其适用的基本任务,就是要维护和体现某些具有恒久性的、跨越时空的目的和价值,这是一切法律制定、解释、适用的起点。例如,法院对于商标权的保护逻辑是,一个人通过其广告的独创性或其产品的质量,诱导消费者对特定名称、符号、包装形式等作出反应,从而创造了"有价值的东西"(商标),因而有权受到法律的保护。[2] Cohen 认为这种推理所固有的恶性循环显而易见,它将法律保护建立在经济价值的基础上,但忽略了经济价值恰恰来源于法律保护的程度,法院做的,实际上恰是在创造和分配——而非仅是确认——新的经济财富或权力来源,即赋予某种语言形式的第一个用户以特殊的经济优势。因此,商标权问题的实质在于社会利益的分配,在此背景下,探究商标本身固有的经济价值,对于回应商标权的建立给社会制度提出的实际挑战(例如,商标在多大程度上能够促进消费者明智地购买?在商标注册后销售低质商品欺骗消费者的概率有多大?)来说,可能是南辕北辙的。

又如,Dewey 关于公司法人人格的讨论。传统的道德性人格学说认为,人格是自然人所独有的,权利及义务也由此产生。在此背景下,关于公司法人人格的讨论也往往就公司"是不是人"这类问题展开。而 Dewey 则认为,人格从来不是虚构的、本质的,而是基于政治、社会等诸多方面的考量,由法律制度赋予的,人格的背后是法定的权利和义务,这既是为了提高个人相对于国家的权利和尊严,也是为了将个人置于国家赋予的法律责任范围内[3]。因此,相比

---

〔1〕 参见北京致诚农民工法律援助与研究中心:《外卖平台用工模式法律研究报告》,载农民工法律援助网,https://zgnmg. org/wp - content/uploads/2021/09/zhicheng - report - on - food - delivery - workers. pdf。

〔2〕 See Cohen, F. S., *Transcendental Nonsense and the Functional Approach*, 35 Colum. L. Rev. 809 (1935).

〔3〕 See Dewey, J., *The Historic Background of Corporate Legal Personality*, 35 Yale LJ 655 (1925).

于讨论公司是否“像人一样”,更为实质性的做法是基于实用主义的立场,将公司视为“权利和义务的承担单位”(a right – and – duty – bearing unit)[1],思考在何种场景下需要赋予公司法人人格以使其承担权利义务,而在何种场景下则无须如此。

法律形式本质化的思维倾向在当下的研究中也并不鲜见,有关算法透明问题的讨论可为一例。学界对于算法透明的核心关切是,随着算法决策在社会生活领域的广泛运用及其对个体及群体行为的影响和控制,若不能明确算法设计的目的及算法运作的逻辑,可能使得特定群体遭受系统性不公。上述担忧并非不真实,但学者在讨论算法透明问题时却似乎过多受到了“程序公开”这一规范性前设的影响,而忽视了算法透明在技术上究竟有多少可行性,以及在何种程度上得以实现而不是背离了制度设计的初心。一方面,算法之所以不可理解首先是由于算法自身的复杂性。当前,机器学习算法主要通过“优化函数”来达到预期目标,即在工程师建立运算目标之后,机器通过在训练集中学习示例,自行设计算法来实现目标。这一过程不受固定参数和运算模式的控制,因此,机器学习算法——尤其是结合了强人工智能和神经网络等技术的机器学习算法——运算结果背后的深层原因变得难以把握。我们无法通过考察静态的源代码或原始数据与运算模式这样一种“刻舟求剑”的进路来推断和解释算法的运算结果。[2] 另一方面,由于专业技术能力的不足,绝对的“透明”——过度的信息披露——可能会增加信息接受者的认知负担而达不到算法透明的制度目的。[3] Pasquale 将此类现象称为“混淆”(Obfuscation),即通过刻意增加冗余信息隐藏算法秘密。[4] 例如,公司可能会通过披露大量冗余材料的策略性行为,让审计人员获取信息时如同大海捞针,从而规避会计审查。“隐藏”可能恰恰是通过“透明”而实现的,这一微妙的行为博弈的结果提示我们,离开对于规制对象及其背后的人的互动关系真实而准确的观察,即便是善良的意愿,也有可能铺就不欲的道路。

---

〔1〕 See Dewey, J., *The Historic Background of Corporate Legal Personality.*, 35 Yale LJ 655(1925).

〔2〕 See Lemley, M. A. and B. Casey, *Remedies for Robots*, 86 The University of Chicago Law Rev. 1311(2019).

〔3〕 参见张凌寒:《算法权力的兴起、异化及法律规制》,载《法商研究》2019 年第 4 期。

〔4〕 See Pasquale, F., *The Black Box Society: The Secret Algorithms that Control Money and Information*, Harvard University Press, 2015.

章永乐老师的私塾

即法而歌

章永乐

北京大学法学院长聘副教授，法学院、区域与国别研究院博士生导师。北京大学法学学士（2002年）、美国加州大学洛杉矶分校（UCLA）政治学博士。曾任德国柏林高等研究院客座研究员（2014～2015年）、法国南特高等研究院客座研究员及南特大学客座教授（2020年）。主要研究领域为西方法律史、比较宪法、西方政治思想史、中国近代宪法史/思想史、国际法史、古希腊罗马历史编纂学等，重点关注民族/国家建构（nation/state building）与宪法变迁、帝国与国际法、政党与代表制、政治伦理与法律伦理等研究议题。著有《旧邦新造：1911—1917》（北京大学出版社2011年初版，2016年增订版）、《万国竞争：康有为与维也纳体系的衰变》（商务印书馆2017年版）、《此疆尔界："门罗主义"与近代空间政治》（三联书店2021年版）、《西途东归：朝向中国道路的思想突围》（东方出版中心2023年版），编有*The Constitution of Ancient China*(美国普林斯顿大学出版社2018年版)、《大国协调及其反抗者》（北京大学出版社2018年版）等，在中外学术刊物上发表论文近百篇。

2008年入职北京大学法学院，目前主持本科生课程"西方法律思想史"以及全校本科通识教育核心课程"公法与思想史"；教学重视对原著的精读、对解释传统的梳理以及学生论文写作训练，并在对西方思想的阅读和思考中贯穿中国问题意识。曾获得北京大学教学优秀奖、北京大学优秀德育奖等教学奖项。

（活动总结在北京大学法学院2021级博士研究生史庆同学起草和整理的初稿基础上改定，特此鸣谢史庆同学的贡献。）

总体说明

在正式课程外组织读书小组，定期聚会，就共同感兴趣的西方经典著作或最新研究成果进行研读，是我自北京大学本科时期就一直坚持的一项活动。几十年来，“半渡”读书小组也是志同道合的小伙伴们定期交流学习心得、共同推进理论研究的一条战线、一座“城邦”。它不仅吸引了法理、法史、国际法、宪法、经济法、民法等专业的师生，也吸引了哲学、历史学、经济学、政治学等其他学科的众多青年优秀学者。

读书小组尝试展开两个方面的工作：一是以所读材料为中心，所有的参与者一同思考全球秩序下的思想、政治、法律、经贸、文化等问题，或培养问题意识，或为各自所研究的方向提供新思路；二是语境化材料，分析其所产生的背景，再通过横向比较，对所学习研究的法科材料进行批判性阅读理解。

在所阅读材料的选择上，我会选择知识范畴具有跨学科性和全球视野的权威著作，不限于法学本身。这是因为，由现当代人文社科顶尖学者创作的著作往往横跨历史学、哲学、政治学、政治经济学、法学、社会学等各领域，理论密集度和深度都很高，对各学科相关材料均有关照和总结。而著作本身与著作的参考文献也能为研究与写作提供有力借鉴。有鉴于该活动的非正式性，参加的伙伴们可以敞开心扉，交流一些不习于书、不见于文的心得和经验。这些心得和经验往往在各学科规范要求的范畴之外。除了本身的学习兴趣外，读书小组存在的理由，或对法科学生的意义，可以总结为如下四个方面。

第一，锻炼“语境化”材料的能力，尽可能减少对法律语言的“辉格史”式解读。“辉格史”式解读的逻辑是，认为对于一些热门学术语词的当下意涵在历史上就已经存在，并认为这些语词的内涵经由一个个理论家的解释或行动者的改革，在历史的进程中不断被完善，直至达到今天趋于完美的程度。这在法学领域是常有的解释方式，因为法科学生更关心的是这些词语当下的意涵——如果不能适用于眼前的案例，这些历史词汇就不具有利用价值，而溯及历史又可以赋予当下行动的正当性。但是,诸如“社会契约”“权力分立”“宪法”“民主”“法治”等词语,如不置于语境,很容易忽视历史主体间的斗争、各力量的此消彼长以及推动制度形成的实际因素,而代之以观念上的搏斗,仿佛历史主体可以跨时空对话,今人可以以今日的标准批判古人。“语境化”材料本是做学术的基本要求,但即便其他学科对这些词汇的研究已经在对各种“辉格史”式理解正本清源,不少法科学生仍会不自觉地运用“辉格史”式的解读。有鉴于此,读书小组的一个意义即在于锻炼学生“语境化”材料的能力,尤其是理解不同法学词语的含义在不同时间、不同地点和不同言说者之间的差别,并分析这种差别是如何造成的能力。

第二,培养全球史视野,认识到制度形成的内外关系。将法律与国家(民族国家)绑定,并认为前者由后者创造,主要用来处理后者的内部事务,一直是法科学生的主要思维定式之一。这一定式在海内外大学的法学院中都或多或少地存在,不仅是中国法科学生的特点。这在相当程度上是由法学尤其是部门法的学科划分所造成的,这种学科划分的前提是将国家视为历史上一个先在的实体,将国家与市场或市民社会对立,进而将法律视为调整市场或市民社会内部,或调整市场或市民社会与国家关系的规则的总和。这种思维忽略了全球史视角下民族国家形成的逻辑。在西方,国家(state)只是晚近数百年的产物,只是人类历史上各个共同体的一种组织形式。且由于近代许多民族国家的形成与帝国(这个更大的共同体概念)的建构和解体存在极为紧密的关系,所有民族国家在各个领域的法律创制都因此受到了与外部帝国间关系的影响,其中相当一部分甚至首先且主要地受到了这种影响。且除帝国外,全球公司在民族国家的法律创制中也发挥了重要作用。近几年,海内外的部分法律史、国际法和宪法学研究已经跳出这一思维定式,关注共同体在制度形成过程中所涉及的内外关系间的张力。在中国公民和企业深度全球化的今天,在读书小组中培养学生这种全球史视野,不仅有助于他们理论上的重新认识,也有助于满足未来工作上的需要。

第三,运用多学科知识,塑造问题导向的研究思路。近十几年来,随着社科法学以批评法教义学的姿态进入法学研究领域,跨学科的研究思路影响着一代代学生。不少法科学生进入如经济学、社会学等领域,或在教义学框架下吸收其他社会科学的研究成果,或直接运用其他学科的知识分析法律问题。这有助于理解各种社会因素对法律的塑造,有助于法学研究向更深、更宽的层面延伸。但由于缺乏上述第一点和第二点的认识，学生经常过于在意将其他学科知识塞入解释框架以自圆其说，因而不免造成对其他学科知识断章取义式的引述，也存在炫耀性地展示刚习得的新知识、新方法，而忘记了所要处理的问题的病灶。究其根本，是理论和实践的积累都不够深，法科学生很容易脱离实践中法律创造的逻辑，进而忘记了跨学科的真正目的。跨学科研究的目的仍然在于产出更有说服力的解释，其面向的还是相关领域的理论和实践人员，服务的还是具体的理论和对应的现实问题。读书小组的一个意义在于回应学生在跨学科阅读和研究中碰到的常见问题，带领他们发现不同时代和不同地方的制度创造者所面临的主要冲突，以及为解决这些冲突所提供的各种方案，讨论这些方案的思想来源和当下启示。

第四，以制度为基础，深挖西方思想史处理的核心议题，思考中国由“特殊性”进入“普遍性”的思想路径。自古希腊至启蒙运动的西方思想史发展是一个层层累进的过程，其处理的核心议题，是宇宙观、人与自然、人与上帝、人与共同体、共同体内外的政治和经济关系等方方面面的问题，是“元理论”。西方的思想与理论不仅影响了晚清至今的中国内部秩序，而且通过帝国扩张，深刻地塑造了当下的国际秩序。长期以来，西方文明将自身塑造成为“普遍性”的典范，而中国则被置于地方性、特殊性的位置。我在北京大学开设的两门课程——“西方法律思想史”和“公法与思想史”——都致力于一种“反向拆解”的路径：研究西方的思想家是如何通过理论努力将地方性、特殊性上升为普遍性，从而确立道路自信、理论自信、制度自信与文化自信。这一路径，一是将西方地方化、特殊化，二是强调从其建构“普遍性”的经验中汲取可取的经验。读书小组作为第二课堂，选择了许多触及并深度分析西方核心关切议题的思想史研究著作，其意义也是带领学生理解西方文明建构自身的普遍性的理论实践的内在逻辑，从而思考中国的经验如何能够从特殊性上升为普遍性。

组织程序

读书小组开展的活动可分为常规活动与专项活动。常规活动一般于每周五、周六或周日举办，一次时长约 3 小时。常规活动避开上课时间，这样，绝大多数同学有时间参与，也保证了每次活动有 10 名左右同学有效参与。此外，每周一次的频率也能保证同学们的记忆能够衔接，并能够及时将所阅读内容与相关法律研究的知识结合。

常规活动一般分为两个部分,除阅读著作外,我还会组织朗诵并赏析古今经典诗歌。我认为非正式课堂的目的不仅在于对相关问题的阅读与讨论,也在于培养学生们的人文素养。在活动的后半段,学生们轮流选取古今中外的经典诗歌进行赏析。希腊语中的"νόμος"兼具"法"与"歌"的含义,而且最早的"法",往往以"歌"的形式吟唱出来的。这有助于让学生们认识到,铭刻在人心中的秩序,是最为坚固的秩序。

常规活动后,我还会组织聚餐,这样可以使大家在轻松愉悦的状态下进一步交流。如何理解国际秩序的基本原理,如何理解中国作为统一的多民族国家的形成与演变,如何理解党史与共和国史等,都是聚餐讨论的重要主题。

此外,读书小组还会在每学期举行两次左右的专项活动,内容为邀请相关领域学者讲授主题讲座并讨论。例如,我曾邀请中国人民大学历史学院讲师高波作"晚清法政思想中的'春秋战国'问题"讲座,同时邀请清华大学法学院副教授刘晗、中国社会科学院欧洲研究所孔元、当时工作于清华大学人文社会科学高等研究所的傅正、北京大学外国语学院助理教授施越与谈,讲座围绕晚清士大夫对19世纪下半叶世界秩序的总体判断展开,而这些判断为现代中国知识分子思考世界秩序提供了潜在思想资源;邀请当时英国埃克塞特大学人文学院的助理教授殷之光作"作为贸易战的鸦片战争"讲座,讲座同时涉及文明的观念、19世纪文明等级论、帝国史的理论作用和历史作用等,为思考当代国际秩序的形成提供了有力的思想资源;邀请著名史学家专家卡洛·金兹堡(Carlo Ginzburg)对学生进行阅读及写作方面的指导,并进行讨论等。

■ 阅读篇目(2018~2022年)

1. [德]奥斯瓦尔德·斯宾格勒:《决定时刻:德国与世界历史的演变》,郭子林等译,格致出版社、上海人民出版社2009年版。
2. [美]理查德·塔克:《哲学与治术:1572—1651》,韩潮译,译林出版社2013年版。
3. [德]诺贝特·埃利亚斯:《文明的进程:文明的社会发生和心理发生的研究》,王佩莉、袁志英译,上海译文出版社2018年版。
4. 张世明等主编:《空间、法律与学术话语:西方边疆理论经典文献》,黑龙江教育出版社2014年版。
5. [德]鲁道夫·斯门德:《宪法与实在宪法》,曾韬译,商务印书馆2019年版。

6. [英]佩里·安德森:《原霸——霸权的演变》,李岩译,当代世界出版社 2020 年版。

7. [英]伊斯特凡·洪特:《贸易的猜忌——历史视角下的国际竞争与民族国家》,霍伟岸等译,译林出版社 2016 年版。

8. [美]加里·B. 赫伯特:《权利哲学史》,黄涛、王涛译,华东师范大学出版社 2020 年版。

9. [美]埃里克·沃格林:《新政治科学》,段保良译,商务印书馆 2021 年版。

10. Linda Colley, *The Gun, the Ship and the Pen: Warfare, Constitutions and the Making of the Modern World*, Profile Books, 2021. (由李旭翻译)

11. Perry Anderson, *The Antinomies of Antonio Gramsci*, Verso, 2017. (由吴双翻译)

12. [英]伊斯特凡·洪特:《商业社会中的政治:让-雅克·卢梭和亚当·斯密》,康子兴译,浙江大学出版社 2022 年版。

研习成果

探究成文宪法的研究机制:
《枪、船、笔:战争、宪法与现代世界的兴起》读书报告

李旭(北京大学法学院 2022 级法律史专业博士研究生)

我十分有幸能在章老师的读书会上负责为大家提供英国历史学家琳达·科利(Linda Colley)的新著《枪、船、笔:战争、宪法与现代世界的兴起》(*The Gun, The Ship, and The Pen: Warfare, Constitutions, and the Making of the Modern World*)(2021 年版)的中译稿,在这本书中,科利核心要处理的问题是,规模不断增加的"混合战争"(在此书中特指陆战与海战的结合)以及蓬勃发展的印刷业如何推动宪法的全球传播,并使之成为"现代""文明"国家的标准配置?在进入本书主题之前,先短暂回顾一下科利的前几部作品。

最初,科利的主要研究领域为英国史。1982 年,她出版了一部主要研究沃波尔时代保守党反对派的作品《挑战寡头政治:1714—1760 年的托利党》。此后,她的关注对象逐渐转向英国,同时,她试图从外部来理解这一帝国,聚焦于伦敦与加尔各答、费城与博特尼湾等地的联系,而非仅仅着眼于英国中心。自此,科利逐渐从单纯的英国史转向英帝国史研究。这期间,科利出版了《纳米尔》(1988 年)、《英国人:国家的形成,1707—1837 年》(1992 年,中译本由商务印书馆于 2017 年出版)两部著作。21 世纪以来,随着全球史研究浪潮的兴起,科利开启了自己的第二次转向,在《囚徒:1600—1850 年的英国、帝国和世界》

(2002 年)与《伊丽莎白·马什的磨难:世界历史中的一个女人》(2007 年,中译本于 2007 年由北京理工大学出版社出版)两部著作当中,科利以“俘虏”作为切入口,以小人物为主体,重述了英帝国的扩张史。尽管在《枪、船、笔:战争、宪法与现代世界的兴起》中,科利仍然花了大量篇幅来论述英国,但在这样一部宪法的全球史中,英国则算是一块巨大的背景板,而非故事的主角。自此,科利完全转型为一名全球史的研究者。

不太恰当地化用查尔斯·蒂利的经典论述来概括本书的核心论点,即“战争塑造宪法,宪法推动战争”。与传统观点认为现代宪法的诞生源自共和主义的兴起、君主制的衰落,世界范围内民族国家的不断增长以及日渐不可阻挡的民主势头不同,在科利看来,十七八世纪以来规模越来越大、成本越来越高、波及范围越来越广的“混合战争”是宪法全球“旅行”的核心推动力。由于战争越来越频繁、越来越激烈,战争的人力成本与财政成本都大幅提升,为了获取充足的财源与兵源,国家就需要赋予民众更多的权利,为其描绘一个更美好的未来,以实现进一步的动员。对那些战败国来讲,本国原有的政治秩序受到了极大的冲击,为了重建政府权威,打造一支能够抵御外部威胁的强大部队,对有争议的地区宣示主权,同时向全世界宣传自身,这些国家就会选择制定新的宪法文本。例如,在 7 年战争中战败的法国与西班牙都相继推出了本国新的书面文本来重整本国政府,以此吸收更多经济资源以建设军队。在上台时面临内忧外患、希望实现扩张但又根基不稳的君主,如俄罗斯帝国的凯瑟琳大帝、普鲁士的腓特烈二世、瑞典的古斯塔夫三世等,也都希望通过赋予本国公民以自由与权利,换取他们的忠诚与钱财。对于那些战胜国来讲,制定新的成文宪法也并非无用功:一方面,新的文本可以帮助战胜国为新获取的土地制定规则;另一方面,新的文本也能向国内民众做出一定让步,以弥补他们在战争中的巨大牺牲。

随着战争波及范围的不断扩大,越来越多非西方国家开始被卷入其中。面对汹涌而来的殖民浪潮,这些非西方国家并非“冲击—回应”论当中被迫接受宪法的一方,他们也不是被西方国家借用蒸汽机与印刷机引诱或强迫“穿上欧洲人的衣服”的一方。与之相反,一大批非西方国家都希望利用经过本土化改造的成文宪法来抵御西方的入侵。从美洲印第安部落中切诺基人利用宪法划定自己的疆域(“这个国家的领土边界此后[将]保持不变”“从田纳西河北岸……开始……到希瓦西旧城北方约两英里处的第一座山……”);到太平洋上塔希提岛的波马雷二世利用成文宪法巩固自身的统治地位，并尽力抵挡入侵的殖民者；再到夏威夷群岛的统治者希望通过制定成文宪法以表明“夏威夷群岛拥有一个和其他地方一样遵守法律的政府”，进而希望西方国家尊重夏威夷的独立地位；再到突尼斯人希望通过制定成文宪法来增强本国独立的政治地位，同时，表明“在世界上的任何地方，人都是‘习惯、而非本性的产物’”，因而突尼斯人的思想和行为不是固化的，也并非预先决定的低人一等。可以说，在世界各地，宪法条款都越来越具有冒险性，这些非白人、非基督徒希望利用这些成文宪法来作为抵御殖民浪潮的一块盾牌，尽管在这其中不可避免地会有借鉴甚至抄袭（毕竟“借用比发明更容易”），但他们并非“一个不幸的贝都因人被迫穿上了欧洲人的服饰”，“除了自缚手脚以外”，一无所获。

当然，这本书的优秀之处也不胜枚举。作为一部典型的全球史作品，这本书充分展现了器物、思想、人员在全球范围内的流动以及这一流动所带来的影响，也正是通过描绘这些具有典型性的案例，科利在宏观理论与微观事件之间实现了完美的契合，没有因宏观分析而导致那些“已经处于边缘的因素被更加边缘化”。可以说，恰恰相反，在科利新颖的视角之下，原先根本不为宪法史学者重视的人物、事件被纳入了研究之中。在脚注中，我们经常能发现，科利会提及上述的材料是“学界尚未关注到”的，例如，太平洋小岛皮特凯恩的宪法不再是一个偶发的、乌托邦式的文本，凯瑟琳大帝的《训谕》也不再单纯被视为一位绝对君主粉饰自己的文件。

此外，这本书也直接冲击了诸多传统观点。该书通过将战争引入分析，宪法的传播不再是一个民主战胜专制的故事。通过大量的案例，科利指出，君主制与宪法并非互不相容，相反，在第一次世界大战之前的世界中，通过宪法来维护君主制的例子比比皆是。此外，宪法文本并不仅仅是国家建设的重要帮手，其还可以作为帝国建设及其合法化的重要工具。例如，美国联邦政府与佐治亚州政府都拒绝承认切诺基人宪法的合法性，在利用成文宪法打造一个横贯北美的巨大帝国，并使之合法化的同时，美国政府拒绝承认这片土地上其他民族利用宪法维护自己权利的行为。对于太平洋上的土著而言，新到来的殖民者也经常会利用成文宪法将其边缘化或排除在外。可以说，对处于弱势一方的人而言，成文宪法在很多时候象征的不是解放，而是奴役。

最后，我十分感谢章老师的读书会这一平台。由于读书会每周定期举办，而每周又至少会阅读半章以上的内容，因此，我需要及时推动自己的翻译工作,避免拖延。此外,读书会上的老师与同学也就我的译稿本身提出了许多宝贵的意见,在诸位师友的指导之下,我的译稿流畅了许多,也避免了诸多错误。其中,让我印象最为深刻的有两处:一是在描述波马雷二世去世原因的部分,我错误地将波马雷二世在某种程度上因为拥抱现代性而死(因为他为增加收入,开辟了出口业务,而水手似乎从海外带回的一种波马雷二世不具有免疫力的病菌)译作了波马雷二世因没有充分拥抱现代性而死,在章老师的提醒之下,这一完全颠倒的翻译才得以纠正;二是在提及日本男性普选权的法案时,由于笔误,我将这一法案出台的年份写作1923年,经读书会中主要研究日本问题的朱晓琦老师的提醒,我才注意到这一很容易被忽视的笔误。如此种种,不胜枚举。可以说,如果没有读书会的集体"监督",那么我需要负的"文责"可能会多很多了。

语言与思想之间的缝隙:
《安东尼奥·葛兰西的二律背反》读书报告

吴双(北京大学法学院2016级法学理论专业博士研究生)

章永乐老师主持的"半渡"读书小组几乎贯穿了我在北京大学法学院学习的全部时光。如果我的记忆准确的话,大约从硕士研究生二年级开始,我就是读书小组的常驻成员,一次没落,一直到我博士研究生毕业。正是在读书小组上,我第一次听章老师说起他在加利福尼亚大学洛杉矶分校读博士研究生时的导师佩里·安德森及其著作《安东尼奥·葛兰西的二律背反》(*The Antinomies of Antonio Gramsci*)。大约在博士研究生三年级时,我看完了这本书,收获很大。安德森的很多分析,不仅解答了我长久以来的一些困惑,而且成为我思考问题的基本方式。

《安东尼奥·葛兰西的二律背反》给我的启发,首先是方法。在学术界,一种很常见的倾向是,专门研究某位思想家的学者,往往会最大限度地"善意理解"这位思想家,致力于将他的理论"说圆了";一些走得更远的学者,会在思想家的理论出现明显的模糊、不一致甚至矛盾,以至于研究者很难替思想家"圆场"时,认为思想家必定藏有深意,是后人和读者不理解思想家的巧妙安排或良苦用心,而我们的任务,就是找出思想家作品蕴藏的深意。

安德森则针锋相对地提出,这种整个思想史上普遍存在的倾向预设了一个错误的前提:任何伟大思想家的思想必然既庄严深刻又连贯一致,研究者的最高任务是证明思想家根本的内在统一性。但现实恰恰相反:一个真正原创的思想家通常会表现出显著的结构矛盾,他的作品中往往存在大量模糊、滑动、断裂、缺失、不一致、紧张,甚至矛盾,试图将思想家的理论"说圆了",人为地强加或提炼某种并不存在的统一性,只会简化和扭曲其理论的本来面貌,堵塞那些本来值得进一步挖掘的缝隙和空间。在安德森看来,存在模糊、不一致以及矛盾,并不意味着思想家的水平不高,其作品的缺陷,往往是高度原创性的代价或副产品。安德森分析说,诸如马克思、列宁、葛兰西等高度原创的理论家通常都要经历相同的命运:必须运用那些为不同目的和时代而设计的旧词汇或曰"承袭语言"(inherited language),去处理全新的问题,建构全新的观念,而这又会掩盖与偏折它们的意思。正如马克思不得不运用黑格尔和斯密的语言去思考自己的创新之处,列宁不得不运用普列汉诺夫和考茨基的语言去思考自己的创新之处,葛兰西也不得不在克罗齐和马基雅维利提供的陈旧且不足的语言装置内生产自己的理论。换言之,正是因为原创思想家处理的是前人没有处理过的新问题,而他们又不得不运用陈旧的概念和理论工具,无法完全覆盖自己关心的问题,无法精确表述自己的观点,因而经常会发生思想家本人也没有意识到的模糊、缺失、滑动、断裂乃至矛盾。分析思想家的局限并不会损害他的形象,反而能展示原创思想家踏入那些前人未曾涉足领域时的艰难与蹒跚,更重要的是,发现那些值得深入挖掘的缝隙与空白。

带着这种视角,安德森分析了葛兰西的《狱中札记》。根据安德森的分析,葛兰西觉得马克思主义已经说过的东西大部分都理所当然是正确的,而他探索的则是那些马克思、列宁未曾涉足的领域:如何在资本主义核心地带取得社会主义革命成功?

葛兰西思考的语境是,在第一次世界大战中,帝国主义血腥地自相残杀,大大削弱了资本主义统治力量。战争结束之后,德意志帝国、奥匈帝国、沙皇俄国以及奥斯曼土耳其帝国等"四大帝国"崩溃,其中,俄国发生了十月革命,并取得胜利,有力鼓舞了欧洲的共产主义者。他们相信,资本主义即将陷入致命的危机,欧洲各个帝国主义国家的无产阶级夺取政权的时机已经成熟,世界进入了社会主义革命的历史时代。卢卡奇、塔尔海默和弗洛利希等德国和匈牙利共产党的重要理论家提出"局部行动"(Teilaktion)理论,认为在革命的时代,唯一正确的策略是进攻,号召对资本主义国家发动一系列反复的武装打击,就算工人阶级暂时没有产生革命情绪,也应该通过武装斗争,将无产阶级从改良主义的麻木中“唤醒”。在这一背景下,欧洲爆发了此起彼伏的社会主义革命,德国和匈牙利甚至建立了苏维埃政权,史称“1917~1923 年革命”。然而,德国共产党的“三月行动”与匈牙利革命很快在资产阶级的强力镇压和外国干涉下失败,而德共的冒险主义“局部行动”理论也遭到共产国际第三次世界大会的谴责。

第一次世界大战后欧洲一系列社会主义革命的失败,表明欧洲的情况与俄国的情况相去甚远,不能在西方简单复制俄国十月革命的经验。然而,当时没有人为欧洲工人阶级历史经验中的重大差异提供任何连贯的分析或严肃的解释。到 20 世纪 20 年代末,俄国与西方的对比问题实际上已经从马克思主义辩论中消失了。随着官方列宁主义在共产国际内部的制度化,苏联成为整个欧洲共产主义者在所有革命理论和实践问题上的强制性范式。葛兰西正是在这样的语境中展开思考的,他试图捕捉在欧洲与俄国进行社会主义革命的战略差异:既然欧洲与俄国的条件存在重大差异,欧洲革命者不能简单模仿俄国革命的经验,那要如何在欧洲这个资本主义发达的核心地带取得社会主义革命的胜利呢?欧洲社会主义革命道路的特殊性到底是什么?他思考的,是没人思考的问题。正是在这个意义上,葛兰西在同时代的共产党人中是独一无二的,是高度原创的。

葛兰西使用“hegemony”概念,分析了欧洲资本主义发达国家的统治结构以及在资本主义核心地带夺取权力的革命策略。“hegemony”在中文世界其实有通行的译法——霸权。不过,中文的马列文献在涉及无产阶级的地方,一般将“hegemony”翻译成“领导权”。换言之,中文世界的“霸权”和“领导权”在它的原产地事实上是同一个词“hegemony”,只不过因情形而有所区分。葛兰西用“hegemony”同时处理无产阶级和资产积极的权力结构,恰恰意在强调二者存在相当程度的同构性。

安德森对葛兰西的《狱中札记》进行了细致的语文学(philology)分析,这里不必深究细节。大体来说,葛兰西认为,欧洲资产阶级的“hegemony”包含两个关键要素:强制(coercion)与同意(consent)。一方面,欧洲经过两百多年的工业化和国家建设,形成了一整套强大成熟的国家组织形式,拥有组织完备、能触及每个国民的官僚队伍以及装备精良、训练有素的军队和警察,建设了完善的基础设施和交通网络,国家可以迅速动员并将暴力投送到全国任何地方,镇压革命,因而具备强大的强制能力;另一方面,欧洲资产阶级早在封建时代,就开始积累财富,酝酿自己的先进文化,经过几百年的积累,欧洲资产阶级已经发展出了成熟发达的市民社会。在葛兰西看来,在欧洲发达资本主义国家,国家只是"外层壕沟",市民社会才是"强大的堡垒和工事系统",它复杂的结构可以为国家抵御重大的政治或经济危机的震荡。拥有财富、教育、自我组织能力与闲暇的欧洲资产阶级发展出了精致发达的文化,将本阶级的特殊利益包装成全体国民的普遍利益,掌握了文化优势(cultural ascendancy)。相比之下,贫穷、缺乏教育和闲暇去发展自己文化的无产阶级,反而被资产阶级的文化俘虏,从而处于意识形态上臣服(ideological subordination)的地位,使资产阶级得以进行基于同意的统治(rule by consent)。

更关键的是,资产阶级国家本身不仅具有强制功能,同时具有至关重要的意识形态功能。许多马克思主义者指出,历史上所有的统治阶级通常都得到了被剥削阶级对自己遭受剥削的同意,资产阶级"hegemony"中的同意有什么特殊之处呢?根据安德森对葛兰西的分析,资产阶级"hegemony"中同意的新颖之处在于,它采取了大众信仰的基本形式,即他们在现有的社会秩序中行使最终的自决权。正是在这里,资产阶级议会民主制扮演了关键角色:它能制造"组织化的同意"(organised consent)或曰"制度化的大众同意"(institutionalised popular consent)。资产阶级议会民主制下,定期举行竞争性选举,让人民认为自己参与了政治,上台的统治者经过了自己的同意和授权,是自己的公仆和代表,因此,人民服从的法律是自己同意授权的代表和公仆制定的,人民最终不过是在服从自己制定的法律。资产阶级并不像过去的统治阶级那样宣称自己拥有某种本质的优越性,有资格成为统治阶级,而是宣扬所有公民的民主平等,使人民不相信任何统治阶级的存在。这就用法律上的自由和平等掩盖了资本主义生产关系根据对生产资料的不同获取机会,将所有人分配到不同社会阶级中的阶级不平等。因此,资产阶级国家"代表"了从社会阶级中抽象出来的作为个体和平等公民的全体人口,它向劳动群众展示了他们在市民社会中不平等的地位,在国家中似乎是平等的。议会每四五年选举一次,作为民意的主权表达,将国家的虚构统一性(fictive unity)反映给群众,就好像它是他们自己的自治政府一样。剥削者和被剥削者在法律上的平等,掩盖了"公民"内部的经济分化以及大众完全被排除在议会运作之外的现实。因此,议会制国家构成了资产阶级所有其他意识形态机制的中枢。

但安德森指出，最终，资产阶级国家的意识形态功能要以武力作为后盾。在日常状态下，资产阶级“hegemony”中强制和武力的一面隐而不现，一旦革命发展到危及资产阶级统治的紧要关头，强制和武力就会走向前台，毫不犹豫镇压革命，实行“资产阶级专政”。可见，资本主义核心地带的革命者面对的敌人要远比资本主义薄弱地带的敌人强大，他们不仅掌握了更加强大的暴力机器，还有远为强大的文化霸权，也就难怪那里的革命都失败了。

博士研究生毕业以后，我来到青岛的中国海洋大学法学院工作，不能像以前那样亲自到场参加读书会了，好在章老师比较照顾毕业生，开设线上会议，让不能到场的同学线上参加。后来，我萌生了翻译这本书的想法，对此，章老师很支持。于是连续几个周日的下午，我们在读书小组上一边阅读译稿，一边讨论，顺便帮助校对。讨论的愉悦，让身在青岛的我仿佛神游回了燕园，回到学生时代。

李红海老师的私塾

英国法经典书目读书会

李红海

北京大学法学院教授，博士生导师。1995年于中国政法大学获法学学士学位，1998年、2001年于北京大学法学院获法学硕士和法学博士学位；2005～2006年度剑桥大学法律系访问学者。主要研究领域为外国法制史、英国法律史、英国普通法、比较法等。主要成果包括专著《普通法的历史解读》《普通法的司法解读》《英国普通法导论》，译著《英格兰宪政史》《英国普通法的诞生》《英国律师职业的起源》等。

2001年担任教职以来，讲授的课程包括外国法制史、英国普通法概论、法律史文献学、英格兰宪政史、普通法的司法过程与判例法等。

总体说明

当今世界,英美仍主导着全球规则的制定;从一定意义上说,英国法很长时间内都是且可能仍将是国际交往规则的底层逻辑。在对外法治被提升到战略层面的今天,中国的法律人需要了解英美的文化和思维方式,才能更有效地与他们沟通,增强中国在世界舞台上的话语权,促进自己的发展。

为此,北京大学法学院已经尝试开设了一些跟普通法相关的课程。如李红海主讲的"普通法概论",强世功主持、由李红海和我国香港部分知名律师主讲的"普通法精要—公法",楼建波主讲的"普通法精要—私法—财产法",徐爱国主讲的"普通法精要—私法—英美侵权法",邓峰等主持的"英国合约法",以及相关的国际仲裁、文书写作和模拟法庭等课程。

这些课程为同学们了解英国法提供了很好的途径,但由于中国当下的法学和法律实践强烈地受到欧陆、苏联和传统中国的影响,学生们对于法律的观念和底层逻辑是和以普通法为代表的英美法律格格不入的,而普通法是另一套思维方式。因此,我们的学生实际上是在以成文法的底层逻辑和思维习惯来学习英国法的。虽然掌握了很多英国法的东西,表面上也可以做得不错,但关键时刻还是会显示出无法理解和预测对方行为的短板……当然,这不是说我们必须跟在英美的后面亦步亦趋、处处被动,而是说恰恰只有理解了对方的思维方式和底层逻辑,我们才能更好地理解和预测对方的行为、决策,赢得主动,才能以对方理解和接受的方式让对方心悦诚服或至少是无可奈何地接受我们的观点。而在这个问题上,不仅私法领域如此,公法、国际交往领域同样如此。

基于此,作为正式课堂外的补充,我组织了"英国法经典书目读书会",希望通过对英国法经典作品的研读,帮助学生理解英国法的基本逻辑,加深对英国法特质的认识和理解,同时拓展视野,提高自身法律、政治和人文素养,培养学生自行研究、学习的能力。于国家、社会而言,这是应因时代发展的需求,为国家和社会培育理解英美法律的人才;于学生自身而言,学习英美法、普通法也有助于将来进一步深造和工作,特别是在涉外事务中,有助于与外国律师更有效地交流与合作。

此外,谈及英国法时,我们经常面临的尴尬情形是:英语单词都认识,但连起来却弄不太懂书、文章、判例、制定法里面真正在说什么。个中原因主要是，英国法使用了很多专业术语，而这些术语又是从漫长的历史发展过程中积累形成的，具有复杂的制度、规则、理念背景，但普通读者却很容易从简单的字面含义去理解，如此，词不达意、文不对题就在所难免了。因此，是历史背景和技术性因素的叠加导致了上述问题。考虑到这一点，我们选择了精读（逐字逐句）的阅读方式，希望能够借此机会补足这方面的背景。

根据组织者对英国法的理解，读书会将顺着英国法的历史、普通法各个部门法（主要是财产、契约、侵权、刑法、宪法等领域）和普通法法理学的路线展开。之所以从英国法律史开始，目的是帮助同学对英国法的历史有全面和系统的了解，毕竟英国法是历史的产物，具有其他法律体系几乎无法比拟的连续性，今天的很多制度、概念只有回顾历史才能真正理解。

目前读书会阅读的书目是英国法律史方面的经典著述：*An Introduction to English Legal History*（Sir J. H. Baker，5th edition，Oxford University Press，2019）。本书作者为当今最权威的英国法律史学家，本书是他 50 年学术生涯的精华，历经修订。读书会的阅读方式是精读、研读，进展较慢，全书共30 章，目前读到了第 11 章。考虑到这是一部有关英国法发展的综合性论著，涉及英国法法律制度的各个方面、各个阶段和英国法的各个部门，因此阅读本书对英国史和法律各专业的学生都有帮助。比如，涉及法院体系、令状和诉答制度、陪审、对司法判决和行政决定的司法审查、法律职业阶层、衡平法、法律的改革和演进，对法学各专业的学生都有帮助，更不用说第二部分对财产法、合同法、侵权法、刑法、诉讼法的论述了。读完本书后，相信读者会对英国法发展的总体历史有比较系统、全面的把握。之后，我们可能会研读有关英国财产法、合同法、侵权法、刑法等领域的论著。

Contents

PART ONE

7. The Conciliar Courts
8. The Ecclesiastical Courts
9. Judicial Review of Decisions
10. The Legal Profession
11. Legal Literature
12. Law Making

PART TWO

13. Real Property:Feudal Tenure
14. Real Property:Uses and Fiscal Feudalism
15. Real Property: Inheritance and Estates
16. Real Property:Family Settlements
17. Other Interests in Land
18. Contract: Covenant and Debt
19. Contract:Assumpsit and Deceit
20. Contract: Some Later Developments
21. Quasi – Contract
22. Property in Chattels Personal
23. Negligence
24. Nuisance
25. Defamation
26. Economic Torts and Interests
27. Persons: Status and Liberty
28. Persons: Marriage and its Consequences
29. Pleas of the Crown:Criminal Procedure
30. Pleas of the Crown:The Substantive Criminal Law

组织程序

本读书会始于 2018 年年底,延续至今,已举办 57 次。起初读书会是通过在相关微信群和微信公众号发布通知的方式“募集发起”的;之后,成立了读书会的微信群,供发布与读书会相关的通知、文献和展开线上讨论;还有相关的微信公众号(普通法之路),供发布通知和读书会的纪要。

读书会的参与者主要为对英国法感兴趣的学生和青年教师,2020年前曾有来自中国政法大学、清华大学、中国人民公安大学以及本校法学院的学生现场参与;2020年后曾中断了一学期,恢复后同时开设了腾讯会议现场版,即线上线下同时进行,参与者扩大到武汉大学法学院甚至包括海外及本校历史系的学生(部分线上参与者不清楚来源)。起初,读书会参与者较多,包括本科生、硕士研究生和博士研究生,后可能因为阅读难度、兴趣点匹配等问题人数减少;目前,读书会参与人数大约为10人。参与者的专业涉及法律史、民法、历史学等。

本读书会一般在学期开始后一周举行,考试周之前结束,每学期大概10次,一般为每周日18:30~21:00。读书会同时开设线上参与方式,具体参见每次读书会的通知。

读书会具体程序如下:(1)每位参加读书会的同学事先领取拟读段落,一般为每次一段至两三段,课下认真研读,查阅不认识、不熟悉的单词和相关背景;(2)读书会上则逐句读出英文,再进行翻译和讲解;(3)每段学生读讲结束后,老师进行回顾,基本上是逐句讲解,尤其对其中的关键术语和相关背景;(4)讲解结束后,学生可以提出不清楚的地方,由老师和同学进行讨论解决;(5)会后各位领读者对自己负责的段落做纪要,然后由专人汇总,交由老师审定,在微信公众号发布。

■ 阅读篇目

由于我们是逐字逐句地精读,因此至今一直在读同一本书,即 *An Introduction to English Legal History*(Sir J. H. Baker, 5th edition, Oxford University Press, 2019)。截至2022年10月,我们读完了本书的前11章(参考前文目录)。

■ 研习成果

Pleading or Gambling?

——中世纪普通法法庭上的诉答

王凌霄(北京大学法学院2021级法律史专业博士研究生)

普通法一向以精彩绝伦的庭辩著称,律师们时而循循善诱、挖坑暗算,时而唇枪舌剑、步步紧逼。当代学人将这种独具特色的庭辩风格视为英美法诉讼的主要特点,并形象地称之为"对抗式"。殊不知,"对抗"只是表象,在这之前,法官和双方律师必须通力协作、明确诉因、确定争点,形成诉讼策略,然后才能将激烈的辩论搬上"舞台"。这些庭辩以外的准备难以为外界所知,却是诉讼成败的决定性因素,也是古往今来普通法律师和学徒关注的重点。

在该书导论第5章,贝克教授介绍了中世纪法庭的辩论,以及围绕辩论产生的一系列智识活动,让我们了解到普通法诉讼不只有"对抗"的表演,还有法官和律师对法律的探究和创制。这个过程相较于今天的庭辩只是少了一些戏剧冲突,却增加了更多不确定性,当事人和律师往往面临棋错一着、满盘皆输的风险。而有趣的是,就这项刺激的诉讼活动,李红海老师创造了一个温和的动词作为它的中文译名——诉答(pleading)。

在普通法的幼年时期,起草一份精准的原告陈述就是庭审中最主要的诉答活动。因为当时的规则只允许被告承认或否认原告陈述的全部内容,然后就会进入陪审团就事实进行裁断表决的环节。但是,这种"一刀切"的处置方式很快就遭到了淘汰。法庭开始允许被告人提出异议,如管辖权异议、令状的异议、原告陈述的异议等。这些异议针对原告的起诉行为,会让原告方重新检视自己的起诉和陈述,并作出调整,直到被告方无法找出异议点。突破了这一层技术性障碍之后,诉讼就进入下一个环节,如何为陪审团设计出最佳问题——争点。

争点就是将诉讼双方的争议限定在某个具体的事实上,只要这个事实被陪审团确定——无论是肯定或是否定,纠纷就能得到解决。逻辑表明,只要一方当事人坚持的主张遭到对方的直接否定,就会产生争议,也就形成了争点。那么,从理论上来看,在原告做完全部陈述之后,被告可能面临两种选择:否认原告陈述的事实;或者承认原告陈述的事实,但否认该事实会得到法律支持。这两种选择进而又发展为四种具体的答辩方向:(1)否认原告提出的全部事实被称为"概括否定",达成"概括争点";(2)否认原告陈述中的某项具体事实被称为"具体否定",达成"具体争点";(3)"承认原告提出的所有事实但否认这些事实会被法律支持"是为"法律异议",达成"法律争点";(4)"承认原告陈述中的全部事实和法律主张,但提出新的事实",是为"承认与规避",在最后一种情况下原被告需要就新事实再进行一轮诉答,直到达成事实或法律争点。

一旦进入这个环节,双方律师会通过以上四种逻辑展开较量。由于当时的规则不允许诉讼双方撤回诉答，只需寥寥几个来回，这个案子的争点就会浮出水面。在这一时期，原告陈述加上几个简单的诉答就是法庭答辩的全部内容。诉答结束之后，事实争点会交给陪审团裁断，法律争点则留给法官来解决。

随着诉答技术的发展，律师开始在法庭上用口头的法律语言通过公式化表述进行诉答。而法庭也放宽了口头诉答的限制，只要这些诉答语句没有被记入卷宗，就不会产生拘束力。法庭的做法激发了律师的创造性，他们想出了一个办法，既可以试验诉答的成效，也不用承担试错成本，那就是试探性诉答。他们以假设的口吻在法庭上辩论，一旦发现思路不对，就可以撤回先前的假设。这样一来，案件涉及的所有问题都可以得到充分讨论，为诉讼的走向拓展思路，提供更多可能。

于是，我们发现了一个有趣的现象：在早期诉讼中，人们更倾向于提出事实异议，到了后来，提出法律异议的情况增加了。原因显而易见，如果在试探性诉答的过程中，律师发现案件的事实没有讨论的空间，而法律问题尚有余地，那么他就有很大可能放弃事实异议，把成败押在法律异议上。这种做法存在很大风险，因为异议者已经失去了让陪审团检验事实争点的机会，一旦法官认为法律不支持他的异议，他会输得非常彻底，没有回转余地。但即便如此，这并不妨碍人们在试探性诉答中尝试法律异议，也不妨碍一些大胆的“赌徒”铤而走险。

从14世纪开始，法庭的档案中就出现了一些关于法律争点的记录，但这些记录中没有出现法庭对法律争点作了何种决断。可见，在那个时期，就算诉讼双方真的决定在法律争点上一较高下，法官最多也就是确认目前的法律在这个问题上还不太清楚，然后把这种“不清楚”以及由此造成的“悬案”留给后来人看着办。可以想见，人们在实践中提出的法律异议远比档案里记载的多得多，因为试探性诉答不会存档，如果众人一致认为这个法律异议难以得到支持，异议者大可以撤回法律异议，选择一个事实争点；如果事实争点仍旧不利，他还可以撤回这一诉讼，换个诉讼形式继续起诉。

尽管法律异议较少得到支持，甚至不会被法官处理，但是试探性诉答中提出法律异议却具有特殊的重要性，它为法官和律师——这些普通法知识的载体——提供了一个讨论法律的机会。什么是普通法支持的、禁止的、尚未明确的，都在诉答中得到了充分展现，难怪诉答会成为法律学习者报告的对象。这些珍贵的法律报告既没有章法,也没有定论,随时可能会因为报告者蹩脚的法律语言产生歧义,但正是这些记录让我们了解到新生的普通法知识。

贝克教授在该书导论第12章"普通法的创制"中曾谈及他对早期史料的看法。他认为,法庭档案对于了解普通法几乎没什么帮助,而且档案里充满了对法律的拟制,在这种情况下根本弄不清应该采用什么法律,稍好的情况是有明确的法律要点,但这种也不常见。他认为,反而是学习者的法律报告更有价值,因为学习者报告的对象是诉答,在诉答中出现的规则并不是源于既往的判决,而是法律界共同接受的学识,这些学识如果被法官长期在判决中使用,就会转化为明确的法律规则。真可谓"不是立法,胜似立法"。读到这里,李红海老师恰到好处地评论到,法官群体的决定之所以被视为法律,不仅仅是因为他们的司法职位,更是因为他们是法律界——这个范围比较小的智识圈子——的头脑。

或许我们不应该将试探性诉答视为一种创制法律的常规性机制,通过这种方式产生的法律是非正式的、无记录的,在某种程度上不具有拘束力。然而,在试探性诉答中,法官、律师、当事人和其他旁观者,共同见证了普通法规则在法庭上被提出、阐释,继而被否认或承认。这个过程与其说是创制法律,不如说是对法律的公开表达和宣告,法律学习者在观摩庭审过程中记下的笔记就是其最好的证据。

关于衡平法的若干思考

杨城新(北京大学法学院2019级法律史专业博士研究生)

自2019年入学以来,我一直跟随导师李红海教授研读约翰·贝克教授的《英国法律史导论》(*An Introduction to English Legal History*)。早年在华东政法大学研读硕士研究生时,我曾跟随冷霞教授研习过英国的衡平法,并对信托法有一定的认知与了解,因此也算是有一定基础。在研读英国法导论时,我也着重了解了书中关于衡平法的内容,对此,我有一些个人的观点予以分享。

一、衡平法的权力之争

众所周知,英国法最重要的三大组成部分是普通法、衡平法与制定法。就来源而言,普通法与衡平法实际上属同源——均由国王特权设立;换句话说,普通法法院一开始也是特权法院。但随着时间的推移,普通法法院不再只是一个任由国王摆布的机构,它开始更多地承担保障公共福祉、保护臣民权利的责任,甚至开始限制它的创造者——国王。

按照柯克的说法,国王在创设完普通法法院后,就不再拥有直接创制新特权法院的权力。原先集所有权力于一身的国王,在柯克创设的法律框架里,已经失去了司法权。[1] 这种说法基于一种现实,即国王还创设了许多特权法院,如小额诉请法院、星宫法院、海事法院等,而这些法院中最知名的当属衡平法院。这类法院作为国王司法权的延伸,参与甚至开始与普通法法院争夺英格兰的司法管辖权。因此,17 世纪柯克所引发的普通法法院与特权法院之争,与其说是不同法院争夺"饭碗",倒不如说是在论证国王的司法权是否因创制了普通法法院而被穷尽。从历史现实进行分析,基于内战后废除大部分特权法院以及光荣革命后国王的立法权、行政权也逐步削弱直至彻底成为虚位君主文化象征的事实,可以认为,柯克所引发的普通法与衡平法之争是英国的一次大规模解构国王权力的尝试。这一点从柯克之后的行为也可以看出来,尽管詹姆士一世在最后首肯了衡平法院的优势地位,但他在议会中又开始尝试限制国王。[2]

复辟之后,国王的权力虽大不如前,但行政、立法权力皆有不同部分的保留,而司法权又被削弱得最为明显。光荣革命后,鲜有国王再创特权法院之例(殖民地以外)。因此,从英国经验可以看出,解构、削弱专制的第一步是从司法层面入手,大不列颠岛的历史证明了这一点。

二、衡平法院存在的必要

从本质上说,柯克对衡平法院的攻击以及他的理论依据,确实颇具道理。[3] 普通法法院作为特权法院,在诞生之初确实存在程序、法律内容方面的一系列问题,由此,需要由其他救济方式以保障臣民的切实利益。这促成了国王于十三四世纪多次施以救济,这既被认为是理所应当,也是国王无限司法权一次又一次的佐证。因此,除普通法外的特权法院,其存在的价值在普通法逐步成熟、发展并被广大臣民接受之前确实是不容忽视的。

而衡平法院的诞生,是国王司法特权延伸具象化与特定化的又一特质,它

---

[1] Case of Prohibitions del Roy(1608)12 Co. Rep. 63.

[2] See John Baker, *An Introduction to English Legal History*, Oxford University Press, 2019, p. 105.

[3] See John Baker, *An Introduction to English Legal History*, Oxford University Press, 2019, p. 106.

同样说明了一个事实,即特权法院在正式被称为“法院”之前,原本是某个具有行政性质的机构。“文秘署”(Chancery)原先是一个起草、印封各类王室令状与特许状的秘书机构。它的重要性在于:首先,包括特许状和令状在内的诸多文件,涉及王国封地、财产、官职以及国王特权的授予与收回,大多要由文秘署经手。可以说,它是一个经手各类国家重要事务的机要单位。其次,它的领导者御前大臣是早期英国最重要的官员。在很长一段时间内,御前大臣都是英国仅次于国王的二号领导者,在历史上,多位主教、大主教均担任过此要职。在克伦威尔之前,御前大臣就是实际意义上的首相。直到今天,御前大臣(现在称为大法官)在任命以及英国重要仪式的排位顺序依旧在首相之前。既然是二号人物的直辖机构,其重要性自然不言而喻。但这也会带来几类隐患,一个由二号人物领导的行政机构,且其领导人并不经常是法律家(lawyer),以及该机构逐步演变为另一种特权法院的事实,说明了以下几个问题。

第一,在国王无法及时提供有效的司法救济时,御前大臣在一定程度上扮演了国王司法特权的化身,由于至今他在任命要职的相关仪式上优先度依然要高于首相,可以预见在克伦威尔上台前的御前大臣拥有何等显赫的地位。但这也在一定程度上说明了柯克的担忧不无道理:国王司法特权如果无法穷尽,他就可以无休止地创立特权法院,而以国王处理政务和私人关系的特点,与他关系亲密或者身居要职者通常会替代他管理这些新设立的特权法院,只要国王可以继续设立,就有越来越多的特权法院,拥有司法职权和原有行政事务为一身的权臣们可以进一步压缩普通法,甚至是议会的生存空间。这很可能会反过来危害英国的宪政制度乃至国家安全。

第二,御前大臣的出身与上述情况息息相关,他们有相当一部分是主教乃至大主教出身,掌握罗马法,甚至不懂法的情况经常出现在这类人群身上,如沃尔西。这就导致衡平法院在一开始就不太可能适用普通法,致使除了普通法、教会法,英格兰还会出现其他类型的法律体系,其他特权法院大多也有类似于衡平法院的情况,这类法院的主事人并不一定精通普通法,这类法院还会行使一套不同于普通法的法律,这会导致整个英格兰充斥着各种类型的法院和法律体系、诉讼程序等,加剧国家的法律体系混乱,并不利于国家的长治久安。

第三,衡平法院确实对于英国的法治环境起到过很积极的作用。正如大多数教科书所撰写的,普通法的程序问题随着时代发展和国王签发令状的特权被削弱而越发凸显,其步骤僵化、费用昂贵、时间冗长、无法适应新时代的诉讼需求,都给了衡平法极大的发挥空间。御前大臣执掌衡平法院确实带来了前文阐述的一系列问题,但是二号人物领导的法院体系直接参与司法实践,可以在很大程度上形成对普通法法官的限制,并且补充、落实和完善普通法。这种法院也切实帮助诸多民众获得了司法救济。

三、衡平法与普通法

一开始,衡平法更多扮演着辅助普通法的角色。其最大的表现在于:衡平法院虽然不需要使用普通法的司法程序,有时无须令状,口头诉请即可得到接受;但它往往不会挑战普通法已经制定的原则,只针对个案,再结合大法官自身的"良心"作出个案判决,它只对当事人个人有效,不会成为对后世案件的"先例"。或者说,衡平法院的判决更多地会变成某种普通法规则的例外和补充。但它很快就成为普通法的障碍,包括像用益以及信托的土地案件会诉诸衡平法院,这类制度的天然动因就是为了避免普通法的制约。当原本归属普通法处理的案件越来越多地出现在衡平法院时,自然会被普通法法院所注意并警觉。更重要的是,衡平法院随着时间而发展,虽依旧有特权,但已不再是非常规法院了。它依旧很少否定普通法的规则,但已不再只是普通法法院的辅助角色,它可能否定王座法院的判决,甚至将不少原本属于普通法法院的业务转移至衡平法院,这无疑影响了普通法的运行以及其有效性。而这种做法,因衡平法院的特权属性,以及其掌控者御前大臣地位的超然性,使常规制度无法处理诉讼中的滥用职权,最终,法官们只能以诉诸国王的方式予以解决。[1]

大法官缺乏专业性也是一大麻烦。前文提及,该职位并不一定是资深法律家担任,如沃尔西甚至未接受过法律训练,大权在握而又不懂法,极易导致司法裁判的武断性,这不仅冒犯臣民的基本权利,也冒犯国王的法律,甚至违反了理性与上帝之法。尽管莫尔在很大程度上地缓和了这种矛盾,且在16世纪之后,两大法院还可以精诚合作。但"掌门人"的强烈个性最终让这种隔阂演变为彻底决裂,埃尔斯米尔与柯克作为衡平法院与王座法院的负责人,他们二人的性格让这种本可以拖延更久的矛盾立即爆发,并最终以衡平法院的胜利而告终。

---

〔1〕 See John Baker, *An Introduction to English Legal History*, Oxford University Press, 2019, p. 113.

但从历史发展的情况看,衡平法至今仍能发挥作用,正是因为它也开始向普通法靠拢。[1] 这种靠拢不仅指它在诸多内容依旧按照普通法的规则运行,更多的是指它在程序上也形成了一套成熟的规则;案卷不再被简单地记录,完整的卷宗档案不断堆积,衡平法院的判决对后世的衡平法院也起到了先例的作用;信托甚至发展出了一整套完整的、可记录的运行规则;以“良心”作为判断标准的做法也在数百年里一直被法学家和文学家们(狄更斯等)批评。如今的衡平法能够存在,正是因为它越来越像普通法了。

浅议英国法律职业阶层的诞生与发展

史庆(北京大学法学院2020级法律史专业博士研究生)

霍姆斯法官曾言,“法律的生命在于经验而非逻辑”。其所谓的经验,指向的是“蕴含着一个国家数个世纪发展的历史”,因为“法律的形式、机制以及能够实现预期结果的程度很大程度上取决于过去”。这是我在读书会上,对约翰·贝克 *An Introduction to English Legal History* 的研读中最直接的感受。在这本卷帙浩繁的英国法律史“百科全书”里,你可以找到几乎所有逐步演变成英国现代制度的古老习惯、判例法和制定法。今日耳熟能详的“陪审”“衡平法”“司法审查”“法律职业阶层”等词语,其背后有着延续百年的发展历程,而这些制度被作者用最精练的语言,浓缩在短短几节文字中。

在英国法中,法律职业(legal profession)可能是最令中国法学理论和实务界感兴趣的制度之一。但在普通法国家,法律职业还有一个说法,就是“Bench and Bar”,即“法官和律师阶层”。这一说法清晰地反映出英国法官和律师的关系,以及其和欧陆国家的差别。一方面,最早的律师源于王国司法,因此,律师是王国法律体系的一员,他们并不是对立的关系;另一方面,律师阶层的形成以及知识的传递和培养模式,又成为输送优秀法官的渠道。法官和律师汇聚在一个专业的共同体中,这在英国有着近千年的历史。

英国法官和律师的分离,以及律师职能的分离更多出于实践的需要。如贝克所述,普通法从12世纪司法官的实践中产生。这些司法官或于总巡回审中巡游全国,或系常驻威斯敏斯特请愿大厅的御前会议成员,因而是王权的产

---

[1] See John Baker, *An Introduction to English Legal History*, Oxford University Press, 2019, p. 120.

物。但不同于欧陆的法学家,英国的法律专家更多源于从事具体事务工作者,因此除了神职人员,也包括世俗人员(如骑士)。至13世纪早期,随着事务的增多,一批职业人员开始出现,他们在法官和私人诉讼当事人之间进行调解并成为新增的另一个法律专家阶层。随着这个阶层的人数超过司法人员,其开始出现功能的分工。其中,一部分专门负责出庭诉答,另一部分负责事务和管理性工作,并逐步发展成后来的出庭律师和事务律师。但两种功能并没有高低之分:贝克引述柯克的评价谈道,“分离是一种功能的自然分离,也是机敏和博学的法庭律师和事务管理人员之间不同技艺的自然分离”。

但上述的分离并没有导致“分家”,这是因为伴随法律职业阶层的出现导致一种不断生产这类人才的教育制度形成。这种人才培养制度将不同法律从业者的学习和工作实践黏合在一起,而且成为英国法律知识代际传承的制度基础。这就是律师公会。如贝克所述,出庭律师公会与预备律师公会共同组成了一个人数众多的法律学校,可以被认为是英格兰的“第三大学”。在律师公会中,一个重要的知识积累和传递制度即是“颂讲”。颂讲虽然面向制定法,但会加入许多普通法知识,因此达到了具体和抽象、规则和原则的统一。而举办讲座是成为高级律师及法官的重要条件。贝克谈及,所有的法官和高级律师都曾在公会任教,并经常回到他们以前的公会进行颂讲,这在英国法发展成为一门连贯学科的过程中发挥了核心作用。正如梅特兰所认为的,法律的“创制”不仅可以通过立法和裁判行为,还可以通过塑造并提炼这一职业的共同思维以产生未来的立法者和法官。在这其中,颂讲师们逐渐建立了一种受到所出席法官们调和的传统认知,即何者属于普通法所接受的“共同学识”(common learning),何者仍然有待进一步讨论。在某种程度上,正是因为存在这种“共同学识”作为统治技艺的担保,才使得法律家们敢于挑战国王。

在法律职业分工和职业教育的基础上,英国呈现出一种法律家治国的特点。一方面,这体现在中央层面的各个法庭以及作为王国法律官员的检察总长、检察次长和皇家大律师中。作为位于国家权力中枢的高级官员,他们所发挥的作用覆盖国家治理顶层设计的方方面面。另一方面,法律家治国也体现在地方事务中。由于律师公会在教育外行人员中发挥了充分的作用,未能获得出庭资格的人员会被分配到基层建设的各个方面。贝克谈及,至18世纪,地方上的事务律师已经成为当地事务的中心,他们作为私人执业者,进入地方司法、行政、选举、土地、信托、投资、借贷、银行等众多领域。法律的运用上至国王权臣,下至寻常百姓,这是英国的特色。

英国的法律职业阶层并非仅限于普通法法律家,而是随着外部环境的需要而变化。至18~20世纪的帝国年代,为适应帝国管理多元族群的需要,我们看到这一职业平台仍然在逐渐开放。一方面,19世纪改革后的枢密院开始吸收罗马法(欧陆法)和异教徒法律方面的专家,以处理急剧扩张的帝国事务,包括海事、地产、婚姻、继承、劳动等各个领域的新类型诉讼。另一方面,回国获得律师职业资格也成为殖民地官员的一种职位上升手段,因为这意味着他们开始进入英国的政治/权力阶层,并有权分享和传播英国的核心价值观。不少臣属族群的精英也赴英国律师会馆学习、取得律师职业资格,这是他们有效参与帝国治理、为所属族群争取利益的重要途径。

此外,至19世纪,法律职业阶层与法学学术研究也形成了互相推动的关系。如贝克所述,出庭律师安德鲁·阿莫斯(Andrew Amos)于1828年在新成立的伦敦大学获得了第一任英格兰法讲席。他会在晚上为实习出庭律师和实习事务律师开设夜校,而他的目的是将实践观察与学术讨论相结合。19世纪末,在梅特兰、戴雪、安森和波洛克等教授的影响下,英国法的学术研究在牛津和剑桥这两个大学中古老的法律系重新复苏。如今,在大学学习法学成为职业培训和考试的一项常规的基础教育,律师职业的两个分支均以此为前提。据此,英国法律家的理论和实践培养达成了一定程度上的衔接。我们可以设想,如果律师、法官和法律学者的分工是自然且必然的,但如果他们存在制度上的分离,即这三类法律家在人员遴选、运作机制和评价体系的标准上截然不同,且都可以用自己的知识和经验解释法律,那么会导致什么样的结果?其可能的结果是,各群体在法律解释上或存在竞争性冲突(因为没有公认的共同的更高权威),或存在交流上的障碍(因为塑造知识的直接经验来源不同,导致不同群体产生了不同的语言),这就不可能产生一种“共同的学识”。而其背后的原因其实是,解释者群体培养模式之间的差异。

英国普通法为何最终发展成今日宰制全球商业世界的法律制度?一个重要原因在于,其并非一套追求内部自我循环的教义体系,而是不断吸收政治经济理论、国家公共政策和社会普遍预期的开放平台。正是在这一平台上,法律家作为沟通理论和现实的知识枢纽,综合“无数人的经验”,将“技艺理性”发挥到极致。若无这些长期研习且切身感知的经验,心灵就犹如一张洛克所说的“白纸”,不会产生理性和知识。正如贝克所言,一方面,英国的法官和律师阶层“基于共同职业的成员身份相联合”；另一方面，“英格兰特有的职业组织完全独立于教会和大学”，且“这一职业组织植根于英格兰王国的法律实践中”。法律家对内的联合和对外的独立，才是一个民族法学知识不断积累的动力来源，也是这种知识有自信向外部包容的原因。中国法学的发展寓于民族独立和深度全球化的内外实践之中，当下的我们似乎面临着既要找到中国实践中“共同的学识”，也要发现它的包容性的双重困境。对英国法律职业阶层发展的沉思，或许能为当下中国法律改革中的精神焦虑找到智识上的“解药”。

邓峰老师的私塾

经济法学经典导读

邓　峰

北京大学法学院教授，博士生导师。兼任北京大学法律经济学研究中心主任。主要研究方向为经济法总论、企业与公司法、法律经济学和反垄断法等。

自2003年在北京大学法学院任教以来，主要讲授经济法学、经济法总论、企业与公司法、公司治理与企业理论、法律经济学等课程。积极参与课程改革建设，在法学院推动开设了合同法实务、并购与重组以及英国合约法等广受学生喜爱的课程。

总体说明

“经济法学经典导读”以读书会的方式,积极响应学院“第二课堂”教学项目的号召,阅读了一系列法学经典外文文献并组织讨论。该读书会旨在让所有参与的学生锻炼自己的表达能力并在讨论过程中提升自己对文献的理解。项目主要是培养学生的独立思考能力及写作能力。此外,我全程参与读书会,针对学生的阅读情况,就文献的相关背景、学术贡献及学生的疑问进行补充和解答,为学生系统清除阅读文献过程累积的困扰,指明下一步学习的方向和重点。

“经济法学经典导读”读书会已经举办 8 年有余,早在 2015 年,我就开始尝试组织门下的学生参与读书会,所读的内容为我挑选的经典外文文献,文献以经济法学的经典文章为主,也会涉及财产法、合同法、行政法等其他领域的经典文献。截至 2022 年 10 月,我们已经读过 52 篇经典外文文献,每个学期我都会制定相应的阅读主题,围绕着主题为大家挑选 3 ~ 5 篇经典文献,让同学们沿着顶尖学者的思路,加深对该主题的整体理解,并学会在不同观点中来回穿梭,对该主题展开批判性思考。以上学期为例,我们以金融中介机构(Financial Intermediary)、平台并购(Platform Mergers)和诚信义务(Fiduciary Duty)为主线,系统阅读相关领域的经典外文文献,文献作者皆为学术大家,所选文献具有知识系统性、文本可读性和逻辑严谨性。在金融中介机构主题中,我挑选了 Clark 等学者的文章,对金融中介机构监管的原因和具体策略(妨碍竞争监管、资产组合监管、内部不当行为监管和回应型监管)进行细致阅读与讨论。在诚信义务主题中,我挑选了 Sealy、Smith、Clark 等学者的文章,对诚信关系的种类、追责的方式、诚信义务与合同与侵权法的关系及关键资源理论等问题展开深入而富有成效的讨论。针对当下平台的热点问题,读书会通过《平台的并购与反垄断》(*Platform Mergers and Antitrust*)一文,对数字平台的定义、并购的策略、并购对竞争的损害、现有的监管方式和未来的改善方法等问题进行讨论,并联系实际,深入思考当下中国数字平台并购存在的问题,力求做到理论与实践相结合。

举办读书会的出发点,我认为是提高学生的学术能力和提升学术品位。

读书会以学生在精读文献的基础上领读的方式进行,有效锻炼了学生外文期刊的阅读和理解能力,为追踪和阅读前沿文献打下良好基础。学生通过阅读经典文献,系统获取相关领域的知识,弥补知识体系不足,进一步拓宽学术视野,提高学术品位。例如,以诚信义务为主题,在课堂之外,通过研读文本的方式为同学们提供诚信义务学术脉络的演进和法律概念的梳理,有助于大家对这一知识有全局性和体系性的掌握。读书会通常会挑选不同学者针对同一主题撰写的文章,学生通过对比阅读,尝试对不同学者的观点进行批判性思考,加深对知识的理解。经典文献的结构布局合理,逻辑论证严谨,学生通过精读文献,学习优秀文章的写作架构,为研究生毕业论文的写作进行踏实积累。

学生以讨论形式向我反馈了自身的学习情况,并就阅读文章中遇到的困惑向我进行提问,有助于我加深对学生的认识和了解,对引导阅读经典文章方法的改进和工作质量的提升起到了很好的促进作用。就学生而言,老师的答疑解惑也增进了学生对经济法学经典文献的理解,并对学生学习方法的改进起到帮助。在每周的读书会之前,我们会组织订餐,我会和大家一起吃饭交流,并在读书会结束后,分享自己对文章的看法,也会一并谈谈自己对学术和论文写作的理解和体会,希望能够借助此种方式,将自己的经验与大家分享,帮助学生克服路障,拾级而上。

■ 组织程序

读书会流程:“经济法学经典导读”读书会于每周日晚在陈明楼举办,每2~3周阅读1篇经典文献,具体的进度根据文章的重要性、文章长度与讨论情况进行调整。读书会的文章多数为30~80页,但也有少数经典文章为180页左右。读书会通常由学生领读、老师评论、学生提问与师生讨论三个环节组成。领读学生采取自愿报名的原则。该同学首先对文章写作背景和整体结构简单概述,随后领读文章内容,领读主要采取逐句、逐段介绍文章内容和概括总结相关内容的方式。随后,我针对文章写作观点、写作背景和论证结构等进行补充和评论,并结合当下的时事热点进行知识的延伸、拓展与应用。在此过程中,学生有任何问题可以随时提问,我对同学们的疑问进行充分解答。

材料选取:每学期由我根据特定主题选取系列文章,一般按照时间的顺序,选取学术大家的文章,以期学生对相关主题的知识有系统性理解和掌握,通过了解学术脉络的演进,掌握知识的源与流。

参与受众:主要为硕士研究生、博士研究生和少许本科生。

阅读篇目

1. Clark, R. C. , *The Four Stages of Capitalism: Reflections on Investment Management Treatises*,94 Harv. L. Rev. 561(1980).
2. Adler,E. A. ,*Business Jurisprudence*,28 Harv. L. Rev. 135(1914).
3. Kraakman,R. H. ,*Corporate Liability Strategies and the Costs of Legal Controls*,93 Yale L. J. 857(1983).
4. Posner,E. A. ,*How do Bank Regulators Determine Capital – adequacy Requirements*,82 U. Chi. L. Rev. 1853(2015).
5. Hovenkamp,Herbert. ,*The Political Economy of Substantive Due Process*,40 Stan. L. Rev. 379(1987).
6. Cooter,R. ,*Do Good Laws Make Good Citizens: An Economic Analysis of Lnternalized Norms*,86 Va. L. Rev. 1577(2000).
7. Weingast, B. R. , *The Economic Role of Political Institutions: Market – Preserving Federalism and Economic Development*,11 J. L. Econ. & Org. 1(1995).
8. Hager, M. M. , *Bodies Politic: The Progressive History of Organizational Real Entity Theor*,50 U. Pitt. L. Rev. 575(1988).
9. Cooter,R. D. & Gilbert,M. D. ,*A Theory of Direct Democracy and the Single Subject Rule*, 110 Colum. L. Rev. 687(2010).
10. Lipton, M. , *Corporate Governance in the Age of Finance Corporatism*, 136 U. Pa. L. Rev. 1(1987).
11. Coates Ⅳ, J. C. , *Cost – Benefit Analysis of Financial Regulation: Case Studies and Implications*,124Yale LJ,882(2014).
12. Triantis,G. G. & Daniels,R. J. ,*The Role of Debt in Interactive Corporate Governance*,83 Calif. L. Rev. 1073(1995).
13. Coglianese,C. ,*Legitimacy and Corporate Governance*,32 Del. J. Corp. L. 159(2007).
14. Mitchell,L. E. ,*Fairness and Trust in Corporate Law*,43 Duke L. J. 425(1993).
15. Mitchell,L. E. ,*The Morals of the Marketplace: A Cautionary Essay for Our Time*,20 Stan. L. & Pol'y Rev. 171(2009).
16. North,D. C. ,*A Transaction Cost Theory of Politics*,2(4) Journal of Theoretical Politics

355 – 367(1990).

17. Buchanan, J. M. & Yoon, Y. J., *Symmetric Tragedies: Commons and Anticommons*, 43 The Journal of Law and Economics 1(2000).

18. Singer, J. W., *The Reliance Interest in Property*, 40 Stanford Law Review 611(1988).

19. Cary, W. L. *Federalism and Corporate Law: Reflections upon Delaware*, 83 The Yale Law Journal 663(1974).

20. Cox, J. D., *Corporate Law and the Limits of Private Ordering*, 93 Wash. UL Rev. 257 (2015).

21. Cunningham, L. A. & Zaring, D., *The Three or Four Approaches to Financial Regulation: A Cautionary Analysis Against Exuberance in Crisis Response*, 78 Geo. Wash. L. Rev. 39 (2009).

22. Hovenkamp, H., *Antitrust Movement and the Rise of Industrial Organization*, 68 Tex. L. Rev. 105(1989).

23. Macey, J. R. & Holdcroft Jr, J. P., *Failure is an Option: An Ersatz – Antitrust Approach to Financial Regulation*, 120 Yale L. J. 1368(2010).

24. Greenwood, D. J., *Markets and Democracy: The Illegitimacy of Corporate Law*, 74 UMKC l. Rev. 41(2005).

25. Schwarcz, S. L., *Private Ordering*, 97 Nw. UL Rev. 319(2002).

26. Shapiro, S. A. & Levy, R. E., *Heightened Scrutiny of the Fourth Branch: Separation of Powers and the Requirement of Adequate Reasons for Agency Decisions*, Duke L. J., 387 (1987).

27. Greenwood, D. J., *The dividend puzzle: Are Shares Entitled to the Residual*, 32 J. Corp. L. 103(2006).

28. Berle Jr., A. A., *Corporate Powers as Powers in Trust*, 44 Harv. L. Rev. 1049(1930).

29. Dodd Jr, E. M., *For Whom are Corporate Managers Trustees*, 45 Harv. L. Rev. 1145 (1931).

30. Clark, R. C., *Major Changes Lead Us Back to Basics(A Response to the Symposium on My Treatise)*, 31 J. Corp. L. 591(2005).

31. Gilson, R. J. & Kraakman, R., *Clark's Treatise on Corporate Law: Filling Manning's Empty Towers*, 31 J. Corp. L. 599(2005).

32. Clark, R. C., *The Soundness of Financial Intermediaries*, 86 Yale L. J. 1(1976).

33. Sealy, L. S., *Fiduciary Relationships*, 20 The Cambridge Law Journal 69(1962).

34. Sealy, L. S., *Some Principles of Fiduciary Obligation*, 21 The Cambridge Law Journal 119

(1963).

35. Frankel,T. ,*Fiduciary Law*,71 Calif. L. Rev. 795(1983).
36. Smith,D. G. ,*The Critical Resource Theory of Fiduciary Duty*,55 Vand. L. Rev. 1399(2002).
37. Cooter, R. & Eisenberg, M. A. , *Fairness, Character, and Efficiency in Firms*, 149 University of Pennsylvania Law Review 1717(2001).
38. Parker, G. , Petropoulos, G. & Van Alstyne, M. , *Platform Mergers and Antitrust*, 30 Industrial and Corporate Change 1307(2021).
39. Eisenberg, M. A. , *The Legal Roles of Shareholders and Management in Modern Corporate Decisionmaking*,57 Calif. L. Rev. 1(1969).
40. Eisenberg,M. A. ,*Legal Models of Management Structure in the Modern Corporation: Officers,Directors,and Accountants*,Corporate Governance,2017,p. 103.
41. Eisenberg,M. A. ,*The Board of Directors and Internal Control*,19 Cardozo L. Rev. 237(1997).
42. Smith,T. A. ,*Institutions and Entrepreneurs in American Corporate Finance*,85 Calif. L. Rev. 1(1997).
43. Smith, H. E. , *Exclusion Versus Governance: Two Strategies for Delineating Property Rights*,31 The Journal of Legal Studies 453(2002).
44. Clark,R. C. ,*The Regulation of Financial Holding Companies*,Harvard Law Review 787(1979).
45. Michaels,J. D. ,*An Enduring,Evolving Separation of Powers*,115 Colum. L. Rev. 515(2015).

研习成果

公司权力的性质及其类型化分析

——《作为信托权力的公司权力》读书报告

王森南(北京大学法学院2022级经济法学专业硕士研究生)

《作为信托权力的公司权力》是阿道夫·伯勒(Adolf A. Berle)在1931年发表于《哈佛法律评论》的文章,此篇文章开启了其与梅里克·多德(Merrick Dodd)就公司概念等问题展开的长达二十余年的学术争论。在这场争论中,围绕公司权力、管理层角色等问题的讨论对现代的公司法的格局影响深远,了解和阅读相关文献对当下仍有较强的现实意义。

在《作为信托权力的公司权力》一文中,作者伯勒在开篇便指出文章的核心论点:授予公司或公司管理层或公司内任何团体的所有权力,无论是源自法规还是章程或两者兼而有之,必须且在任何时候都只能为全体股东的可支配利益行使,正如他们的利益所呈现的。这一观点是对当时公司章程和法律条文赋予公司管理层无限权力的一种回应。伯勒认为,当管理层权力的行使损害了股东可支配利益(ratableprofits)时,此种权力需要受到衡平的限制(equitable limitations),无论权力的授予在条款上是多么绝对。许多名义上规范公司权力的某些特定用途的规则只是这一基本衡平限制的产物,因此在必要时可以修改、废弃或加强,以实现和保护这种利益,并且可以制定全新的补救措施来替代或补充现有的补救措施。而且,在任何情况下,公司行为都必须经过两次检验:首先,通过与权力的存在和适当行使有关的技术规则(的检验);其次,通过公平规则(的检验),类似于受托人(trustee)在行使授予他的广泛权力时,通过将其置于信义义务中受托人(fiduciary)的角色,行使有利于受益人的规则。

文章的其余部分研究了五种公司权力,并根据所述论点对其进行分析,认为从理性到法院的判决都支持其论点。伯勒教授认为,在这个概念下,公司法"实质上成为信托法的一个分支",尽管适用规则不那么严格,因为商业情况比信托情况需要更大的灵活性。本报告分别就伯勒教授阐述的五种公司权力进行总结和说明。

一、股票发行的权力(the power to issue stock)

伯勒教授认为,发行股票的权力在任何时候都受到衡平限制,即发行股票必须以保护现有和潜在股东的可支配利益。据此,发展出两个规则:(1)新股东必须基于诚信进行出资,并有权在其股份允许的范围内参与(事务)(以下简称规则1.1);(2)在发行股票之后,只有在下列情况下,方可发行额外股票的规则:①其发行价格或情形有利于保护现有股东的权益;或②根据允许现有股东保护其权益的计划认购一定比例的额外股票(以下简称规则1.2)。

规则1.1涉及出资及股票的支付。在美国法上,对股票的支付有两种不同的理论基础,一种是保护债权人的观点,但此种观点已经不被提起;另一种是每一股东就其他股东在发行该股东股票时所支付的款项享有利益。虽然立法机构并没有说明其立法是基于何种观点,但法院在解释和适用法律的过程中,后一理论占据主导地位。虽然立法机构在股票发行对价的种类及数额方面赋予管理层较大的自主权,但股东在认购股份时应当是"善意"的(in good faith),名义上的对价因不利于股东保护而被判无效。虽然法规通常会对作为发行股票对价的现金和领受财产(property received)进行规定,但财产的范围过于宽泛,包括票据、商誉、待提供的劳务合同,以及一系列无形资产和类似种类,法院面临是否所有财产都能作为出资对价的难题。上述问题被转换成估值问题,在估值方面,法院有权纠正不合理的股票发行。这就涉及对"董事会决议是否设定公平合理的发行对价"的判断。在这一问题上,法院并没有采纳立法的绝对测试方法,而是将"善意"作为判断标准。

随着无面值股票的发行,法律在对待有面值股票和无面值股票发行的问题上趋同,但对前者设置了最低发行价(minimum issue price)的限制。但法院并没有认同这一思路,而是在判决中否认了最低发行价的限制,转而采取了衡平法的思路:股东都已经同意发行,或者其股票已经得到了保护,并且债权人不受损害。在公司法发展早期,这一衡平原则得到发展:虽然董事会有权发行股票,但此种发行给予股东等比例的新股认购权,以保证股东保护其权益的机会(前述规则1.2)。这是优先购买权的起源,但这并不意味着优先购买权在所有案件中都应该被适用,在已授权但未发行的股份、库存股等情形下,优先购买权不予适用。不过在没有优先购买权的例外情形下,股东仍然受到其他衡平规则的保护。

二、宣布或留存股息的权力(the power to declare or withhold dividends)

伯勒教授认为,宣布或留存股息的权力必须在可能的范围有利于整个公司和有利于其所有股东的利益。在此基础上制定的规则如下:(1)股息的留存必须基于商业原因,私人或个人动机不能被纵容(以下简称规则2.1);(2)股息的留存不能是为了使一类股票相对于另一类股票受益,除非有商业理由要求实施此种行为(以下简称规则2.2);(3)除章程另有规定外,同一类别的股东之间不得有任何歧视,任何股东之间不得有任何歧视(以下简称规则2.3)。

虽然法规和公司章程一致授予董事会宣布股息的权力,而且并未对董事会是否宣布股息作出限制,但在从公司资本中发放股息导致资本受损的情况下,股息的分配是受限制的。对于股息的留存来说,法院采用的是规则2.1。在董事会因为个人原因留存股息时,如刻意压低股价,法院均判决应予以分配。

规则 2.2 则是争议的焦点。现代公司资本结构中包含非累积股票(non－cumulative stock)和其等价物(在大多数情况指参与优先股),(董事会)可能通过适当安排股息申报的时间,扣留收益并将其用于积累盈余并将盈余随后分配给次级股票。新泽西州的一个法院和两个联邦法庭因此规定:在赚取股息的情况下,必须宣布股息或将其作为股息抵免存入股票,如果每年或定期宣布股息,该股票将有权获得此类股息。但这一规则被 Barclay v. Wabash R. R 案的判决动摇,该案法院支持了公司把给非积累性股票的分红分发给了普通股股东,但是也存在反对意见。在该案之后的司法辖区也表示了某种程度的衡平法保护措施,即只有存在商业合理理由的情况下,主要是为使一类股票相对于另一类股票受益的股息宣布才被支持。在这种情况下,留存股息将有利于整个公司。

规则 2.3 无论是从衡平法还是从合同"推定解释"的视角来说,都属基本性规定。由于并无争论,作者并未对此做过多探讨。

三、股票收购的权力(the power to acquire stock in other corporations)

伯勒教授认为,收购其他公司股票的权力必须有利于整个公司的利益,不得用于促进管理者个人企业的发展或从属于公司内部或外部的特殊利益。对于收购其他公司股票的行为,法院一开始就对管理层的权力作出限制,即收购行为必须是为了促进公司的主要目的。作者将股票收购分为两种情况:一种是不涉及控制权,仅是为了投资的收购;另一种是涉及控制权的收购。法院对后者严格限制,除非受控公司提供的设施或材料能帮助收购公司实现其目的,或从事实质上相同的事业,或购买对公司的业务有用,否则将禁止此类交易。此种禁止经常被称作超越权限(ultra vires),对此类案件审查的标准均涉及管理问题,例如,对两个公司目的的比较、公司之间关系和收购动机的考察,等等。

四、修改公司章程的保留权力(the reserved power of the corporation to amend its charter)

伯勒教授认为,公司修订其章程的保留权力的行使必须有利于公司整体,并视情况在公司各团体之间公平地分配利益或做出牺牲,公司应视其利益而定。公司章程修改的权力通常授予多数股东而非董事会,这就导致本条规则与文章讨论的其他情形存在差异:公司多数股东作为整体可能与公司整体利益相悖,或者与其他股东存在利益冲突。但作者仍然认为,对多数股东的权力授予应当与对管理层的权力授予规则一致,即多数股东的权力同样应当受到衡平限制,而且在不同的事实状态下有所不同。在股权分散时,没有统一的利益,压迫或“没收”少数股东权利的不会出现,但当多数股权集中于母公司或者管理层自身时,衡平限制需要被适用。

此外,公司章程的修订不能干涉特定的权利/应得的权利(vested rights),例如,累积优先股持有人的权利应受保护,以对抗章程对应计未付累积股息的修改。虽然大多数章程修订都得到普遍支持,甚至是那些削减具体合同权利(例如,获得固定红利的权利、获得约定分成的权利)的修订,但法院在对每个情况进行判决时,都依据衡平限制进行审视,考虑经营状况,并以对所有有关各方公平的立场作为支持修订的理由。

五、合并、换股、资产出售等将企业移转的权力(the power to transfer the corporate enterprise by merger, exchange of stock, sale of assets or otherwise)

伯勒教授认为,通过合并、股票交换、资产出售或其他方式将一个公司制企业转移给另一个企业的权力,只有在各类股东各自的权益得到专门承认并实质上受到保护时可以实现。在上述领域,对于成文法和章程已经明确授予采取行动的权力的情形,没有人试图作出概括,以涵盖衡平法上的控制,而股东之间可以通过协议私下安排,例如,授予其中一人优先股,授予另一人次级股,或者分配或限制资产的权利,或按照他们的约定直接分享收益。但是,如果授予经营管理层或任何团体以作为一个整体的公司行事的权力,则一个明显的假设为:这些权力仅旨在代表全体股东行使。

综合上述五种权力的衡平限制,作者认为,公司法在实质上已经成为信托法的分支,只是相对于信托法,其权力的行使更加灵活。这是由于信托法与公司法在对受托人“绝对权力”施加衡平限制的内在一致,即虽然权力在表面是绝对的,但没有权力在事实上是绝对的,每一种权力都要受到衡平限制的实质约束。

公司目的、公共性及信义义务之构建

——《公司管理层是谁的受托人》读书报告

马旺资[北京大学法学院2020级法律硕士研究生(金融法)方向]

《公司管理层是谁的受托人》一文是梅里克·多德就伯勒教授在《作为信托权力的公司权力》一文中提出观点的回应,文章并未对伯勒教授的文章细节进行讨论,而是从关键的假设出发进行反驳与论证。伯勒教授的论证建立在一个假设之上,即公司管理层为全体股东的利益行使权力。而多德教授认为,现代公司应当理解为一个同时具有公共服务和营利功能的经济机构(an economic institution),鉴于公司的公共属性,公司管理层不应当仅对股东负责,也应当对公司的雇员、客户负责。在结构方面,首先,文章对“公司为股东利益服务”的论点及其背后的理论推演进行回顾,讨论伯勒教授所持论点背后的社会观念和政治理论;其次,文章引入公司公共性的讨论,并说明公司目的、角色和定位的转向是起源于当代社会思潮的变化,这种变化对法律理论产生影响,进而影响管理层信义义务的对象;最后,作者讨论管理层在这种转向中发挥的作用以及具体的实现路径。文章的论证逻辑如下。

一、公司仅为股东利益服务的观点及其理论推演

多德教授首先讨论个人进行商事活动的情形,在私有产权和合同自由的法律框架下,个人的商业行为仅仅是为私人利益最大化服务,其对客户和债权人仅仅是合同关系,并不存在超越合同关系之外的义务。在雇佣代理人的情况下,代理人对委托人负有诚信义务(fiduciary duty),必须忠于委托人的利益行使权力。如果进一步将企业的所有者拓展为多个,情形依然没有发生根本变化,所有者与顾客和债权人依然是合同关系,只是所有者之间以及雇员对所有者负有诚信义务。如果不采用公司实体理论,在设立公司的情形下,上述关系依然没有本质差异,只是所有者变成了股东,他们委托的特定人变为董事。如果采用公司实体理论,情况会稍有不同,但没有本质变化,即公司作为实体对外签合同、从事商事活动,成为管理层诚信义务的对象,但由于公司唯一的职能是为股东赚取利益,因此,股东是公司商业行为的实际受益人。

但在所有权与控制权分离的现代公司运行模式下,股东对管理层监管的成本高,管理层在事实上拥有法律和章程上所呈现的“绝对权力”。在此背景下,伯勒教授提出,管理层的权力行使仍然需要受到衡平限制。虽然多德教授赞同给予股东更多的必要保护,以防止管理层追逐私利的行为,但多德教授从公司目的的角度对伯勒教授进行反驳。多德教授认为不应当将股东利益最大化作为公司唯一的目的,公共服务也应当是公司的目的之一。随后,多德教授对公司公共性进行梳理。

二、公司公共性及其理论脉络

在数百年前,商业企业还不涉及资本市场仅是从事小规模商业活动时,商业就被认为是公共职业(public profession)而非纯粹的私人事务。商人远不能自由地获得讨价还价的技巧以为其争取到全部利润,他有法律义务以合理的价格提供适当的服务。尽管对契约自由和自由竞争的信念日益增长,导致了这一理论在商业中被抛弃,但这一理论作为适用于承运人和客栈老板(the carrier and the innkeeper)的规则流传了下来。近些年,承运人的法律扩展到被分类为公用事业(public utilities)的多种商业,在现代,此类商业通常涉及大量财产的使用。

法律上的转折点出现在“穆恩诉伊利诺伊州”(Munn v. Illinois)一案中。该案不是像早期的法官那样,从从事商业活动的人对作为其顾客的公众负有的义务出发讨论问题,而是谈论将其财产用于公共用途的人的公共义务,其概念是,用于某些类型商业的财产是用于公共用途的,而用于其他类型的商业仍然是严格意义上的私有财产。这种处理问题的方法受到了公正的批评,认为它企图不合理地把实质上没有差别的企业区分得一清二楚,而且也没有提出明确的标准来区分私有企业和公用企业。但这种思路的优点在于强调了这样一个事实,即法律允许和鼓励商业,主要是因为它是对社会的服务,而不是因为它是其所有者的利润来源。因此,在无限的私人利润似乎与适当的服务不相容的情况下,从事商业的人声称商业无条件属于他们,并且可以以他们选择的方式从事商业活动,这一主张不必被立法机关接受。多德教授认为,虽然法院作出了一些保守的决定,但法律正在接近一种“所有企业都受到公共利益的影响”的观点。如果某些企业继续被允许获得不受监管的利润,这将成为一个立法政策问题。因为立法者认为经营这些企业所处的竞争条件使得对利润进行监管变得没有必要,而不是因为这些企业的所有者享有任何宪法权利,将其财产视为私有财产,即仅为个人目的而持有。

多德教授认为,商业活动中被用来从事公用事业的财产是私人财产这一说法仅仅是在有限的意义上讲的。首先,从事公用事业的州际铁路公司必须提供充分的服务,在公共权威要求下需扩张运力、合理费用、平等对待所有顾客等。其次,从铁路公司和雇员的关系来看,雇佣关系并不仅仅是私人协商的结果,而是被纳入管制。最后,适用于州际铁路的法律最近已不再坚持这样一种观念,即每个商业企业都是一个完全独立的实体,没有义务帮助整个工业取得成功。根据美国最高法院在“新英格兰分区案”(New England Division Case)中的解释,20世纪20年代的《运输法》把全国的铁路看作一个单一系统(single system)的组成部分,这样,州际商业委员会就有理由在这些运输公司之间划分连接运输公司所收取的联合运价,以便通过给予这些运输公司不成比例的较大份额来增加较弱的运输公司的资源。虽然单一系统的概念目前仅限于州际铁路,但较发达的州对其他所谓的公用事业,如煤气、电力和电话公司无节制地追求私人利润的限制,与联邦法律对州际铁路的规定在实质上是相似的。

但有观点认为,上述以及其他过去、现在和将来可能对追求股东利益的限制,绝不能改变“董事和其他公司经理唯一的职责就是为作为企业所有者的股东寻求最大限度的利润”的观点。多德教授认为,公共舆论对企业、对社区的义务有重大变化,有理由认为,这一变化会对管理企业的人的态度产生影响。商业可能会成为一项公共服务的职业,不仅是法律的变更,而且是由管理企业的人观念发生变化。

三、公司公共性下对管理层义务的重构

在目前的经济制度下,越来越多重要的商业企业由不参与经营的投资者所拥有,由于不接触业务,这些投资人很难拥有专业的公共服务精神。因此,多德教授认为,应当是公司的管理层而不是所有者承担商业公共职业化。作者以通用电气董事长 Owen D. Young 的观点为例进行说明。杨(Young)认为,公司管理层应当对三个群体负责:股东、雇员和社会大众。管理层作为受托人,其义务应当分为以下几层:第一,确保资本的安全和合理使用;第二,确保劳动者能够很好地使用劳动和生活技能;第三,消费者能够获得质量、价格都正常合适的产品;第四,确保对公众尽到了“良好公民”的责任。

虽然商界领袖都在提倡企业承担社会责任的观点,但却很少有人讨论董事和经理的社会责任义务应当如何与对股东的义务进行兼容的问题。作者接下来围绕公司捐赠展开讨论,在拟制论下,公司捐赠的正当性很难得到解释,但如果在实体论下,董事负有的义务不是向股东而是向整个机构,因此,不应当再坚持股东至上主义。多德教授同时指出,企业始终走在“发展社会责任”的方向上。

四、小结

随着商业伦理、社会观念的变化,我们对公司的认知也在发生根本性的转变。如果以公共性的视角来看,传统认为经理层必须一心一意为股东服务的观点,应当以纯粹私人企业的企业性质为基础,是公司的一种特殊情形。而越来越多的公司从事公用事业,或者提供公共服务,在此种情形下,经理层的诚信义务指向的对象应为公司而不是股东。

叶姗老师的私塾

经济法学术周会

叶　姗

北京大学法学院教授、博士生导师，兼任北京大学税法研究中心主任。

出版《增值税法的起草与设计》《税收利益的分配法则》《财政赤字的法律控制》等独著专著5部；在《中国法学》《中外法学》《法学家》《北京大学学报（哲学社会科学版）》等刊物独立发表学术论文逾百篇。曾获"全国杰出青年法学家"提名奖、中国法学优秀成果奖一等奖、董必武青年法学成果奖一等奖，并被评为北京市普通高校优秀本科毕业论文指导教师等。主持完成了国家社科基金、教育部人文社会科学研究项目、北京市社会科学基金等国家级、省部级课题近20项。主要研究领域为财税法、经济法与社会法理论、规制与竞争。

总体说明

经济法是典型的回应型法,亦是以经济性和规制性为特征的现代性法律部门。于经济法学的研习者而言,广泛阅读专业著作文献,训练进而掌握分析和探讨经济法律问题的基本法学方法,是重要的基础与前提。研习者需要关注纷繁复杂且不断更新发展的经济法规范,理解并探求经济法规范创制的内在逻辑,尝试以强化学术论文写作的方式摸索其中的规律及其外部影响因素,有助于实现与经济法规范的发展同步,甚至提出具有创新意义的经济法理论,以适当引领规范发展方向的研习目标。此外,经济法的主要功能是调整而不是裁判,这是经济法区别于其他法律部门的重要特征,故研习者还应积极、主动吸收来自经济法实务界的经验和教训,考究法律促进经济稳定增长、保障社会公共利益的实效,分析经济法规范的有效实施及其持续改进的路径。进言之,经济法学是兼具理论性与实践性的综合性法学学科,如欲对其展开研究,读书思考、写作表达、观察现实,皆应深入体悟,不可有所偏废。

因循着上述思路,依托于北京大学法学院提供的"第二课堂"项目平台,本人为所指导的经济法学专业财税法、经济法与社会法理论、竞争法与规制法等方向的硕士、博士研究生和部分有志于继续深入研习经济法学专业的本科生等,组织了"经济法学术周会"的系列学术活动,具体形式包括读书交流、论文讲评和专题讲座等。在活动开展过程中,本人重视学生们的主体角色,鼓励他们积极参与报告发言,分享自己的阅读感受、见闻思考和研究思路,其他参与的同学可以展开讨论和评议,本人会对同学们遇到的问题加以适当的引导和回应,从而让学生敢于、善于和乐于主动学习、发言和互动交流。

总体而言,"经济法学术周会"第二课堂活动的开展过程,十分注重活动的实质性内容与硕士、博士研究生的成长需求、培养目标相契合,重点是帮助学生学习进而熟悉法学论文写作以及从事经济法理论研究工作的思路和方法。经过数年积累,"经济法学术周会"逐渐成为学生们学习成长的重要平台,整体学术氛围浓厚,高质量科研成果迭出,不少学生通过参与本活动获得研究上的启发和具体的修改建议,撰写并在学术刊物上独立发表经济法学术论文。

在读书交流方面,硕士、博士研究生可以参考每一学年度开始时群发的阅读指南,自行阅读所列的若干本法学经典著作。该指南的主题涉及法学方法论、经济法总论及其各分论,书单根据读书会讨论的情况与时俱进地进行修订,确保理论深度、新颖度与阅读可及性。本人指导学生开展不同层次的阅读,学生可在交流会上分享自己阶段性阅读的感受思考,兼顾文献阅读的个体偏好与研讨需求。针对部分同学提交的读书报告,经交流会评议后,依托"北京大学税法研究中心"微信公众号的"学术观点"栏目发表其中的佳作,进一步提高同学们广泛阅读和深入阅读的积极性,形成勤思好学的读书氛围。此外,本人鼓励学生们阅读域外英文学术刊物中讨论热点话题的论文,保持对经济法前沿知识的跟进学习,提高学术品位和敏锐度。学生们自主研读的文献大多围绕同一或相似的主题,他们尝试提炼精华内容进行评介,现已在"北京大学税法研究中心"微信公众号的"域外学术动态"栏目推出多期专题综述。

在论文讲评方面,本人特别重视硕士、博士研究生学术论文写作能力的提升,从选题规划、谋篇布局、修改完善等多个方面为所指导的硕士、博士研究生提供学术交流的三重平台:其一,以在读博士研究生为主要对象的科研交流会,学生们可以分享和讨论学习研究中遇到的问题与困难,汇报研究计划、研究进展和研究成果,其他硕士、博士研究生积极参与评议,提出改进建议,共同为产出高质量论文贡献力量;其二,以毕业年级硕士研究生为主要对象的学位论文讨论会,旨在为毕业生开题和论文初稿撰写进行集中指导和交流,学生们可以陈述对研究主题的认识程度、当前写作中面临的主要困难和障碍、下一步准备继续完成的工作,其他参与成员展开评议并提出建设性的意见;其三,以在读硕士研究生为主要对象的写作经验分享会,由在读博士研究生分享学术论文的选题方向和思路、选题必要性和可行性的判断方法、文献检索和筛选技巧、文献综述写作注意事项、基本格式规范、行文用语与逻辑、框架结构安排、创新观点提炼等内容。

在专题讲座方面,我们依托北京大学税法研究中心与经济法研究所、税收法治建设研究基地等联合主办的系列学术讲座"北大经济法论坛",为经济法学专业的硕士、博士研究生提供了解实务现状和学习实务经验的机会。专题讲座的主讲人均为特邀的境外知名经济法学者,以及实务领域知名度高、业务能力强、业内口碑好、有敏锐学术洞察力的专家学者,他们讲授的内容包括但不限于财税法建构与解释的理论问题、税收征管方面的实务难题、反垄断法修改和实施的热点问题,等等。此外,通过请教、讨论等形式,参与讲座的不少同学获得了论文选题和写作的启发、素材和思路，进而转化为自身后续的研究成果，这极大激发了“经济法学术周会”参与成员的学术兴趣。此外，近年来举办的数次讲座还吸引了本院经济法学专业硕士、博士研究生，本科生以及其他院校经济法学专业的硕士、博士研究生参加，具有一定的社会效应。

概言之，“经济法学术周会”是本人所指导的硕士、博士研究生的重要学术交流平台，他们在这里不仅于修读课程之外获得了交流展示学术成果、听取改进意见的机会，自身学术能力得以不断精进，也在过程中互帮互助、融洽沟通，加深了信任和友谊。本人认为，“第二课堂”与日常课程的课堂教学相辅相成，又可在两个方面有所区别，从而发挥“第二课堂”的进阶提升功能：一是注重训练和提升硕士、博士研究生的学术论文写作和科研工作能力，在理论知识学习之外，通过帮助学生梳理研究思路、完善研究框架、改进学术成果等措施，致力于提高硕士、博士研究生独立开展学术研究的能力；二是着重培养和激励硕士、博士研究生主动自觉学习的积极性，超越传统的知识单向传输的讲授模式，鼓励学生展示自研成果，并积极互动发表评议意见，形成良性循环的研讨氛围，使硕士、博士研究生系统全面地掌握经济法理论，且逐步习得创造性输出知识的能力。“经济法学术周会”正是坚持上述思路，以“第二课堂”的功能定位设计各项活动的内容和形式，做到了良好的延续和传承，也让参与其中的研习者皆能有所收获。

组织程序

“经济法学术周会”主要面向本人所指导的经济法学专业财税法、经济法与社会法理论、竞争法与规制法等方向的硕士、博士研究生。日常的读书交流和论文汇报，定期每两周开展一次。具体时间与地点根据由指定在读博士研究生（通常是该学年度一年级的博士研究生）提前通知所有在读博士研究生和法学硕士研究生。科研交流会一般在陈明楼会议室举行，时长 4 小时左右。每位硕士、博士研究生需要提交论文或读书报告等汇报材料，阅读其他学生提交的材料并准备评议意见。导师在学生自述和评议后，就论文的整体架构、思路逻辑、论证深度，或读书报告的观点总结、相关理论延伸、其他同主题文献进行指导和提示，注重在方法论和修改方向上给出意见。

面向本人所指导的毕业年级硕士研究生举办的论文讲评会，要求本人所指导的所有在读的硕士、博士研究生参加,时长8小时左右,一般每年举办2～3次,在读博士研究生和非毕业年级硕士研究生参与讲评、提出论文修改的意见和建议,不仅培养在读博士研究生从事经济法教学工作、指导毕业论文的能力,而且为非毕业年级硕士研究生提供从论文审读者的角度研习经济法理论的机会。于春季学期末举办由在读博士研究生主持的、面向全体在读硕士研究生的论文经验分享会,启发选题思路;于秋季学期初举办开题讨论会,系统评议各位毕业年级硕士研究生的开题报告,就论文撰写提出思路、方法、文献等方面的意见;于秋季学期末举办学位论文初稿讨论会,评估各位毕业年级硕士研究生撰写论文的整体情况,提示学生在寒假期间需要进一步完善和改进的内容。

专题讲座根据实际情况灵活安排,要求本人所指导的所有在读的硕士、博士研究生参加,并通过院内海报、微信推送等宣传形式吸引其他有兴趣的学生参加,时长3小时左右,每次均能吸引听众数十人,一般每学期举办4～6场。为了保证专题讲座的讲授和交流效果,原则上线下举办,以热点话题和实务难题确定每期讲座的主题,增强知识传播和学术交流效果。

■ 阅读篇目

1. [德]古斯塔夫·拉德布鲁赫:《法哲学》,王朴译,法律出版社2013年版。
2. 杨仁寿:《法学方法论》(第2版),中国政法大学出版社2013年版。
3. [德]伯恩·魏德士:《法理学》,丁晓春、吴越译,法律出版社2013年版。
4. [荷]扬·斯密茨:《法学的观念与方法》,魏磊杰、吴雅婷译,法律出版社2017年版。
5. [德]卡尔·拉伦茨:《法学方法论》(第6版),黄家镇译,商务印书馆2020年版。
6. [美]P.诺内特、P.塞尔兹尼克:《转变中的法律与社会:迈向回应型法》,张志铭译,中国政法大学出版社2004年版。
7. 张守文:《经济法理论的重构》,人民出版社2004年版。
8. [美]兰迪·T.西蒙斯:《政府为什么会失败》,张媛译,新华出版社2017年版。
9. [英]科林·斯科特:《规制、治理与法律:前沿问题研究》,安永康译,清华大学出版社2018年版。
10. 张守文:《当代中国经济法理论的新视域》,中国人民大学出版社2018年版。
11. 郑永年、黄彦杰:《制内市场:中国国家主导型政治经济学》,邱道隆译,浙江人民出版社2021年版。

12. 葛克昌:《所得税与宪法》,北京大学出版社 2004 年版。
13. [美]V·图若尼主编:《税法的起草与设计》(第 1、2 卷),国际货币基金组织、国家税务总局政策法规司译,中国税务出版社 2004 年版。
14. 蔡茂寅:《预算法之原理》,台北,元照出版公司 2008 年版。
15. 黄茂荣:《税法总论 3——税捐法律关系》,台北,台湾植根法学丛书编辑室 2008 年版。
16. 葛克昌:《租税国的危机》,厦门大学出版社 2016 年版。
17. [英]詹姆斯·莫里斯、英国财政研究所:《税制设计》,湖南国税翻译小组译,湖南人民出版社 2016 年版。
18. 陈清秀:《现代财税法原理》,厦门大学出版社 2017 年版。
19. 陈敏:《税法总论》,台北,元照出版公司 2019 年版。
20. [美]艾琳·S. 鲁宾:《公共预算中的政治:收入与支出·借贷与平衡》(第 8 版),曾峰、刘瑛译,经济科学出版社 2020 年版。

研习成果

预算与法律的界分及其当代意义

——评蔡茂寅《预算法之原理》

张旭[北京大学法学院 2019 级法律硕士(法学)研究生]

《预算法之原理》是蔡茂寅教授在预算法领域的经典著作,该书从预算法之基础理论着手,层层递进地分析了预算的基本原则与法律性质、预算的法律效力、预算与法律的关系等核心问题。其中,预算的性质争议是预算法基本原理的经典命题之一。笔者认为,重识预算的本质属性、辨明预算与法律的关系、分析预算法治的当代意义,对于建立现代预算制度具有基础性和根源性的作用。

一、预算的概念、本质与法律效力争议

蔡茂寅教授在书中指出,“预算是指国家原则上于一会计年度内以收入与支出为中心所定立之财政计划,经议会决议而成立,授权并课政府以执行义务之制度”。同时,蔡教授强调预算具备两大本质性要素——“计划性”与“法律性”。计划性强调预算的结果,即达成“就国家活动的全体,估算必要之支出,并预算推计必要财源的作业”的目标。而法律性则强调预算生成的正当化理由,即“在程序上必须经过议会审议、作为议会议决的对象,并因而在实体效果

上产生某种程度的法律拘束力”的民主统治。笔者认为,预算的法律性会影响关于预算的法律效力,以及预算与法律的界分关系的讨论。

预算因经立法机关审议批准而具有一定法律性似乎已经成为共识,但其具备的法律效力究竟为何,却存在较大争议。学界对于预算与法律之间的关系,包括三类不同观点,即预算行政说、预算法规范说、预算法律说。

(一)预算行政说

预算行政说认为,预算仅是一种政府行政行为,与法律存在本质不同:(1)法律对国民具有法规约束力,而预算仅是立法机关对行政机关财政收支计划的承认;(2)法律在国家与国民间均有约束力,预算仅在议会与政府间有效力;(3)法律不经废止则具有永续性,预算效力仅及于一会计年度;(4)新法可以优于后法而适用,预算则不依循新优于旧的原则。笔者看来,如以“预算为适用时效为一年的法律”驳斥(3)(4)理由,该观点似乎无法成立,因为生效时间和失效时间的确可以由法律自身规定或依照法律性质推知。需要进一步检验的在于(1)(2)理由,即预算是否具有外部效力。

(二)预算法规范说

该说认为,预算乃是与法律或命令等并立的国法形式,虽然预算与法律有异,但仍不失为法规范之一种。日本学者认为预算为一种“特殊的国家法律形式”,“是与法律并立的国法形式之一”,其区别主要在于法律只要已经制定,议会之任务即为终结,在此限度内法律具有自我完结性。然而,预算除议会事前审议批准外,还包括事中对预算执行报告的听取、审查与批准,以及事后对决算的审查与批准等。

(三)预算法律说

相较于预算法规范学说,预算法律说同样认为,“预算乃是法律之一种,但其制定程序及效力则与一般法律有所差异,惟此等差异仅只表示预算之特殊性,而不影响其法律性质”。因此,对于预算与法律之间具有何种差异,以及两者差异的重要性判断,成为两种学说的主要争议点,也影响着预算的最终定性问题。

二、预算能否定性为法律

预算能否定性为法律,决定着如何看待央地关系或宏观调控中预算的地位及其效力边界,亦即预算是否为强制性规范,以及遵循或违反该规范的后果如何。

在笔者看来,提案权主体、审议时限的不同,其实是预算作为财政工具的特殊性的体现,只是程序上的要求,而非按照法律本质特点的分析,并不足以区隔预算与法律。域外许多国家与地区将税收、预算等提案归类为“财政法案”,规定了与普通法律提案不同的程序要求,归根结底在于预算会影响一国财政的实际执行,而其他主体并不能完全知晓一国收支的实际要求,故赋予行政机关独属的提案权并无不当。而预算本身效力期仅为一年,在本年度预算即将失效时制定出下一年度的预算文件,从程序上也是正当的。因此,关键需考虑以下界分预算与法律的理由,是否会影响预算定性为“法规范”或是“法律”,主要包括:(1)法律的社会性、外部性特征——预算具有外部效力,还是仅约束行政机关?(2)法律的强行性特征——预算具有强制适用的效力,还是仅为一种预先规划?(3)法律的一般性特征——预算具有反复适用的效力,还是适用一年度一次即失效?

(一)外部效力

认为预算不具备外部效力的观点,主要基于预算是立法机关对国家财政活动的规划,而行政机关须执行之,不直接约束国民或其他主体。但这可能将思路局限于国家机关内部,仅考虑内部组织性和上下管理性。预算法律体系涉及内部性和外部性,外部性考虑政府编制预算、议会审议预算对于国民个体的影响,相当于更深一步将预算执行的效果回溯到预算本质的定性,考虑外部性纳入才能更好地促进预算体系的民主构建。

(二)强制效力

预算的强制性,学界通常认为不能一概而论,需要区分收入预算和支出预算的不同强度。依照税收法定主义,抑或更广义的财政法定主义,政府获取财政收入必须具有法律基础,故收入预算的强制性较大。而反观支出预算,更能体现出预算约束政府的经典逻辑,虽然存在预备费、特别预算等制度,但政府仍主要依据支出预算的目的、对象、额度作出当年的财政支出,而不得任意妄为,故其强制性更为明显。

(三)反复适用效力

理论界支持“预算法律说”的学者一直难以解决的问题是法律针对不特定主体反复适用的特点。预算在初步编制、审议生效、后期执行等各环节,均着眼于各预算单位来安排,而非面向不特定的主体。这是考虑预算的完整性与精确性原则,预算之编制必须层次分明、科目明确一致、用语统一,编制预算应在可预见的限度内尽可能严密。由此可见,不可能脱离预算单位来编制的预算,其本质也要求越发精细,理论上预算自不可能具有“反复适用”的特质。

综上所述,预算由于不具备统一的强制适用效力,也不具备针对不特定主体反复适用的效力,故与法律之间存在本质的区别,界分二者理所应当。笔者认为,预算具有一定的法律效力,但其与法律的一般特质存在区别,故应将其视作界分于法律之外的特殊法规范。

三、预算法律性的当代意义

对于预算本质的定性与认知,影响着如何运用预算这一工具,以及其最终能够在国家财政运行中发挥的作用,具有现实意义。尤其在我国目前财政体制改革的浪潮中,更应该发挥好预算的关键作用,以预算在收支两端加强民主约束与控制,把握住经济社会发展应遵循的财经纪律。

收入预算的强制性较弱,政府征税必须依据现行有效的税收法律法规,否则不能以课税侵犯公民财产权利。在大规模减税降费背景下,我国诸多税收优惠政策均涉及对课税要素的实质变更,但却未通过修订法律来完成调整,似乎与反复强调税收法定的宏观背景相悖。固然,我们无法要求税收领域的每一项改革措施均通过修订法律的方式完成,但是税收法定强调的是,以高位阶法律在生效、修改等方面的程序控制和实体约束,给予纳税人稳定预期,便于其安排自身经济活动。而预算作为具有法规范效力的文件,或许可以在未来承担起这一作用,在收入预算编制时将未来一年所需实施的税收优惠纳入其中,既能够丰富和完整预算所表达的情况,也能够周全修改税收政策的要求。

从支出预算角度看,更应重视对行政机关耗用公共资金的约束与限制,充分发挥预算的控权作用。近年来,国家加强了地方税收优惠的清理工作,优化营商环境。这引发了“上有政策,下有对策”的现象,地方政府为避开税收优惠的审查,开始设立专项产业扶持基金变相支持特定产业或企业。由此,游离于税收管理之外的专项资金方式,需要以支出预算进行严格管控,以预算法规范性促进财政新兴问题的解决,否则大肆支出不仅不利于财政资金的合理使用,更有悖于统一大市场构建的宏观愿景。

“预算不是简单的数字游戏,而是控制和约束政府的工具、方法和技术。”2014年《预算法》修订所彰显的价值取向就在于,从单纯强调预算是“政府管理的工具”转变为预算更应作为“管理政府的工具”。如何实现财力保障充足、应对疫情影响、维护财经秩序等多重目标,笔者认为,有必要重视预算的计划效用与约束作用，确保积极的财政政策规模适度、提质增效。而清晰界分预算与法律，有助于厘清预算法的基础问题，也能够以预算的法规范性特质，思考预算在财政运行中所能发挥的积极作用。有效监督政府财政权力，是预算法治、财政法治、国家法治的共同实践要求，也是关乎整体利益、社会发展、全民福祉的重要价值基础，值得我们不断地关注和讨论。

彭冰老师的私塾

“法律与新金融”周末论文研讨

彭　冰

北京大学法学院教授，博士生导师。华东政法大学法学学士（1993年），北京大学经济法学硕士（1997年）、博士（2000年）。主要研究领域为金融法、证券法、公司法。

2000年开始在北京大学法学院任教，主讲以下课程：（1）初阶讲授类：银行法、金融法；（2）高阶研讨类：金融法概论、证券法专题研究、公司法。

总体说明

金融活动总是快速发展，以应对市场和监管的变化，同样，金融法面对新的市场情况，需要不断调试和变革现有的金融法律规则。这给金融法的学习带来了巨大挑战，要求学习者具有自我学习的能力，而不是固守死板僵化的课本知识。同时，与民法、刑法等传统学科不同，金融法也更偏向实务，没有那么成熟的法律理论。

2014 年左右，随着移动支付的发展和互联网进入日常生活，传统金融机构通过网络开展业务和一些网络公司创设新型的"类金融"活动也在中国风起云涌、大量出现，这些统统被称为"互联网金融"，包括 P2P 网贷（peer - to - peer lending）、网络众筹、网络理财等，本质上，这是科技进步带来的业务模式创新，学术上一般称之为"金融科技"（FinTech）。互联网金融或者金融科技，带来了金融业务的创新和扩张，但也带来了相应的风险。金融法如何应对这种技术进步带来的挑战？

从 2014 年开始，北京大学金融法研究中心（以下简称金融法中心）以"法律与新金融"为主题，组织学生对金融新现象进行研究，撰写论文，组织论文评议，并鼓励和支持学生成果的发表和推广，取得了不错的效果。

这个被称为"法律与新金融"周末论文研讨会的第二课堂活动，主要内容如下：（1）积极组织学生撰写学术论文；（2）通过周末讨论会的形式，组织学生和老师对论文进行评议；（3）要求学生按照评议意见修改论文，再次提交评议；（4）经过多次评议修改，在论文成熟之后，金融法中心通过其微信公众号公开发布论文，并在此后将论文结集出版或者发表于中心编辑出版的连续出版物《金融法苑》（CSSCI 核心集刊）中。

1. 积极组织学生撰写学术论文。在博士研究生阶段之前的学生，无论是硕士研究生还是本科生，很多人除了撰写课程论文和毕业论文之外，很少主动撰写学术论文，这导致学生在最终写毕业论文时缺乏相应训练，毕业论文撰写困难。因此，金融法中心要求该中心的硕士研究生必须参与第二课堂活动，鼓励其通过第二课堂活动撰写和发表论文，这既可以训练其论文写作能力，为未来的毕业论文撰写打下基础，也可以使学生有相应的学术成果，有助于其未来寻找工作。同时,我们也认为,年轻学生对创新技术和市场发展更为敏感,对新事物更为好奇,没有传统思维的桎梏,更容易发现和探索金融市场上出现的新事物。

在积极组织学生撰写论文方面,一方面,我们鼓励学生自主选定研究题目,鼓励学生通过关注财经新闻、热点话题和阅读重要案例去发现研究题材;另一方面,老师也可能将发现和关注的新问题作为研究课题分配给学生,指定学生就此撰写论文。因此,“法律与新金融”第二课堂的论文选题都比较偏向实务,并且具有一定的新颖性,得到业界认可。

2. 组织论文评议。从 2014 年开始,我和洪艳蓉老师利用周末(一般是周日晚上)的时间,组织学生召开论文评议会,就学生撰写的论文进行评议。

我们要求学生将撰写的论文初稿提交周日论文讨论会,负责主持讨论会的学生助理会安排三位学生对该论文进行评议。评议以提出批评意见为主,为节省时间,评议人不用说论文的优点,只需要分析论文的缺点,并提出修改意见。同时,两位老师在最后会进行总结,也对论文提出批评和修改意见。

这样的安排主要是希望能够加强学生之间的交流。年轻学生虽然学术积累或者经验不足,但却有着敏锐的认识能力和活跃的批判性思维,能够抓住敏感问题和前沿问题。北大学生也都思维活跃,个人能力较强,加强他们之间的交流,能够实现思维的碰撞,溅出灵感的火花。同时,让学生多多参与学术批评活动,能够使其认识到学术研究的乐趣和苦恼,也为其未来的人生道路选择提供相关经验参考。

当然,学术批评应该在和善宽容的气氛中进行,老师的在场和引导是避免学术争论演化为意气之争不可缺少的因素。

从现实来看,很多学生撰写的论文初稿确实有很多问题,或者是过于理论抽象,或者是过于宽泛,不能抓住核心问题。周日的论文评议活动帮助学生精炼了思维并修改完善了论文。周日论文评议会鼓励务实的态度,要求论文针对实际存在的问题,而不是空对空地讨论理论上的臆想问题。

3. 修改和再评议。在论文初稿提交周日评议之后,我们会要求学生按照评议意见修改论文,然后再次提交评议。再次评议之后,论文会再次修改,复次评议,直到大家认为论文已经成熟。这个过程的时间可能长短不一。有些论文可能修改一次就能通过,有些论文则可能修改 7 ~ 8 次才能通过,还有一些论文最终多次修改之后也无法通过,只能放弃。

4. 公开发布和发表。论文评议通过之后,金融法中心会将论文首先在微信公众号上公开发布。在自媒体时代,微信公众号发布的文章在网络上的传播速度非常快,阅读量也相对较大,是新型的学术成果传播方式。金融法中心在2014年就申请开设了“北京大学金融法研究中心”微信公众号,专门用于传播金融法中心老师和学生的学术研究成果,在业界形成了广泛的影响力。目前,公众号的订阅量已经超过6万,单篇学术论文的阅读量很容易就超过5000。

通过微信公众号公开发布学生的研究成果,既有利于鼓励学生撰写论文,又有助于学生为金融业界所认识,有助于其未来开展职业生涯。

同时,考虑学术成果的长期保存,我们也寻求将学生研究成果固化为正式的出版物。在这方面,金融法中心的做法经历了一些变化:早期,我们创设了电子刊物,编辑《法律与新金融》的电子刊物,免费发送给业界相关人士;同时,我们也定期将学生的研究成果结集出版,相继出版了《互联网金融实践的法律分析》(北京大学出版社2017年版)、《互联网金融的国际法律实践》(北京大学出版社2017年版)、《法律与新金融》系列出版物(法律出版社2018~2019年版)等。此后,我们决定将《法律与新金融》连续出版物与《金融法苑》合并,从2018年开始,学生在周日评议会上通过的论文,在微信公众号上公开发布后,也将于《金融法苑》上正式发表。

组织程序

评议会主要由我和洪艳蓉两位老师主持召开,时间通常为每周日19:00,召集方式主要为线下会议,新冠病毒感染较为严重时亦曾采取线上会议方式;此外,因故未能线下参与的同学也将通过线上接入的方式与线下参会的同学一同讨论。评议会联络主要是通过法律与新金融公邮和微信群,公邮负责发送每周催稿、接收投稿、发送评议安排、接收已采纳资讯等;相应的信息也同步在法律与新金融微信群里通知。会上投稿的文章部分由老师在微信群里发布题目,由同学认领;部分由同学自己选定题目与老师商议过后投稿,还有部分源于优秀课程论文。

具体的组织程序如下。

1. 学生助理一般每周二会通过公邮向作者与读者发送催稿邮件,请投稿的作者于周五前将文章发送到公邮,并请各资讯组与国际学术综述组准备资讯及综述。

2. 学生助理每周五登录公邮收集整理投稿文章，按投稿先后确定评议顺序，每周评议3～5篇文章，给每篇文章安排3位评议人，其中投稿的作者交叉评议其他作者的文章。评议人从法律与新金融日常评议人名单中挑选，一般根据专业与文章内容的相关度，或者是否研究过类似的问题来确定。日常评议人被安排评议任务一般间隔1～2周，并且通常不重复评议同一篇文章。

3. 学生助理每周五整理好投稿文章后，在法律与新金融群中通知并在公邮群发评议文章与评议人安排，并请各资讯组确定每周读资讯的负责人。

4. 学生助理一般在周日上午通过微信群提醒开会时间、地点。每周日19点定时召开评议会，按照顺序进行文章评议。评议流程方面：首先，由作者简要介绍投稿文章的主要内容；其次，请3位评议人进行评议，其他同学如有意见，可以补充评议；最后，请出席文章评议会的老师进行点评。

5. 评议完所有文章后，请各资讯组分享所收集资讯，一般按照互联网金融组和银行组、资本市场组、保险组、财富管理组、金融犯罪组的顺序进行。对于有向公众分享价值的资讯，由资讯收集人重新整理，经确认后将在微信公众号上推送。

■ 阅读篇目

1. 微信公众号“北京大学金融法研究中心”。
2. 彭冰主编：《互联网金融实践的法律分析》，北京大学出版社2017年版。
3. 彭冰主编：《互联网金融的国际法律实践》，北京大学出版社2017年版。
4. 彭冰主编：《法律与新金融》，法律出版社2018年版。
5. 彭冰主编：《法律与新金融》，法律出版社2019年版。
6. 北京大学金融法苑研究中心主办：《金融法苑》集刊，中国金融出版社。

■ 研习成果

灰色白条[1]

孙天驰（北京大学法学院2017级经济法专业法学硕士研究生）

互联网金融风起，“生于草莽”的“各路英雄”无不各显身手，苦心求牌照。

---

〔1〕 原文发表于《法律与新金融》2016年第1辑（法律出版社2017年版）。

京东白条却另辟蹊径,挟平台之威而号令诸侯,空手白狼,尽得消费金融之利。白条无牌照护体,裸奔于商业与金融之间,源于商业信用而坐收金融利市。左右逢源,亦白亦灰。

一、商业模式

京东白条是一项面对个人消费者的“先消费后付款”的信用赊购消费金融业务。京东白条分为延后付款(最长30天)和分期付款两种不同方式。用户选择延后付款,不需要支付任何费用,可以获得延后付款的天数根据用户资信状况综合评估核定;用户选择分期付款,则需承担分期付款服务费用。根据京东白条用户协议,白条的本质是京东提供的“先购物、后付款”的信用赊购服务。

(一)交易结构

白条模式下没有任何第三方参与,白条只是消费者作为买方与卖方京东之间的买卖关系凭证。所谓白条服务效果仅仅是付款条件上的延迟,并未产生新的金融债权债务关系和现金流的流动。在白条延迟付款的前30天内免息,30天后京东将收取一定比例的费用。30天后消费者如果未能还款,则只能选择办理分期或承受逾期违约后果。通常消费者选择对白条进行分期并向京东支付一定费用,对于这笔费用的性质,京东白条特意说明属于“分期服务费”,而非利息。

这种债权属于应收账款而非金融债权,所以一直以来京东都宣传不提供“信贷服务”,京东作为卖方,通过简单的付款延迟四两拨千斤地撬动庞大的消费金融需求。

(二)资金来源

京东作为国内最大的自营电子商务网站,网站直接作为卖方与用户进行交易,随着近年来京东规模逐渐做大,其自营的优势逐渐在供应链中凸显出来——京东对上游厂商账期普遍长达2个月,京东作为强势渠道方,通过对厂商的占款获得大量应付账款(无息负债)。另外,京东白条提供给消费者的免息期通常是30天,所以开展消费金融对于京东几乎是零成本。京东作为强势的平台,可以通过向上游施加更为严苛的付款条件将资金成本转嫁出去,实现“空手套白狼”的连环赊购。白条释放了更多的消费潜力,扩大了商品销量,消费者还可能为分期的白条支付利息或手续费,这造就白条的又一个利润点;京东通过白条获得的针对消费者的这些零成本应收账款,还可以再次通过资产证券化方式打包卖出去[1]。京东利用自身在供应链中的优势地位,通过白条实现“一鱼三吃”。

二、法律风险

虽然笔者以为京东白条是成本最经济、交易结构最清晰、最可持续的消费金融模式,但或许京东应该还是对笔者的分类表示反对——“我们不放贷,我们只是时间的搬运工”。但不管京东嘴上怎么说,其引以为傲的信用赊销交易结构确实引发了非常激烈的法律争议——白条究竟是信用赊销还是金融信贷?

从交易本身来说,京东进行的的确是赊销活动,在交易过程中没有贷款的发放和回收,只是付款时间点的改变。事实上,几乎在所有商业交易中,货物/服务的交付与对价的支付都存在或长或短的时间差,这种基于供求关系、资金周转需要、供应链地位而进行的信用付款安排促进了商业流动和贸易发展,并且催生出保理、票据贴现等金融业务。这种广泛存在的商业付款安排本身并不会被认为是一种金融债权债务关系。

白条背后法律争议的关键在于白条服务究竟是一种金融贷款,还是商业信用?行走在商业与金融边缘的灰色地带,白条服务应当属于普通商事交易行为适用《民法典》合同编等普通民事法律规范,还是应当按照金融机构标准进行监管获得牌照。

我们回到信用的本质,信用是无须支付现金即可获取商品、服务或货币的能力。根据信用提供主体的不同,信用可以分为商品服务卖出人提供的信用(商人信用)和银行等金融机构提供的信用(银行信用)[2],不同主体提供的信用都能够解决用户的金融需求,我们不能因为表面上标准化后的商人信用(京东白条)和银行信用(信用卡等)具备相同的额度、免息期等外观特征就直接将其认定为金融贷款。我们仍需回到交易本身结构,以“信用提供者”为认定标准。京东白条这种没有第三方金融机构介入提供信用的产品应当被认定为“商人信用”而非金融贷款,不应该按照金融机构监管标准要求京东这一电商平台取得相应牌照。

---

[1]　参见《京东启动白条资产证券化》,载 21CN 财经,http://it.21cn.com/itnews/a/2015/0921/15/30060943.shtml。

[2]　参见刘燕主编:《消费金融的法律结构分析》,经济日报出版社 2007 年版,第 2 页。

三、白条2.0——从自营到三方

以上是白条产品最纯洁、最原始的商业模型及其法律结构,随着白条运营商京东金融被独立分拆,白条的步子也越迈越大。白条迭代的第一步就是将白条的使用范围从自营产品扩大到包含第三方店铺的整个京东商城。

京东的传统阵地是自营商品,随着电商产业的发展,京东也逐渐"天猫化",开始吸引品牌商进驻京东开店。在标示上,京东自营与第三方店铺有着明显的区分,理论上,在第三方店铺语境下,京东已经从自营电商转变为B2C平台。

好,那么问题来了——京东白条口口声声说是赊销,赊销的基础是京东的卖方地位,京东作为卖家对消费者什么时候付款可以自己说了算,但在第三方模式下京东只是平台,并不向消费者直接销售商品,凭什么代第三方卖家向买家赊销商品呢?在逻辑上,这似乎是一个无法解释的缺陷。

从蛛丝马迹来看,[1]我们有理由大胆推测:京东白条2.0能够扩展到第三方店铺的原因是京东并没有真正意义上平台化,所谓的第三方店铺仍然是京东另一种意义上的"自营"商品。第三方虽然在京东平台上销售了商品,但消费者的货款并没有即时支付给卖家,而是统一支付给京东平台,卖家必须等到月末或次月末(也许更长)与京东平台进行二次结算以获得货款。

当在淘宝购物支付货款时,支付工具(如支付宝)的收款方会显示具体卖家的名称,也就是说,这笔货款在确认收货后将直接打入卖家自己的账户(担保交易),并不是支付给淘宝或天猫平台。但在京东购买三方产品时,京东有意无意拿掉了收款方信息,当绕过白条、信用卡等常规支付手段(白条、信用卡等支付方式下均不显示收款方信息),通过银联在线支付时发现,明明是第三方店铺的商品,收款方却写着"北京京东世纪信息技术有限公司"。

至此,问题应该有了答案。所谓的第三方店铺并不能直接与消费者进行结算,他们实际上是京东另一种意义上的"供应商",京东凭借平台地位插足到消费者与卖家之间,通过人为制造的供应链优势地位使用其在自营通道上惯用的占款手段,推迟应支付给第三方卖家的货款。如果消费者选择现款支付,则京东可以利用对第三方店铺的应付账款期限无偿占用现金;如果消费者选

---

〔1〕 从京东的结算管理模式来看,我们有理由推测京东B2C模式下存在京东对第三方店铺的二次结算,参见http://help.jd.com/Vender/viewQuestion-782-1839.html。

择白条支付,则京东依然可以毫发无损地将资金成本转移给上游中小卖家,从而实现白条2.0的进化。

这种交易结构看起来确实比较怪异。京东可能提供的是一种代收货款的代理服务,利用平台地位受托向消费者收取货款并在事后集中结算,但现在的技术条件完全可以实现消费者和卖家的实时结算,代收货款在技术上没有存在的必要。京东在第三方店铺语境下的角色就是百货商场的收银台,自己不卖商品只管收钱,京东统一收取货款后再根据订单信息逐一结算给实际卖家。京东故意采用这种古老的交易结构,可以取得可观的沉淀资金和“雁过拔毛”的收益。

在白条2.0情况下,消费者相当于无须去百货商场的收银台付现金,只需要跟收银员打个白条就可以直接从商铺处拿走商品。此时,白条获得的是一种瞬时的应收账款请求权,即消费者应当向收银台付款(不论商品卖家是谁),但收银台选择放弃立即收款的权利,而是给予消费者一定宽限期,允许延迟结算。所以与白条1.0基于商品所有权的赊销不同,白条2.0下的权利来自应收账款请求权。在自营状况下,京东是“先有商品—后有消费行为—基于商品所有权进行赊销—消费者打白条”;在第三方店铺条件下,却是“先有消费行为—后有应收账款—基于应收账款请求权允许延迟豁免现时付款义务—消费者打白条”。如果之后消费者对白条进行了长时间的分期,我们推测京东应该会自行垫付资金给第三方店铺先行结算,真正取得对相关商品的所有权应收账款。

如果上述推测可以成立,那么白条2.0的法律性质可以准用原始模式下白条的分析,即第三方店铺白条依然是一种赊销服务而非贷款产品。

四、白条3.0——从京东到全宇宙

如果说白条从京东自营到京东三方的跨越是平台效应的自然延伸,那么“白条+”的问世则彰显京东金融更大的野心——白条要像信用卡一样成为通用支付手段。

“白条+”是京东金融在白条基础上开发出的一系列白条信用支付产品,包括旅游白条、安居白条(租房白条)、教育白条、装修白条等。其产品设计大同小异,都是通过“白条+”产品实现先购买后付款的信用支付效果。以旅游白条为例,用户通过“白条+”页面,与第三方合作旅游电商订立旅游合同,只需支付分期首付款即可享受旅游服务,旅游结束之后按月向“白条+”偿还剩余团费。

“白条+”可以说是白条的再一次升级,3.0时代的白条已经脱离了京东平台环境,而是作为一款独立的消费信用产品直接接入旅游、装修等各种消费场景。

在白条3.0情况下,京东并没有平台效应和供应链地位,更多地扮演推广渠道(推广白条及对应的商品及服务)和放贷人的角色。在介绍中“白条+”终于不再纠结自己的身份,毫不讳言地在产品介绍里写出“专项信贷服务”“消费信贷服务”等敏感词。但是,京东金融本身并不持有银行牌照。经历一番检索,我们终于找到了京东旅游白条(京东同时称之为“首付游”)的用户协议和信用付款(京东“白条+”)的服务协议,其商业模式终于浮出水面——对接小贷公司。[1] 查询工商记录后,我们发现提供服务的北京京汇小额贷款有限公司是京东集团旗下公司。京东集团终于凭借这张小贷牌照光明正大地做起了放贷生意,用户使用“白条+”产品本质上是向京东关联的小贷公司申请了相应的消费贷款,卖家(旅行社)则直接收到了全部款项,消费者之后分期向小贷公司还款。

显然,3.0时代白条的本质不再是赊销赊购,也与白条传统的使用场景京东商城没有什么关系,丧失平台优势的京东直接转向专业放贷,资金成本也从上游供应商转为小贷公司承担。我们基本可以确定,“白条+”就是一款消费金融产品,并且采用的是相对主流的对接关联小贷公司模式(类似蚂蚁花呗模式)。在3.0环境下,“白条+”毫无疑问构成信贷业务,不断扩张的“白条+”就像京东在不同的合作商(如房东、装修公司、旅行社)那里安装了白条专用的“POS机”,经过京东认可的白条用户则可以在规定额度下实现刷白条付款。

如何平衡金融创新与法律风险永远是互联网金融值得关注的命题,根植于中国电商土壤的京东白条作为互联网消费金融领域的佼佼者,已经拥有庞大的用户和交易量。虽然其行走在商业与金融边缘,承受着诸多争议与质疑,但本文并不认为灰色地带的白条应被直接叫停,这种以赊销为基础的商业模式确实满足了亚信用群体庞大而零散的消费金融需求。面对白条,我们应当秉持开放包容的态度,不用戴“唯牌照论”的有色眼镜看白条,而是从交易结构本质和保护金融消费者权益的角度出发,规范、引导白条等新型消费金融产品

---

[1] 用户与北京京汇小额贷款有限公司及其关联公司(以下简称京东或京东公司)之间就用户购买京东合作旅游类商户所销售的商品或所提供的服务,并可依据本协议就该商品或该服务选择进行分期付款相关事宜所订立的契约。

健康发展。如此,灰色白条也会有金色未来。

“鱼目”or“珍珠”?“相互保”商业模式问题分析[1]

程海宁[北京大学法学院2017级法律硕士(非法学)研究生]

一、问题引入

支付宝曾隆重推出一款名为“相互保大病互助计划”的保险产品,其“0元加入”的吸睛噱头和全渠道的大力推广使得这款产品很快刷爆微博和朋友圈。“相互保”名为保险,实为违规网络互助,其产品设计违背保险学基本原理,存在一系列违法违规问题,蕴含巨大风险和危害。但相比合规问题,消费者更关心的是“相互保”的商业模式是否存在风险,购买“相互保”会有哪些利弊影响。

网络互助和保险似乎有很大相似性,但深究起来二者却有天壤之别,其最本质区别在于能否保证刚性给付。本文将从“相互保”的费率机制等商业模式角度展开分析,揭示“相互保”将网络互助的粗糙商业模式装入保险口袋的行为在商业层面可能产生的巨大风险和问题,防止鱼目混珠,帮助读者作出更加科学、理性的保险投资决策。

二、“相互保”预期费率水平估算

“相互保”借助极简的投保流程、零保费加入、费用事后分摊、互帮互助概念等优势,在短时间内吸引了千万投保人,但似乎很少有投保人清楚自己需要为参加“相互保”缴纳多少费用。不同于偏向自愿互助捐赠的网络互助,“相互保”一旦借用保险的名号,其性质即发生了本质变化,保险人需要承担给付保险金的刚性义务,相应参保人也必须按约分摊保费。

消费者对于产品费率实则非常敏感,“相互保”自然也明白这一点,于是在宣传过程中反复明示和暗示,以保费事后分摊模式为掩护,试图塑造一种量出为入、费率极其低廉的产品形象,甚至置客观事实于不顾,进行误导性宣传。那么,依据“相互保”承诺的保障水平,对应参保人需要交纳的公平保费水平大概是多少呢?笔者将通过有依据的简单估算,帮助读者对参保“相互保”建立一个较为科学、具体的费用预期。

---

[1]　原文发表于《金融法苑》总第99辑(中国金融出版社2019年版)。

(一)保险精算的概念

保险产品本质是投保人将风险向保险人进行转移,而保险公司之所以敢于承接他人不愿承担的风险并承诺刚性给付,就是因为其根据保险精算原理,借助相关历史数据以及大数法则、概率统计学等相关数学技术,能够实现对风险较为准确的预估,从而制定保险资金调配等科学应对方案,更好地管理风险。精算在保险公司中的地位虽然不能被过度神话,但这门高深的数学技术绝对是现代保险业的基石。[1] 笔者虽不具备专业保险精算能力,但是对照“相互保”的相关资料和原中国银行保险监督管理委员会发布的重疾经验发生率表《中国人身保险业重大疾病经验发生率表(2006—2010)》[2](以下简称《重疾经验表》),能够帮助不具备专业背景的读者对健康险费率水平有更加直观、准确的认识。

(二)“相互保”预期费率水平估算展示

首先,根据“相互保”的条款,其仅承保 0 ~ 59 周岁人群的 100 种大病,因此,下面截取《重疾经验表》中 25 病种经验发生率男表(CI3)、25 病种经验发生率女表(CI4)中年龄在 0 ~ 59 周岁的部分,详见表 1。

表 1　25 病种经验发生率

年龄(周岁)	男		女	
	ix	kx/%	ix	kx/%
0	0.000595	2.60	0.000815	2.60
1	0.00053	11.01	0.000651	19.70
2	0.000469	14.18	0.000533	21.07

〔1〕 保险精算:保险精算是在概率统计学基础上展开的,保险精算本质上就是试图根据保险相关事项的历史发生数据,运用概率统计学等相关数学技术,实现对风险较为准确的预估,从而帮助保险公司制定保险资金调配等相应的应对方案。

〔2〕 原中国保险监督管理委员会于 2013 年 11 月 14 日面向各人身保险公司发布了《中国人身保险业重大疾病经验发生率表(2006—2010)》[China Life Insurance Experienced Critical Illness Table(2006 - 2010)],这是中国第一张人身保险业重大疾病经验发生率表,也是目前我国人身保险公司承保重疾险最权威可靠的精算数据来源之一。参见《中国保监会关于发布〈中国人身保险业重大疾病经验发生率表(2006—2010)〉的通知》,载中国银行保险监督管理委员会 2013 年 11 月 14 日,http://www.cbirc.gov.cn/cn/view/pages/ItemDetail.html?docId=359804&itemId=928&generaltype=0。

续表

年龄（周岁）	男		女	
	ix	kx/%	ix	kx/%
3	0.00042	15.63	0.000448	22.53
4	0.000393	16.42	0.000377	24.10
5	0.000378	17.03	0.000332	25.77
6	0.000359	17.87	0.000304	27.20
7	0.000344	18.98	0.000286	28.80
8	0.000331	19.76	0.000289	30.02
9	0.000319	20.64	0.000301	31.32
10	0.00031	21.48	0.000322	32.32
11	0.000303	22.21	0.000346	32.97
12	0.000301	22.82	0.000369	33.22
13	0.000302	23.30	0.00039	33.07
14	0.000307	23.62	0.000408	32.57
15	0.000318	23.72	0.000424	31.80
16	0.000334	23.54	0.000438	30.85
17	0.000354	23.02	0.000451	29.78
18	0.000379	22.18	0.000465	28.67
19	0.000408	21.16	0.00048	27.62
20	0.000441	20.18	0.000496	26.77
21	0.000478	19.50	0.000515	26.24
22	0.000519	19.33	0.000538	26.20
23	0.000565	19.80	0.000568	26.69
24	0.000616	20.84	0.000605	27.69
25	0.00067	22.26	0.000651	29.05
26	0.000726	23.83	0.000704	30.61
27	0.000782	25.33	0.000764	32.19
28	0.000838	26.65	0.000831	33.70
29	0.000893	27.78	0.000905	35.10

续表

年龄（周岁）	男		女	
	ix	kx/%	ix	kx/%
30	0.000949	28.80	0.000987	36.44
31	0.001009	29.86	0.001078	37.77
32	0.001078	31.05	0.001182	39.12
33	0.001162	32.43	0.001302	40.53
34	0.001267	34.01	0.001439	42.01
35	0.001396	35.78	0.001596	43.58
36	0.00155	37.71	0.00177	45.24
37	0.001732	39.80	0.001962	47.04
38	0.001945	42.03	0.002171	48.95
39	0.00219	44.34	0.002398	50.94
40	0.002474	46.67	0.002643	52.92
41	0.0028	48.95	0.002909	54.81
42	0.003172	51.11	0.003195	56.54
43	0.003595	53.10	0.003503	58.06
44	0.00407	54.91	0.003834	59.36
45	0.0046	56.54	0.004188	60.48
46	0.005183	58.01	0.004564	61.47
47	0.005817	59.34	0.004933	62.40
48	0.006502	60.57	0.005288	63.28
49	0.007235	61.69	0.005636	64.13
50	0.008018	62.70	0.005986	64.92
51	0.008854	63.64	0.006348	65.63
52	0.009753	64.54	0.006731	66.28
53	0.010719	65.42	0.007143	66.84
54	0.011752	66.25	0.007592	67.31
55	0.012842	66.98	0.008081	67.64
56	0.013971	67.55	0.008616	67.84

续表

年龄(周岁)	男		女	
	ix	kx/%	ix	kx/%
57	0.01512	67.95	0.009197	67.90
58	0.016274	68.16	0.00983	67.83
59	0.01743	68.22	0.01052	67.61

注:其中 ix 是指重大疾病的经验发生率,kx 是指在包含重大疾病保险责任的人身保险产品中,因患重大疾病死亡的人数占全部死亡人数的比率。对于分析“相互保”产品,ix 即重大疾病经验发生率数据作用较大。在估算之前需要做一些简单的说明:1.“相互保”承保的范围是包括中国保险行业协会颁布的重大疾病有关定义所规定的全部 25 种重大疾病在内的 100 种重疾,其承保病种范围是大于上表病种范围的,因此,其出险概率应一一对应地大于表中的经验发生概率;2. 为了便于运算和理解,之后的讨论均以一年为一个单位的保险期间。另外,根据“相互保”相关条款的规定,保险金额根据参保人员重疾初次确诊的年龄而定,不满 40 周岁保障金额为 30 万元,超过 40 周岁保障金额为 10 万元。

为了使读者有较为直观的理解,笔者选择了几个年龄有代表性的人群的重疾发生率数据,计算了这些人群重疾发生概率对应的公平保费数额,[1]详见表 2。

表 2　不同发生概率对应预期损失金额计算演示

不同年龄人群的重疾发生概率	预期每人每年平均损失金额(不含 10% 管理费)/元
0.00067(25 周岁男性)	201
0.001396(35 周岁男性)	418.8
0.00219(39 周岁男性)	657
0.0046(45 周岁男性)	460
0.000651(25 周岁女性)	195.3
0.001596(35 周岁女性)	478.8
0.002398(39 周岁女性)	719.4
0.004188(45 周岁女性)	418.8

[1] 这里所称的“公平保费”是指仅考虑该年龄人群重疾发生概率,对应“相互保”的赔付规则计算出的该年龄人群每年因罹患重疾而遭受的预期损失的平均值,该数值往往是保险公司确定保费总水平的基准值,未考虑保险公司展业成本等其他费用因素,保险公司无法通过提升风险管理能力使公平保费金额下降。计算方式:某年龄个体预期损失金额 = 对应年龄重疾发生概率 × 对应年龄享受的保额水平。

更进一步，如果假设参保该重疾险的人群性别和年龄都均匀分布(0～59周岁每个年龄的人数均相等且男女比例为1∶1)，参保人数足够大且来源随机。那么，按照不满40周岁保障金额为30万元、超过40周岁保障金额为10万元的保障金额计算，预期所有参保人每人每年需要分摊的保费金额约为390.31元(不含10%管理费)。如果把假设的参保人群年龄范围缩减到20～55周岁，其他条件不变，则经计算预期每人每年需分摊金额约为444.12元。[1] 如果不考虑理财收益，保险公司无法通过提升风险管理能力降低上述预期保费分摊金额。(见图1、图2)

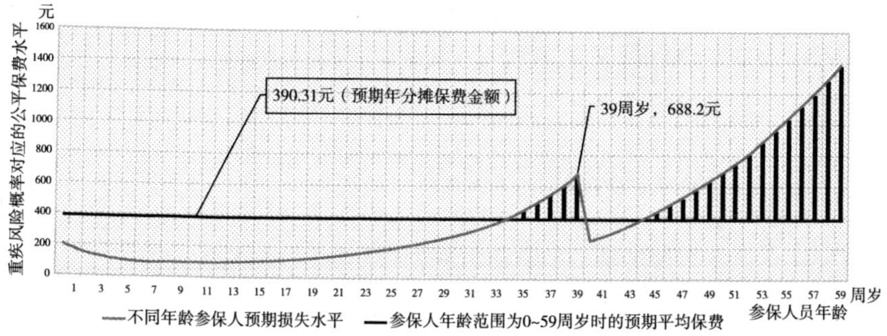

图1　参保人年龄范围为0～59周岁时的预期年分摊保费示意

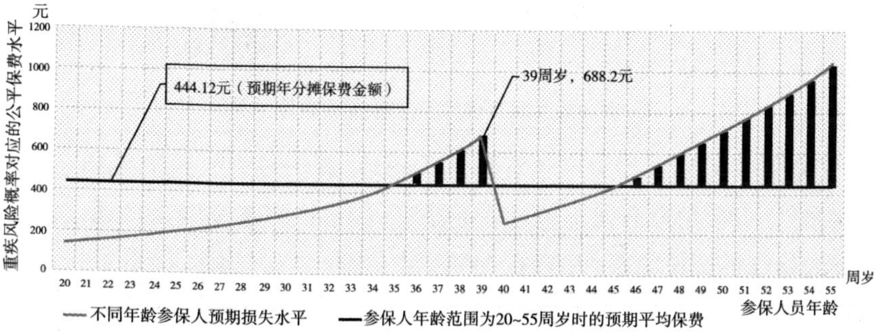

图2　参保人年龄范围为20～55周岁时的预期年分摊保费示意

[1] 需要说明以上计算均不是严肃的保险精算，一方面，投保人群不会集中在某一年龄上，社会上不同年龄人群的数量分布也并非均匀；另一方面，上述计算还未考虑重复出现、逆选择、退保等复杂因素。因此，上述所有计算演示仅为大家提供一个较为直观的预期分摊保费数额，更加精确的分摊数额计算需要更多数据以及更加精确的运算技术。要提醒大家注意的是，我们计算演示所依据的统计数据仅为25病种的发生概率，"相互保"所包含的100种重疾的发生概率客观上必然高于上述统计数据，尚且不考虑"相互保"产品构架可能引起的严重逆选择、道德风险等对整体风险水平的影响，亦未计算10%的服务费加成。

三、“相互保”费率相关问题分析

“相互保”为了使销售流程最简化，存在产品设计粗糙，保费机制不公平、不合理等问题。为了追求片面商业效果，“相互保”还涉嫌在产品定价等问题上误导性宣传，这些与保险费率相关的问题可能在之后引发严重的逆选择和道德风险，进而破坏保险产品赖以稳定运行的根基。

（一）“相互保”费率宣传中的误导行为

相关情况见图3。

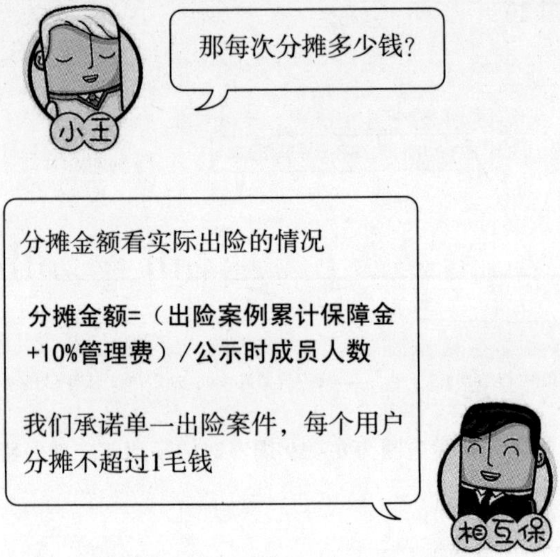

图3　“相互保”官方宣传画截图

“相互保”推出后，相关广告宣传铺天盖地，其中最为吸睛的莫属“承诺单一出险案件，每个用户分摊不超过1毛钱”。如果说将违规网互助通过复杂构架伪装为保险掩饰风险是“相互保”产品的一种“创新”，则“承诺单一出险案件，每个用户分摊不超过1毛钱”甚至都算不上误导性宣传。

根据“相互保”的条款规则，其保费分摊机制为：

每人分摊金额＝（出现案例累计保障金额＋10%管理费）/公示时成员人数，其中：

（1）保障金等于每期经公示无异议的患病成员的保障金之和；

（2）管理费等于每期保障金的10%，无保障金不收取管理费；

（3）分摊成员数为每期公示日0点（不含0点）的成员人数。

其为每位出险投保人提供的保障金数额规则为：

初次确诊时,成员年龄为30天至39周岁,保障金额为30万元;

初次确诊时,成员年龄为40周岁至59周岁,保障金额为10万元。

而“相互保”的成立要件规则为:

发生以下任一情形时,我们有权终止相互保:

1. 相互保运行3个月以后成员数少于330万。

2. 出现不可抗力及政策因素导致相互保无法存续。

读者可能已经看出了问题,单个参保人最高保障金额为30万元,加上10%的管理费合计为33万元,那么只要参保人数高于330万人,那么每位参保人对单一出险案件的分摊金额无论如何都将小于1毛钱。在此基础上,“承诺”单个案件每人分摊额上限,就如承诺“本店每公斤不少于1000g”一样毫无意义。然而,“相互宝”似乎并不希望对这一极具误导性的“承诺”作出纠正性解释,甚至还进一步自问自答,试图将误导进行到底,详见图4。

> **1. 问:“单一分摊案例被分摊不超过1毛钱。万一一个月里10000个人请求保险赔偿,那不是要扣我1000块?”**
>
> 答:放心,不会出现这种情况。人类整体的大病发生率有一个大致可循的范围,根据精算师估算,每期大家被分摊到的钱最多最多最多也就十多块钱。加入的人越多,也可能只分摊到1毛钱、5分钱、2分钱。

图4 支付宝“相互保”相关宣传推送中关于保费分摊问题的问答示例

虽然不知道所谓的“精算师”是以什么数据为依据进行的“估算”,但“加入的人越多,也可能只分摊到1毛钱、5分钱、2分钱”的说法实在是令人啼笑皆非。且不说有入门的精算常识,即便是仅有中学数学知识的人也知道,只要发生概率不变,预期出险的人数也会随着加入人数的增加等比例变多,何谈加入的人越多,原本十多元的分摊保费就会只需要1毛钱、2分钱?究竟是所谓的精算师哗众取宠,还是“相互保”压根就没有雇佣一位精算师,笔者无从知晓。

(二)“相互保”定价方式偏离公平

正如上文中重疾经验发生概率表和预期分摊保费的估算演示,不同年龄的人群对应不同的重疾风险概率和精算公平保费。因此,通常保险产品会对不同年龄、不同健康状况的投保人制定与之风险状况对应的差异化风险费率，对于投保人来说这也是易于接受的，健康状况更佳的个体自然应缴纳更少保费，而风险状况更差的个体也愿意为自己可能遭受的损失多付一些保费，这也是从保险学和精算学原理出发推导的必然结果。

但“相互保”虽然自称保险，却粗暴地为所有参保人设定完全一样的费率水平——出险后的总费用由所有参保人平均分摊。这就使得投保人承担的保费很难和自己的风险情况相匹配，年轻的健康状况更佳的投保人，以及40周岁出头、享受极低保障水平的参保个体实际上分摊了过多并不公平的费用。为了便于读者理解，作者选取了所有参保男性的风险数据制作了下面的估算保费示意图，详见图5。

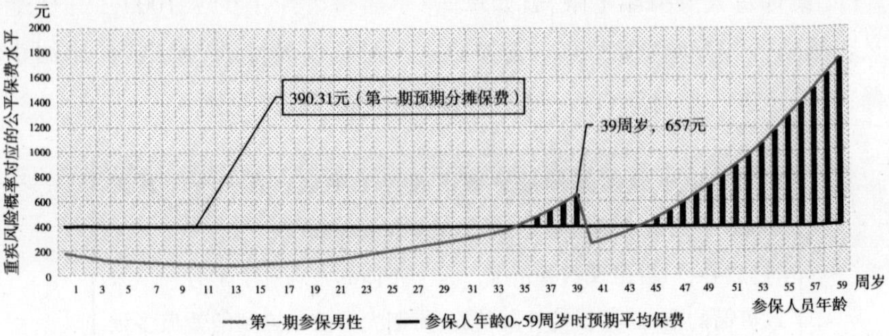

图5 第一期参保人群及预期保费情况示意

其中，水平线代表上文中计算出的当参保人年龄为0～59周岁均匀分布时预期平均保费水平(390.31元)，折线代表所有0～59周岁男性参保人风险状况对应的公平保费水平。折线上所有低于水平线的点，其对应年龄的男性参保“相互保”即支付了过多的不公平的保费，相当于为健康状况更差的个体支付了风险费用，这对于一个保险产品来说无疑是不公平的。[1]

(三)偏离公平的定价机制可能引发严重的逆选择

这种“一刀切”的保费制度不仅仅是不公平的，更是不科学的，其必将引发

〔1〕有观点认为没有绝对公平的保险，因此，其主张可以给类似的保险创新留下一定空间，包容其粗犷的定价模式，笔者对此持谨慎态度。笔者认为发展和创新要有底层土壤支持，我国目前的保险业发展水平似乎还并不适合做此类创新，保险创新可以从险种丰富、展业技术、承保技术、风险管理技术、监管技术等广阔领域入手，而不宜仅仅为了商业模式创新放弃基本的风险管控，这似乎对我国保险市场的健康发展并无裨益。如果保险业已经极度发达、高度自律，笔者认为这种创新不失为一种有试错价值的创新。

严重的逆选择[1]。仍以图5中的估算演示为例进行简单的动态博弈推理,假设初始参保人为0~59周岁均匀分布的男性,则第一个单位保险期间(一年)每位参保人预期分摊保费数额应为390.31元(不含10%管理费),那么在第一个保险期间实际参保费用得到揭示后,凡是预期风险费率水平低于390.31元的理性投保人,均会选择退保转投其他风险管理渠道,例如,购买提供同等保障水平但对自己收取更低保费的普通保险;同时,剩余高风险投保者将选择继续留在保险池中。那么在接下来的一期中,该保险池中剩余个体的平均风险水平将进一步上升,因此,此后每人预期需要分摊的保费也随之上升,第二期预期分摊保费的具体计算结果为760.8元,[2]之后相同的逆选择将继续上演。(见图6)

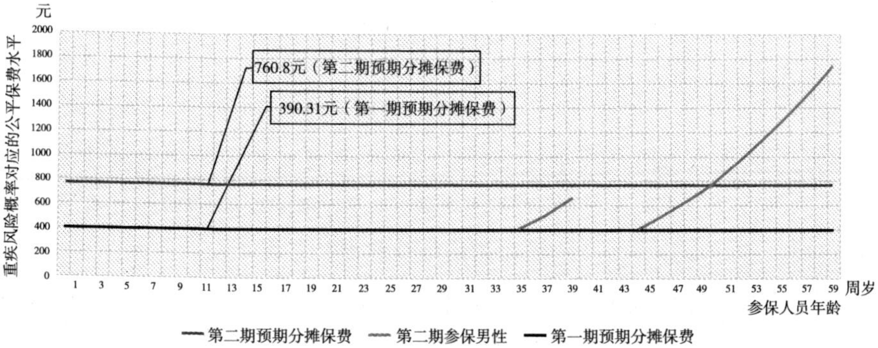

图6 第二期参保人群及与其保费情况示意

当然,逆选择发生的前提是保险购买者具有充分信息且是理性的。在现实中,一方面,“相互保”参保人可能没有模型中那么理性,“相互保”通过极力宣传渲染“相互保”互帮互助等色彩,可能降低参保人对于价格的敏感性;另一方面,先出险后分摊保费的模式也使得参保人的信息优势具有滞后性和不确定性,可能需要经历多次的分摊费用上升才能够意识到自己前期受到严重误导,彼时逆选择才真正发生。

---

[1] 保险中的逆选择问题是指保险购买者运用其优势信息以获取更低价格上的保险产品的倾向,例如,知道自己越可能生病的个人越愿意投保健康保险。

[2] 估算方法为去除所有预期风险保费低于390.31元的参保人(男女均包含)后,以剩余不选择退保的参保人(仍假设每个年龄个体均匀分布,且男女性别比例相等)为第二个单位保险期间新的风险池,计算出的预期分摊保费数额,计算中不考虑个体死亡、新加入投保人、投保人年龄变化等更复杂的精算影响因素。

(四)保险人的道德风险

不同于普通保险产品,信美人寿相互保险社(以下简称信美人寿)在“相互保”产品中虽然名为“保险人”,但按照合同约定,所有的风险损失都会在发生后平均分摊至每个参保人身上,因此,信美人寿实际并不承保任何风险,反而可以对所有出险事件收取10%管理费。因此,如果不考虑信美人寿和支付宝对自身商誉、监管压力等外部纠正因素的顾忌,那么短期来看,信美人寿的管理越不尽职,出险数额、待分摊赔付金额越高,则信美人寿的管理费收入就越高。这种滑稽的潜在错误激励势必为保险人的道德风险的爆发埋下隐患。

(五)费率机制问题将损害谁的利益

同一费率并非“相互保”首创,团体保险经常也会使用统一费率标准,但其产品设计逻辑、公平保费计算依据均与“相互保”明显不同。首先,团体保险的参保人并非以投保为目的加入团体,而是因工作入职等原因加入相关团体进而“被动”参保,这一前置要求已经在很大程度上排除了逆选择和道德风险的存在。其次,团队保险的公平保费计算依据本身就是相关团体的整体的历史数据,已经包含了不同个体的差异化风险。此外,团体保险的费用还存在雇主分摊机制,进一步减少了逆选择和道德风险因素。

回到“相互保”,其不顾风险水平、保障金额等差异,对所有参保人实施“一刀切”的粗糙定价模式,叠加保费事后计算的创新模式,则可能引发一系列严重问题。在“相互保”模式下,风险包括委托代理风险都只是在参保人之间被熨平分摊,作为产品管理人的保险公司自身并不承保任何风险,且能够收取占保险金的固定比例管理费。那么后期保险公司为了推广的便利放宽“团体”标准,利用“一刀切”的简化定价机制野蛮发展谋取短期利益将毫不意外,而所有的代价都将由投资者、市场整体共同承担。

风险管理本应是谨慎、专业、严谨的科学,即使投入商业运作也不应忘记初心和底线,为了短期商业利益无视风险的行为是不负责的,也是不可取的。

四、“相互保”其他商业模式问题分析

除了上述与费率机制相关的特有的“硬伤”,“相互保”在商业模式上还存在其他许多问题,这些问题可能是“相互保”特有的,也可能是市面上保险产品的通病。笔者挑选其中对投保人利益影响较大的几个问题进行讨论,以期帮助读者更深入地理解保险产品应有之功能。

(一)阶梯化保额标准的风险和问题

“相互保”在保额设置模式上也存在一定问题,主要在于参保人40周岁前后保额标准的断崖式下降。

在所有个体等额分摊保费的情况下,如果遵循保险精算原理,那么投保个体可享受的保险金额应和自己的风险状况成反比。[1] 根据统计数据,个体在40周岁之后重疾发生风险迅速增加,这对整体风险水平造成的影响足够大,以至于连无视风险、一味追求短期商业效果的“相互保”都不得不设计专门的制度来降低其影响,以免这部分客户给年轻客户带来太强的逆选择激励。但一方面,在保费金额不变模式下,这种与风险变化水平不匹配的保额断崖式下降,无疑会给进入不惑之年的投保人带来极差的产品体验,推动其选择退保,进一步加速逆选择、加大参保人群整体风险损失水平;另一方面,这种狂砍大龄参保人保障水平的设计会使“相互保”失去保险的保障作用,重疾发生概率真正较高的大龄参保人却只能获得10万元保障金额,对于重疾带来的经济风险可谓是杯水车薪,一款更加科学、负责的保险产品,应当允许这部分投保人根据自己的经济状况、风险状况,缴纳稍高的保费并获得更加合适、保障的金额。

(二)保费事后分摊机制的风险

“相互保”保费事后分摊模式,除了前文讨论的逆选择等问题外,可能带来其他严重金融风险。首先,“相互保”的保费事后确定事后收取模式,必然导致保险公司无法提取充足、有效的责任准备金,没有责任准备金作保障,仅寄希望于其他参保人按时如约分摊费用,参保人的保险利益实则失去安全保障,保险公司面临准备金充足性风险。其次,也是极为重要的,保险事故的发生和保险理赔发生存在时间差,对于疾病保险,从发病、确诊到核保、理赔可能会有半年之久,如果采用保费分摊事后分摊机制,就可能导致保险事故发生时的参保人群(数)和保费确定、分摊时的参保人群(数)不一致,这就意味着当期参保人所分摊的保费并不是由当期风险状况决定的。这一风险和问题在参保人数不断上升的时期可能并不会暴露,甚至可能使参保人产生短期内费率下降的“错觉”;但当参保人认识到“相互保”存在的问题,大量退保导致参保人数逐渐减少时,这一问题将会导致负反馈循环,也即每期分摊保费的参保人基数都将小于风险实际发生时的参保人基数,彼时沉重且快速增加的分摊负担必将会进

---

〔1〕 成反比的说法在精算层面并不严谨,忽略过于复杂的精算规则。

一步加速产品崩溃,引起"塌方式"退保,甚至引起金融系统风险。

(三)先保费、后缴纳的利弊分析

虽然笔者已经将"相互保"定性为试图披上保险外套的网络互助,但其保费事后缴纳的模式也不失为一个创新亮点。保费何时缴纳本身很难有高低之分,保费事后缴纳的好处当然是钱更多时间拿在投保人自己手里,更放心也更自由,但保费事先缴纳同样存在优势。通常,保险公司的利润可能来源于三个部分:死差益、费差益、利差益,[1]随着保险市场竞争日益激烈,各个公司纷纷压缩死差益和费差益水平,参考世界发达国家保险业的经验,保险资金的投资收益不仅是保险公司的主要利润来源,很多时候甚至需要用来弥补承保业务的亏损。数据显示,1999~2018 年,世界主要非寿险市场的承保业绩多年为负收益,但保险公司依靠投资业绩依然实现了盈利。也就是说,投保人缴纳的保费实际低于自己的风险水平,但保险公司通过较强的保险资金投资运用能力获得了投资收益,这部分收益不但弥补了死差损和费差损,还为保险公司带来了最终利润,[2]真正使保险公司发挥风险融资中介的市场作用,增加社会整体效用。(见图 7)

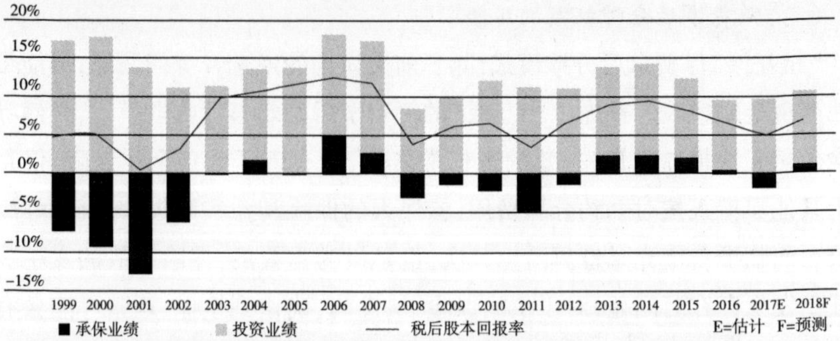

图 7　1999~2018 年,美国、加拿大、英国、德国、法国、意大利、日本和澳大利亚 8 个主要非寿险市场的盈利水平总计

资料来源:参见 Swiss Re:《2017 年世界保险:稳健但成熟的生活市场对经济增长造成压力》,载瑞士再保险网,https://www.swissre.com/institute/research/sigma-research/sigma-2018-03.html。

---

〔1〕 死差益:实际死亡率低于预定死亡率;费差益:实际费用率低于预定费用率;利差益:实际投资回报率高于预定回报率。

〔2〕 在实际经营中,寿险公司的利润来源相较于非寿险公司更加依赖利差益,但因为瑞士再保险公司近年来对于寿险业资金运用的研究主要集中于世界低利率环境对寿险公司盈利能力的影响等问题上,并未重点公布最新的寿险业利润来源数据,因此,本文取非寿险市场数据作为论据,但已足够说明利差益在保险公司中的重要性。

当然,没有绝对好的保险,保险产品多样化包括保费缴纳方式的多样化都是值得肯定的,不同的人有不同的偏好。对于个人来说,厘清不同产品形式可能存在的利弊,并根据自身情况选择最适合自己的产品就是最好的。

五、小结

"相互保"虽然在外观上是持牌经营的正规保险产品,但其产品设计粗糙,保费机制不公平、不合理,为了追求片面商业效果,涉嫌在定价问题上误导性宣传,并在监管合规、保险实质、商业模式等方面存在诸多硬伤,产品整体隐含较大的风险和不确定性,参保者的利益难以得到有效保障,其本质就是套用网络互助的常见模式的不合格保险产品。这种"挂羊头,卖狗肉"的行为必将给日后产品风险积聚、问题爆发埋下伏笔。

保险就像是一类有特殊功能的"人生理财"产品,其保障效果的差异可能会给被保险人的一生带来天差地别的影响,谨慎选择真正适合自己、科学负责的产品尤为重要。保费损失事小,保障缺位事大。

洪艳蓉老师的私塾

金融案例研习与法律规制探索读书会

关于作者

洪艳蓉

北京大学法学院长聘副教授，博士生导师。厦门大学法学学士（经济法方向，1997年）、民商法学硕士（1999年）、国际法学博士（国际金融法方向，2002年）；北京大学法学院博士后研究人员（金融法方向，2002～2004年）。主要研究领域为证券法、金融法、公司法。

2004年10月起在北京大学法学院任教，主讲以下课程：（1）初阶讲授类：金融法、银行法、金融法与证券法；（2）高阶研讨类：金融法专题；（3）实务研习类：金融实务与法律。

总体说明

2021～2022 学年秋季学期,我继续利用法学院提供资助的“第二课堂”辅导学生的课外学习与科研活动,这次选择的是“金融案例研习”主题。之所以做这样的安排,主要基于对如下引导理由及预期目标的考虑。

第一,从理解法律规范到具体案例研习学习方法的拓展。近年来,法学院开设的民法案例研习、诉讼法案例研习等课程取得了不错的授课效果,在客观上有效提高了学生们活学活用法律的技能,金融法方向虽然开设有“金融实务与法律”等课程,但主要是邀请实务界专家讲授最新金融法实务操作与裁判案例,且选课人数较多而难有深入的个案互动交流机会。充分利用“第二课堂”提供的小群体师生交流机制,可以有目的地选择典型案例或热点事件及时研讨,提炼可供深入研究的法律议题并推进形成相应的研究成果。

法律作为一门具有很强的社会科学属性的学科,有着回应社会需求、保障发展的价值定位。法学院培养的大部分学生毕业后主要从事的是法律实务性工作,而非法学研究。从这个意义上看,很有必要在他们具备较好法学功底并建构了一定法律框架的基础上进一步拓展如何适用法律和分析、解决实际问题的能力,而案例研习无疑是最直接、最有效的路径。

在金融法领域,随着近年来资本市场改革开放和法治建设步伐的加快,我国金融法律制度建设逐步成熟和完善,许多海外有益的经验为我国所借鉴,成为《证券法》《期货和衍生品法》等规定的资本市场法律规则,而近年来《公司法》修改、《金融稳定法(草案)》的推出以及《中国人民银行法》《商业银行法》《银行业监督管理法》等银行业法律的大修等都将进一步完备我国的金融法制。在这一背景下,金融执法、金融司法逐渐成为未来关注和研究的重点。在实践中,监管部门在“放管服”之下日益加大了证券执法、银行业监管的力度,而上海金融法院、北京金融法院以及成渝金融法院的设立以及最高人民法院对金融司法审判的重视及引导作用的加强,使得金融实务观察与研究成为一大发展方向,促使法学教学与研究有所回应,案例研习可以成为带领学生从规范的法律条文解析到三段论式的法律适用分析转变的捷径,有助于学生们掌握解决具体问题的方法与技巧。

第二,从了解金融工具结构到理解金融规则功能的思路转换。一般而言,金融市场及其相应的金融活动远离校园生活,金融的专业性和准入门槛也通常让在校生难以亲历金融业务,这往往给以金融工具、金融市场为考察对象,并在此基础上分析金融制度进行研究的金融法方向的学生们造成很大的困扰。尽管现代资讯发达,许多财经自媒体快速分析和传递信息,老师也多鼓励学生们日常多浏览监管部门网站及主要财经媒体,获取最新的金融资讯与制度改革内容,但在缺乏金融市场基本训练及树立对金融规则应有价值观念的情况下,个体、发散的资讯跟踪与学习,比较难以取得理想的效果,有时更会受到"信息噪音"和自媒体"眼球营销"的影响,导致难辨是非,人云亦云,对财经报道或事件结果缺乏应有的独立、理性思考,更谈不上发挥法律专长,提供有益的分析思路与解决方法。

"第二课堂"恰恰可以提供选取具体案例为对象,言传身教引导学生界分金融活动与法律规则,学会如何建立二者之间有机联系与有效转换机制的时间和机会,在理解金融活动商业逻辑的基础上掌握相关知识。总体而言,金融活动以金融工具为介质,基于个人理性假设并侧重成本收益分析,实现的多为中性的工具价值,而法律制度将金融工具的结构转换成法律规范或合同条款,基于过错原则并侧重权利义务分析,具有特定的价值取向,受到市场发展、监管立场、具体国情等外部因素的影响,并非纯粹的价值中性。双方之间的金融活动未必只简单地呈现为商事领域的当事人意思自治。晚近以来,随着更多的监管介入或称商事规则的社会化,外部因素对交易有效性及其风险分配的影响正在加大。换言之,法律视角下的金融活动主要考虑当事人之间的意思自治,但也需要注意监管介入对交易的影响,考虑特定时期保护投资者、维护市场秩序、保障金融安全等更宏大主题下的价值,从而不局限于简单的个案分析或具体条文适用,而需要在理解金融规则功能的基础上观察、评价金融活动,由此跳脱出具体的金融活动和各执一词的说理,给出平衡各方利益的解决方案。

第三,从实然分析到应然分析的研究思维的初步训练。如果说案例研习有助于学生们在掌握法律规范的基础上进行实证分析,提升分析、处理个案问题的能力,那么更进一步的要求或者期待,则是从案例研习中提炼具有现实意义的法律问题,围绕它在法律体系中的定位及其得失展开深入系统的专门研究,进而阐发其中蕴含的法理并构建回应现实问题的规则/制度,完成法学的使命。这种从法律规范解析到实例研习、法律适用，再到应然分析的过程，并不是法律规范分析的简单回归，而是更高层面意义上的“见山又是山”。

法律作为专业学科，常赋予所学者一技在手、四海皆通的技能，但如果只是关注个案问题的解决，侧重情况各异的案件处理，那么容易“只见树木，不见森林”，在很大程度上发挥的是法律工匠的作用，而没有充分激发出法律制度建设者功能。可以说，一项法律原则、规则、制度的确立，凝聚着人们对一类问题解决的探索与共识，明确公开的制度为变动不居的经济社会提供了高效便捷，有着强制约束力保障的“一揽子”问题解决方案，法律制度的保障性、规范性和引导性在风险不确定的现代社会正在受到越来越多的推崇，法治已是世界认同的善治。

然而，从个案分析到应然分析，再到制度构建，这一过程并非一蹴而就，而是需要广开言路、群策群力，有着充分的研讨与思辨。“第二课堂”既提供了具体案例研讨的入口，更能借由案例分析触碰到背后的法律问题，继而在类案积累及异案比较中洞察法律规则及其原理的差异，探索法律规制的得失并检讨制度功能的实现与否，将眼光投向历史、未来与海外，获得更理性、更多元和更充分的思考，由此奠定构建良法善治的实践基础与学理涵养。具体到金融法领域，在理解金融活动商业逻辑的基础上检讨法律规制的合理性，继而推动建构更契合市场发展方向和当事人商业意愿，平衡金融创新与安全的法律制度，理应成为金融法律人应有的学识担当和社会责任。

■ 组织程序

□ 规划与召集

按照计划，“第二课堂”尽量安排在报名的同学都能参加的时间内进行。因此，除了在学期之初拟定一个较固定的会议时间（通常为周日下午，以便大家在这一时间段优先确定参加“第二课堂”活动）这一常规安排外，还设置了灵活机动的时间，避开学校学院特定时间的活动，提前商议同学们能够参加的时间点。为此，一方面，“第二课堂”设置了课堂助理，由同学自愿报名担任，沟通协调大家时间并安排预订会议室、记录课堂活动等事项，在保障第二课堂活动顺利开展的同时也能锻炼同学们的组织、沟通和协调能力；另一方面，充分利用现代科学技术，综合采用线下、线上（腾讯会议等）沟通交流方式，破除空间局限,最大限度地促进学生之间的沟通。

□ 主要议程安排与材料选取

有关金融案例及热点事件来源及选题的确定。一般由学生们根据日常金融资讯浏览或者导师对金融事件、典型案例的关注,提议在“第二课堂”上拟讨论的金融热点事件/案例,经由学生们报名认领,或者学生个人提议并获得老师首肯之后,确定特定人选对此进行资料收集、初步分析金融结构(内容)并从法律视角提出自己的观察/思考,将上述内容制作成 PPT,提交至“第二课堂”并作为主讲人进行汇报,回答大家的提问。在导师导引下逐步分解金融事件及其法律结构,浓缩主要法律问题并选择一二进行后续的学术研究,如果能够形成论文再将文稿提交“第二课堂”进行学术研讨,不断完善论文写作内容,最终完成一篇较高质量、具有一定学术价值的论文,并尝试着对外投稿。

□ 研讨案例与初步成果

在这学期的“第二课堂”中,共有四位同学结合金融热点事件/案例做了 PPT 进行汇报并与大家研讨,分别如下。

1. 2020 级法律硕士研究生潘美慧同学所作的《渤海银行 28 亿元存单质押案法律分解》,案例源于日常财经资讯。

2. 2021 级法律硕士(法学)研究生连婧同学所作的《微信支付中的错误付款及其法律救济》,案例源于作者日常支付体验及财经资讯。作者以案例为基础,撰写了《微信支付中的错误汇款》论文,于 2021 年 11 月 15 日首次发布于“北京大学金融法研究中心”微信公众号之上,获得广泛关注,之后该文被 CSSCI 来源集刊《金融法苑》2022 年总第 108 辑录用,于 2022 年 9 月出版。

3. 2021 级法律硕士(法学)研究生陈凌霄同学所作的《公司债券偏颇清偿的例外》,案例源于洪老师提供的地方法院民事判决书。作者以案例为基础,撰写了《论公司债券清偿与破产清偿优先的关系》,被中央国债登记结算公司主办的专业期刊《债券》2021 年 12 月刊收录,并于 2022 年 1 月 26 日全文再发布于“北京大学金融法研究中心”微信公众号,获得广泛关注。

4. 2021 级经济法学硕士研究生于露同学所作的《水滴公司的双边市场悖论》,案例源于作者观察的财经热点及后续的资料检索。作者以案例为基础,撰写了《初探金融营销规则——从引流型金融营销谈起》,于 2023 年 5 月 23

日首次发布于“北京大学金融法研究中心”微信公众号,获得广泛关注,之后该文被 CSSCI 来源集刊《金融法苑》总第 109 辑录用,将于 2023 年出版。

研习成果

微信支付中的错误汇款:救济途径的阻塞与疏通

连婧[北京大学法学院 2021 级法律硕士(法学)研究生]

一、基本案情

2018 年 5 月,黄先生通过微信支付给名为“海阔天空”的表妹转账,却误将 87,500 元转给了微信同名好友。发现不对后,黄先生立即联系该朋友,但对方不仅不还钱,还在收钱后将黄先生拉黑。黄先生随后咨询微信客服,客服却表示资金已进入对方零钱账户,无法撤回。公安机关与法院则均以不知悉对方真实身份信息为由拒绝受理。[1]

二、问题的提出

(一)向收款人行使不当得利请求权

当发生错误汇款时,汇款人可要求收款人返还不当得利。但如果收款人拒绝返还,汇款人又欠缺收款人的身份信息时,其难以通过司法途径维护自身权利。此时,财付通作为微信支付服务的提供者,是否负有向汇款人提供收款人个人信息的义务?如果财付通拒绝提供帮助,汇款人能否请求公安机关进行调查?

(二)微信支付现有机制的有效性

黄先生的案例并非偶然事件,错误汇款在日常生活中时常发生。作为微信支付服务的提供者,财付通推出了相应的机制。现有的机制是否有效,能否为广大用户提供充足的保护?

(三)解决方案的探究

微信支付的优势在于借助网络技术,打破时空限制,给人们带来便利。但在发生错误付款争议时,用户仍需求助于传统司法途径,其受到司法机关地域管辖的限制,与追求快速便捷的微信支付的特点背道而驰。那么,财付通公司

---

〔1〕 参见《微信错转 8 万元后被拉黑,如何追回?专家建议先起诉腾讯》,载搜狐网 2018 年 7 月 11 日,https://www.sohu.com/a/240578836_100116740。

应如何完善相关制度,为小额支付中的错误付款人提供低成本、高效率的解决机制?

三、具体的分析

(一)不当得利请求权的行使困难

在本案情形下,付款人可以根据《民法典》第985条要求收款人返还不当得利。即使拒绝返还,付款人也可以直接向法院起诉。但在本案中,付款人黄先生并不知晓收款人的真实身份,即使向法院起诉,也无法满足《民事诉讼法》第122条规定的"有明确的被告"的起诉条件。原告需要提供被告的姓名、住所等信息,才可以认定为有明确的被告。因此,本案中黄先生需要获取收款人的姓名、住所等信息,才能通过司法途径维护自身权利。

付款人获取收款人身份信息的途径主要有两个:一是要求财付通提供收款人的个人信息;二是请求公安机关开展调查。

根据《财付通服务协议》和《财付通隐私政策》等规定,财付通持有用户的姓名、住址等身份信息。然而,用户与财付通之间的协议并没有赋予用户要求财付通提供其他用户个人信息的权利。《微信支付用户服务协议》(以下简称《用户协议》)并未要求财付通承担在发生争议时将用户个人信息提供给争议相对方的义务。同时,根据《财付通隐私政策》第六部分的规定,对于付款人而言,其与收款人发生争议时,财付通仍需履行保护用户隐私的义务。出于谨慎考虑,在发生错误汇款时,财付通常以保护用户个人隐私为由拒绝提供收款人信息。

当收款人拒绝返还不当得利时,错误付款人还可以向公安机关报案,请求公安机关对收款人的真实身份进行调查。

在本案中,错误转账的金额高达87,500元,收款人拒不退还可能构成侵占罪。对于收款人而言,该笔错误进入自己微信零钱的资金,在性质上属于不当得利,即收款人取得了对财付通的债权这一利益。该项不当得利,并非基于付款人的本意而脱离其占有,而是偶然地因汇款人错误汇款所致,应解释为广义上的"遗忘物",收款人对此负有返还的义务。若收款人拒不返还,数额较大的,构成侵占。[1]但侵占罪属于告诉才处理的犯罪,黄先生需要向法院提起自诉。此外,侵占罪不属于证据不足时可由公安机关立案侦查的案件,即使付款

---

〔1〕　参见钱叶六:《存款占有的归属与财产犯罪的界限》,载《中国法学》2019年第2期。

人不知悉收款人的信息，也无明确的法律依据请求公安机关调查。

（二）现有机制的不足

目前，财付通的解决措施侧重于事前防范，设置了转账前提醒以及非实时到账机制，试图降低错误付款的发生概率，但其有效性值得怀疑。

首先，财付通公司通过对特定算法的运用，在转账达到一定数额时对付款人进行提醒，要求其再次核对转账收款人与转账金额或补全收款人真实姓名。在现有机制下，微信支付页面触发提醒的额度主要和付款人与收款人成为微信好友的时间、个人资金充裕程度有一定的关系，但仍然具有一定的随机性，几乎同时添加的好友的提醒额度可能存在较大差异。

该提醒方式虽有一定的灵活性，但主要按照添加好友的时间进行提醒不尽合理。随着微信使用年限的增长，可能出现成为微信好友时间较长，但实际上并不了解对方联系方式、地址等身份信息的情况。再者，财付通并没有设置连续转账累计提醒的机制。财付通目前单独按照每笔的数额进行提醒，在本案中，付款人黄先生将87,500元拆分为多笔进行转账，每笔金额较低，提醒机制无法发挥作用。

其次，用户可以自主设置转账到账时间，例如，2小时到账以及24小时到账。付款人进行转账后，相应的资金虽不会立即进入对方零钱账户，但付款人发现了错误后仍然不得撤回转账。因此，财付通在《用户协议》中完善了非实时转账制度，表明在部分非实时转账中，若收款人尚未确认收款，付款人可以在转账之时起2分钟内撤回转账。然而，付款人很难在短短2分钟内意识到自己进行了错误汇款，并及时撤回转账。一旦收款人在收到转账提醒后即确认收款，付款人就失去了撤回的可能性，即付款人能撤回转账的时限可能实际上短于2分钟，大大削弱了该机制的作用。而且，即使目前设置了非实时到账，一定额度内的转账仍然不能在2分钟内撤回，《用户协议》中的“部分非实时转账”范围不明，该机制的实际作用值得怀疑。

（三）解决方案的探究

在小额支付中，付款人无须进行核验，导致错误付款的风险上升。微信支付的快捷性正是其竞争优势之一，要在小额支付中贯彻这一优势，势必会导致付款人的谨慎程度下降。财付通公司通过微信支付获取了商业利益，应当承担相应的风险。

财付通公司可以建立审查机制，要求付款人上传证据，经审查认定错误付款属实后,向付款人补偿相应的金额。首先,要求财付通先行赔付,会激励财付通不断完善大额转账提醒机制的算法和非实时到账的撤回机制,减少错误付款的发生概率。其次,财付通公司在补偿了付款人之后可向收款人求偿,避免了收款人与付款人相互勾结骗取补偿款的情形的出现,能有效抑制道德风险。再次,财付通公司可以通过扣除收款人微信信用分数,从而限制其免交押金、免预充值、先使用后付费等权利,乃至限制其使用支付服务等方式促使收款人还款,从而更为便捷地解决纠纷,无须耗费司法资源。即使收款人仍拒不返还,相对于势单力薄的付款人,让财力雄厚的财付通公司承担提起诉讼的时间与金钱成本也更为公平。最后,财付通拥有收款人身份信息,可直接向法院提起诉讼,也降低了泄露收款人信息的风险。

四、心得体会

对于微信支付和支付宝这类已融入大众生活的支付服务,人们容易忽视其中的法律风险。本文挑选了损失金额较大的案例,并以微信支付为例进行了分析。就民事法律关系而言,本案的请求权基础并不复杂,当事人维权的困难之处不在于实体法,而是难以满足程序法上的起诉条件。因此,本案例报告重点分析的并非法律关系,而是错误付款人在寻求救济的过程中遇到的障碍以及如何扫除障碍,聚焦于错误付款人要如何获得收款人的个人信息这一核心问题上。

在发现可能的获取收款人信息的路径都走不通后,案例报告分析的重点转向了既存的错误汇款防范机制。在研究分析的过程中,本案例报告突出关注了财付通的现有机制,听取了第二课堂及金融法研究中心论文评议会上师生们对文章构思和救济路径的评析与修改建议,并通过个人和亲朋好友的多次转账尝试明确财付通究竟采取了怎样的防范机制,进而更有针对性和可行性地对其存在的问题进行分析并提出改进举措。在该研究过程中,本文的很多结论都来自笔者的亲身体验。例如,在对微信列表中的好友发起转账尝试时,笔者发现有数年前添加的好友,可以不触发转账提醒而发起转账,但转账人并不知晓其身份信息。这也正是目前提醒机制的重大缺陷之一。同时,笔者在尝试过程中也发现,微信支付的转账撤回机制并没有实际落实。在这些亲身经历和听取大家评议意见的基础上,本报告构想了以财付通先行赔付为核心的赔偿机制,以为广大用户提供更全面的保护。

公司债券是偏颇清偿撤销的例外吗?

陈凌霄[北京大学法学院2021级法律硕士(法学)研究生]

公司债券是公司依法发行并承诺在约定时间还本付息的标准化债务凭证。偏颇清偿撤销指在法院受理破产申请前6个月内,已经具备破产情形的债务人仍对个别债权人进行清偿的,管理人有权请求人民法院予以撤销。[1]在我国现行法律规定中,公司债券不属于偏颇清偿撤销的例外情况,但在司法实践中有地方法院将公司债券的清偿类推适用最高人民法院《关于适用〈中华人民共和国企业破产法〉若干问题的规定(二)》(2020年修正,以下简称《破产法司法解释二》)第15条的立法宗旨,将公司债券认定为偏颇清偿撤销的例外,因此引起关注。地方法院的这一做法是否符合法理,以及由此决定公司债券清偿的风险并可能影响债券市场的发展,值得深入探讨。

一、案情简述[2]

A公司在银行间债券市场发行中期票据(公司信用类债券的一种),约定债券登记日、起息日以及缴款日均为2015年11月2日,期限为3年;该中期票据票面总价值为6亿元,年利率6%;发行人在兑付日一次性兑付本金及最后一期利息。B信托公司作为案涉集合资金信托的管理人,通过案涉集合资金信托买入A公司发行的前述中期票据,票面价值2000万元。2018年11月2日,A公司将2120万元(本金+最后一期利息)通过上海清算所支付给了B信托公司。2019年3月15日,人民法院裁定受理A公司重整案件。

后A公司的重整管理人起诉要求B信托公司返还A公司给付的2120万元,其主要事实和理由:A公司清偿该2120万元发生在A公司重整受理前6个月内,构成《企业破产法》第32条规定的"偏颇清偿",应予撤销。B信托公司辩称涉案清偿行为不属于上述偏颇清偿:一方面,该兑付行为不属于对个别债权人清偿,A公司并非对B信托公司的个别持有人清偿,也并非单独清偿B信托公司,而是全额兑付涉案中期票据;另一方面,兑付涉案中期票据的行为使A公司受益,正常的兑付行为可以维持发行人的市场信用,有利于各项生产

---

[1] 参见《企业破产法》第32条。

[2] 山东胜通集团股份有限公司管理人与山东省国际信托股份有限公司请求撤销个别清偿案,山东省东营市中级人民法院(2020)鲁05民初112号民事判决书。

经营工作顺利进行。

法院认为,偏颇清偿撤销制度在维护债权人平等的同时,还要保证交易安全和稳定,《破产法司法解释二》第15条既是为了保护善意第三人对诉讼、仲裁、执行程序的合理依赖,也是为了维护司法公信力和维持交易稳定,此次清偿可类推适用该条立法宗旨,通过证券登记结算机构的清偿不应被撤销。

二、案例分析

法院将中期票据的公开兑付行为类比经诉讼、仲裁、执行程序的清偿,将《破产法司法解释二》第15条类推适用于本案,从而认定本案属于偏颇清偿撤销制度的例外,这是否与现行法框架下的偏颇清偿撤销制度存在冲突呢?

(一)偏颇清偿撤销的构成要件分析

偏颇清偿撤销需要满足以下要件。首先,债务人存在个别清偿行为,即对非全体债权人进行的清偿。因为除公司债券持有人之外,债务人通常还与其他债权人存在债务关系,所以仅对公司债券持有人的清偿依旧属于对非全体债权人的清偿。其次,该个别清偿行为需要发生在法院受理债务人破产申请前6个月内。最后,债务人在进行个别清偿行为时需已具备破产情形,即债务人不能清偿到期债务,同时资产不足以清偿全部债务或明显缺乏清偿能力。本案符合偏颇清偿撤销制度的前述要件。

(二)偏颇清偿撤销的例外条款

偏颇清偿撤销的例外条款主要规定在《企业破产法》第32条以及《破产法司法解释二》第14~16条,其中可能适用于本案的如下。

1. 债务人财产受益的除外

偏颇清偿撤销的直接成果是恢复债务人的一般财产,撤销权行使的前提应是存在或可以推定存在使全体债权人受偿利益受到损害的事实发生,使债务人财产受益的行为当然除外。在适用该例外条款时应逐步判断“债务人财产是否受益”“受益和受损孰轻孰重”“受益与受损之间是否有相当因果关系”,不应概括性地仅以“债券清偿维护债务人市场信誉”适用该例外条款。债券清偿作为诚信的表现是维护债务人市场信誉的有效手段,但只有因此使得债务人财产“实实在在”受益才可以适用该例外条款。

2. 经诉讼、仲裁、执行程序的个别清偿除外

经诉讼、仲裁、执行程序的个别清偿是通过公权力或以公权力为基础而进

行的清偿，公权力行为不能作为撤销权的行使对象。[1] 公司债券的清偿无法解释为公权力行为。以中期票据为例，虽然中期票据需要通过证券结算机构登记结算，但其仅承担债券清偿的支付结算作用，既不对中期票据的清偿进行实质审查，也不对清偿效力作保证，撤销清偿行为并不是对证券结算登记机构的否定，自然不存在基于此的“公权力行为不能作为撤销权行使对象”的问题，日常公司债券的清偿不能适用该条例外规定。

总之，立足当下，以现行法为依据，本案不能当然适用偏颇清偿撤销制度的例外条款。

（三）国外安全港规则的参考借鉴

债务人在破产时，其公司债券持有人应与其他一般债权人具有相同的受偿顺位，且仅以债务人的一般财产受偿。但同时，公司债券具有更强的公开性、不特定性乃至强大的外部性，公司债券清偿状态不仅反映筹资人的融资情况，决定投资人的投资成效，而且影响潜在第三人对市场的信心，并最终影响债券市场甚至整个金融市场的稳定与发展。为维护金融市场的稳定与发展，美国的金融合约安全港规则经历了40余年的发展。其中，《美国破产法》（2018年）第546（e）条规定，债务人不得撤销由证券结算机构等特定主体根据证券合约（为自身利益）作出或被作出的支付结算。[2] 金融机构或证券清算机构作出的公司债券的清偿能否因此被认定为偏颇清偿撤销的例外？

1. 公司债券清偿是否应受保护

以金钱借贷关系为本质的公司债券的清偿是否受安全港规则保护？从形式上看，美国法律对支付结算的定义几乎涵盖所有种类，借贷清偿也在定义之中，但是部分法院及学者则认为公司债券的清偿基于下述理由不应免于撤销：首先，如果债券的清偿可免于撤销，一般债权人的受偿地位会受到最直接、彻底的打击；其次，美国法律中没有任何线索表明法官应该根据借贷的种类给予不同的保护，公司债券不应优先于一般的借贷关系；最后，清偿撤销是公司债

[1] 参见杜万华主编、最高人民法院民事审判第二庭编：《企业改制、破产与重整案件审判指导》（增订版）（第2版），法律出版社2018年版。

[2] 2022年8月1日实施的我国《期货和衍生品法》第35条确立了衍生品交易净额结算的金融安全港规则，该条规定：依法采用主协议方式从事衍生品交易的，发生约定的情形时，可以依照协议约定终止交易，并按净额对协议项下的全部交易盈亏进行结算。依照前款规定进行的净额结算，不因交易任何一方依法进入破产程序而中止、无效或者撤销。

券固有的风险而非金融系统性风险。[1]

2. 受保护的债券清偿应满足的要件

美国法律对于债券清偿是否受金融合约安全港规则保护尚存争议,倘若承认债券清偿可受安全港规则保护,那么此类债券清偿需要满足哪些要件?根据《美国破产法》第546(e)条,受保护的债券清偿需要证券结算机构等特定主体(为其利益)作出或被作出,但如果证券结算机构等特定主体仅仅作为支付结算的通道,可否认定此次清偿满足"为其利益作出或被作出",从而免于偏颇清偿撤销?在美国 Kaise 案(Kaise 为一方当事人名字,下同)和 Resorts 案中,法院认为金融机构充当了债务人和股东之间的渠道,债务人向股东支付的款项就可受安全港规则保护。但在 Munford 案和 FTI 案中,法院认为金融机构仅作为通道的支付结算不受保护。[2]判定何种类型的债券清偿受安全港规则保护时,美国在判例法上对证券结算机构等特定主体可否仅仅作为支付结算的通道暂无定论,笔者认可美国学者 Marchetti 从历史解释角度的论证,即《美国破产法》第546(e)条旨在防止金融机构参与破产的多米诺骨牌效应,绝非保护个人投资者免受证券投资风险,因此,只有实际参与经营的金融机构才可能受该条款保护,证券结算机构等特定主体不能仅仅充当支付结算的通道。[3]

综上,即使考虑金融系统性安全,借鉴适用金融合约安全港规则,也不应将公司债券作为偏颇清偿撤销的例外。

三、相关实践的设想与完善

首先,公司债券的按约清偿可能不仅维护公司信誉,而且会对公司的信用评级产生影响,若债券清偿维持甚至提升了债务人的信用评级,如何认定清偿符合"使债务人财产受益"的除外条款?美国法院在 In re Vunovich 案中认为:"债权人通过清偿更新了信用的最高额限制(债权人为债务人提供了更高的信用额度),为债务人提供了新信用,但是只有债务人使用更新的最高额限制获

---

[1] 此即一方破产带来的损失,可能会迫使交易对手对自己与其他方签订的合同违约,被感染者逐渐增多形成多米诺骨牌效应并最终破坏整个金融市场。

[2] Charles W. Mooney, *The Bankruptcy Code's Safe Harbors for Settlement Payments and Securities Contracts: When is Safe too Safe?*, 49 Texas International Law Journal 2(Spring 2014).

[3] See Peter V. Marchetti, *A Note to Congress: Amend Section 546(e) of the Bankruptcy Code to Harmonize the Underlying Policies of Fraudulent Conveyance Law and Protection of the Financial Markets*, 26 American Bankruptcy Institute Law Review 1(2018).

得资金时信用的价值才能算显现。”[1]类似地,当债券清偿维持或者提升了公司的信用评级,且债务人基于新信用评级完成了下一轮融资时,可适用“使债务人财产受益”的条款,相应清偿可免于撤销。其次,应建立管理人直接追索机制,在公司债券管理人已将清偿款分配至投资者时,给予管理人向投资者直接追索的机制。最后,应重视善意持有人的保护,如果被清偿人(持有人)为善意,且清偿款并未与他的其他财产产生混同,应允许被清偿人仅返还清偿款的现存利益。例如,善意被清偿人将清偿款全部用于其他债券投资并全部亏损,如果要求其全额返还清偿款,那么被清偿人实际承担了穿仓的风险,这将严重损害债券投资者“投资款是损失上限”的合理信赖,不利于债券市场的稳定与发展。

以前文为例,笔者认为,做好案例研习,首先,需要发现案例并识别其中的法律问题,案例获取的渠道既包括各级法院发布的典型案例、优秀案例,亦包括关键词检索发现的最新案例。其次,在沿着裁判者思路研判案件的基础上,要适当脱离裁判文书本身,立足于现行法体系,寻找案件可能的其他裁判路径。最后,若发现法条与法条之间的冲突、法条与法理之间的冲突,又或者是法理与经济逻辑之间的冲突,通过拓展资料深挖冲突的本质后,需要再次研判案例。案例研习不仅是一个人的研习,在研习写作的过程中需时常与师友交流,写作结束后也要敢于直视研习报告的不足,不断完善文章结构、精练文章表达。

从金融案例到法学论文的逻辑进路

——以“水滴筹”模式为例

于露(北京大学法学院2021级经济法学专业硕士研究生)

一、案例来源与写作过程

2021年11月初,有网友在社交平台上发布消息称“水滴筹”利用爱心做生意,对筹款收取高达18%的手续费,善款流入公司资金池。由于“水滴筹”的公众认知度极高,消息被大量转发,引起广泛关注。“水滴筹”是这两年最普及的大病求助众筹平台之一,许多老师和同学都曾有在平台上捐款的经历,但很少

[1] 参见[美]大卫·G.爱泼斯坦、史蒂夫·H.尼克勒斯、詹姆斯·J.怀特:《美国破产法》,韩长印等译,中国政法大学出版社2003年版。

有人关注其背后的商业运作模式和营利属性，不少人哀呼“如果新闻是真的，确实太让人伤心了”。

经过与导师洪艳蓉副教授的交流，笔者着手分析“水滴筹”的商业模式，意图探寻其合法性。洪老师建议，可以在“第二课堂”上做汇报，启发大家对此有所讨论，并尝试发现其中的法律问题进行研究。

经笔者查询，“水滴筹”很快发布官方声明对消息进行辟谣，澄清“水滴筹”“坚持向用户补贴平台服务费”，不存在收取“18% 服务费”的情况，通过“水滴筹”筹集的资金都被存入银行专管账户，与平台自有资金隔离。[1] 至此，这出闹剧看似落下帷幕，笔者在跟踪事件过程中赫然发现“水滴筹”背后的水滴公司已于 2021 年 5 月 7 日在纽约证券交易所上市。“水滴筹”一贯披着“公益”“免费”的外衣，而企业上市的首要条件是具有“营利性”，二者存在明显冲突。那么，水滴公司为何能成功上市？“水滴筹”与水滴公司又是什么关系？进一步的检索很快给出答案，“水滴筹”是水滴公司旗下的一项业务，互联网大病筹款工具也是一个个人求助平台，水滴公司不收取任何费用，还承担平台运营的成本，而“公司的主要收入来源于保险经纪业务”——“水滴保”。[2]

“水滴筹”和“水滴保”的“你为我引流、我为你创收”的模式和目前互联网平台的双边市场运作模式极为相似，笔者在进一步探索后，以此为观察视角在“第二课堂”进行了以“水滴公司的双边市场”为题的汇报。在与同学们的讨论中，笔者意识到水滴公司的“双边市场”商业模式与两边市场的监管逻辑相悖，这种“双边市场”也给以市场为单位进行的碎片式监管带来了新挑战，进而写就初步的学术论文《水滴公司的双边市场悖论》。后续笔者在与“第二课堂”及金融法研究中心的老师、同学们的多次讨论中，不断调整、聚焦文章的研究对象，提炼上述案例的学术要义并逐步完善规制建议，最终将视角落脚于“引流型金融营销”的研究，成文后首先发布于“北京大学金融法研究中心”微信公众号，最终定稿论文《初探金融营销规制——从引流型金融营销谈起》被《金融法苑》第 109 辑收录。笔者也从中收获了热点事件浓缩成法律要点研讨，以及金融案例如何转换成学术论文的写作有益体验。

---

〔1〕 参见张越熙：《云辟谣丨筹款资金进入公司资金池？水滴筹：系造谣抹黑，已报案》，载新浪财经网，http://finance.sina.com.cn/jjxw/2021-11-10/doc-iktzqtyu6563340.shtml。

〔2〕 参见《水滴公司敲钟上市：高管层谈盈利、股价，强调水滴筹不是公益组织》，载新京报 2021 年 5 月 8 日，https://www.bjnews.com.cn/detail/162043383614282.html。

二、金融案例研习

"水滴筹"遭受的非议主要是因为:它作为一个"公益平台",却是具有营利目的的商事企业,这两个看似相冲突的因素之所以可以并存,是因为"水滴筹"母公司水滴公司独特的商业架构和运作模式——通过免费的"水滴筹"平台为其保险业务进行引流,再以保险业务的收入支撑"水滴筹"平台的运营。"水滴筹"利用社交网络获取用户并使其参与其中,借此提高水滴品牌公众认知度。与此同时,水滴平台上的赠与人看到平台上由于突发意外事件或疾病而处境困厄求助人,会萌生恐惧和忧虑,水滴公司再"通过教育和有针对性的营销"提高用户的保险意识,激励用户提高自己和家人的医疗保险覆盖率。[1] 在一般情况下,赠与人在付款后"水滴筹"会弹出水滴保险的广告以及进入链接,[2] 在"水滴筹"的微信公众平台上也有明显的水滴保险商城入口,通过这种方式,"水滴筹"将用户引流至"水滴保"。水滴公司的招股书显示,平台上超过24%的赠与者随后购买了水滴的保险产品和/或加入了水滴的互助计划。[3]

笔者曾试用双边市场理论分析水滴公司的商业模式,提出"水滴筹"所处的互联网众筹市场和"水滴保"所处的互联网保险市场产生了交叉网络外部性,水滴公司的营利更是依靠这种交叉网络外部性产生的效益。但是,不同于传统平台双边市场的良性循环(例如,视频播放网站用户的增多有助于其提高对广告商的收费),水滴公司这种"众筹市场+金融市场"的模式与两个市场各自的底层规制逻辑产生了冲突,出现双边市场悖论,激化了互联网平台给两端市场带来的监管挑战。

在第二课堂及其论文评议会的讨论中,"双边市场理论"的应用引起了较大争议。部分老师和同学认为水滴公司的运作模式并非典型的双边或多边市场,即使论证了它属于双边市场的一种,这种论证并没有很显著的理论或实践价值。文章最终对规制思路的评析和建议实际上可以独立于双边市场理论而存在,导致论文出现了"两张皮"的现象。

---

〔1〕 Waterdrop Inc. ,*Form of Prospectus Disclosing Information Facts Events Covered in Both Forms 424B1 424B3*, Waterdrop Inc. Web (May 7, 2021), https://app.quotemedia.com/data/downloadFiling?webmasterId=101533&ref=115851582&type=PDF&formType=424B4&dateFiled=2021-05-07&cik=0001823986&CK=1823986&symbol=0001823986&companyName=.

〔2〕 由于此行为颇受争议,目前"水滴筹"小程序已经删除了此广告窗口和跳转链接。

〔3〕 Supra note 1,p. 137.

汇总老师和同学提出的意见和建议后，笔者发现，剥掉“双边市场”的理论外衣后，实质上水滴公司商业模式的核心在于“水滴筹给水滴保引流”这一环节，而“水滴保”经营的是一种金融业务——保险，因此，引流构成了一种特殊的金融营销行为。在中国人民银行、中国银行保险监督管理委员会、中国证券监督管理委员会及工业和信息化部、网络安全和信息化委员会办公室等部门于 2021 年 12 月联合颁布《金融产品网络营销管理办法（征求意见稿）》的大背景下，水滴公司这种新颖的金融营销行为可能引发新的监管考量，因而笔者将研究对象重新定位并聚焦于“引流型金融营销”。在确定了“金融营销”这个具体的法律问题后，笔者引入了比较法的视角，在各法域的多样化制度构建中发现英国对于金融营销有严格的针对性规制，以此为基点展开对比分析，形成第二稿《引流型金融营销的规制——从水滴筹与水滴保谈起》。

第二稿所确定的大研究方向获得了老师和同学们的肯定，但具体的论述逻辑却有待商榷。笔者经研究发现，虽然引流型金融营销是我国目前金融营销中最显著的问题，但是应当将引流型营销放到上位的金融营销中去考察和规制，并提出可以借鉴英国反向禁止的规制方式，除非金融机构授权同意，否则非金融机构不能开展金融营销。如此一来，论文讨论的问题实际上不再单纯是“引流型金融营销”，而上升为“金融营销”，但由于文章从“水滴筹”谈起，过渡到“引流型金融营销”，最后论述“金融营销”较为突兀，整体会呈现割裂感。除此之外，规制层面对英国法的借鉴也过于表面，停留在条款本身的对比，缺乏对英国背后立法目的和立法逻辑的深究。在这种浮于表面的比较法对比中，得出两国法律不同的结论是非常容易的，老师生动地将其比喻为“你把苹果和梨子对比，那肯定是不同的，因为本就是两个不同的东西”。

在重新理顺文章逻辑后，笔者将文章的重点放在“金融营销规则构建”的探索上，以引流型金融营销为例导出问题，提出我国并非需要对引流型金融营销的针对性规则，而是缺乏对金融营销的一般性规则。随后，笔者分析了金融营销规制的必要性并梳理了我国目前的规制实践，指出虽然我国较为分散地颁布了大量具体行为准则，以应对层出不穷的营销新花样，但这样的规制方式出现了“头痛医头，脚痛医脚”的碎片化问题，商业实践稍有变化规则就应对乏力，更进一步导致我国金融营销缺乏制度整体性和贯通的底层逻辑。从“水滴筹—水滴保”这个具体案例展开，笔者总结出我国金融营销规制体系的三个主要短板：金融营销一般性规制的缺位，“金融营销”的定义模糊且宽泛，以及对金融营销行为主体的控制不力。此外,笔者进一步加深了对英国法的研究和理解,拆解出英国法中金融营销规制的三个核心的和我国目前实践问题有共通背景的、具有借鉴意义的要点:“严格的一般性禁止”作为基本原则,“狭窄的‘金融营销’定义”避免金融监管过度干预市场自由,以及针对不同风险级别的金融产品和金融业务对其营销行为设定差异化的行为准则。

在此基础上,笔者提出我国应当建立对金融营销的一般性禁止规则,除非金融机构授权同意,否则任何主体不能开展金融营销。金融机构有职责审查、控制其营销渠道的营销行为。此规则一方面大大缩小了可以合法开展金融营销的主体范围,对于所有市场主体具有威慑作用,有助于防范违法金融产品与服务的传播;另一方面,把对其他市场主体的营销行为的监管义务交给了金融机构,有助于节省执法资源、提高监管效率。同时,我国应当通过有限的“金融营销对象”清单限缩概括性的“金融营销”概念。如果“金融营销对象”的范围过于宽广,金融营销规制很可能泛化成一般的营销规制,这不但和《广告法》《消费者权益保护法》等一般性法律产生冲突重叠,还会导致对市场主体正常商业行为的过度干涉。例如,若“水滴筹”为“水滴保”“水滴保理赔管家”“代报案”等保险合同辅助履行服务的营销,或者仅营销“水滴保”的保险咨询服务,由于营销对象实际上是一些辅助类的金融服务,而非具有高风险的、可能直接影响客户利益的核心金融服务/产品,因此应当被排除在金融营销的规制之外。而当“水滴筹”直接为“水滴保”的人寿保险产品导流时,则需要赋予其更高程度的监管关注。最终定稿的论文《初探金融营销规制——从引流型金融营销谈起》获得了老师和同学们的初步肯定,并形成了学术成果。

三、研究心得与体悟

首先,案例研习的第一步是发现实践中值得被分析的案例。以本文所涉的“水滴筹”为例,网友在看到“水滴筹”资金池抽成这类新闻时大多仅会单纯产生被欺骗的感觉,但第二课堂的老师和同学们敏锐地发觉这是一种非常独特的商业运作模式。尤其当“水滴保”的重要地位浮出水面后,其主营的保险业务更是金融法关注的核心领域。加之水滴公司巨大的社会影响力和其运作模式的代表性,这个案例成为一个值得深究的研究起点。

其次,面对同一个案例,可能有多种研究思路和研究视角,笔者成文的过程就历经多次研究视角和思路的转变。最开始“双边市场理论”的结合和应用虽然新颖,但并未找到案例的症结所在,导致其分析结果也较为简单和笼统,只能得出“监管规则应当着眼于双边市场所产生的交叉网络外部性，根据平台属性的区别和所处市场性质的不同，通过或切断、或控制、或重塑双边市场关系来引导市场主体行为”的结论，但何时应当“切断”、“控制”、“重塑”、具体如何操作，“双边市场理论”很难给出结论。但当笔者将研究对象聚焦于“金融营销”后，结合比较法视角，就会发现即使同样是“导流行为”，鉴于导流所服务的金融产品/服务风险程度的不同、金融消费者受误导可能性的不同和伤害的直接程度不同，也应当区分规制，使得研究深度更进一层。

最后，也是最重要的，就是在案例研习形成学术成果的过程中要把握好“案例”的定位——究竟是主体地位，抑或只是一个例子或引子，用于阐释和构建更宏观的法律问题。如果是单纯的案例分析，那么全文需要紧扣案件事实，案例将贯穿全文。但若在研究的过程中从案例获得启示，进而转向探讨更抽象和宏观的法律问题，那么在成文时则需要谨慎把控案例分析的比例。笔者在本文的成文过程中，随着研究的深入、概括性立法意见的逐步凝结，相应地亦在不断删减文章中的案例内容，以平衡文章的篇幅和讨论重点。

肖江平老师的私塾

竞争法前沿问题探究

关于作者

肖江平

北京大学法学院竞争法学主讲教师。北京大学竞争法研究中心主任，兼任中国法学会经济法学研究会秘书长，中国经济体制改革研究会常务理事。教学和主要研究领域：竞争法，经济法理论，市场监管法。主讲课程有：基础课竞争法；专题课竞争法专题、反垄断法和市场监管法律实务等。

总体说明

“竞争法前沿问题研究”围绕“《反不正当竞争法》修改”和“《反垄断法》修改”两大主题展开。在“《反不正当竞争法》修改”主题下,《反不正当竞争法》历经2017年“大修”和2019年针对侵犯商业秘密行为“小修”,但面对数字经济中快速变化的市场竞争行为仍有较多理论与实践问题亟待澄清。同时,国家市场监督管理总局于2021年8月公布《禁止网络不正当竞争行为规定(公开征求意见稿)》,最高人民法院于2022年3月发布《关于适用〈中华人民共和国反不正当竞争法〉若干问题的解释》,均引发社会热烈反响,反映出当前对《反不正当竞争法》为市场竞争行为提供更为明确的操作指引的迫切需求,有待进一步挖掘和研究。在“《反垄断法》修改”主题下,2022年8月1日起施行的《反垄断法》是近14年来的首次修改。作为反垄断规则体系的核心,也是以反垄断执法、司法活动为代表的实施机制的基础,《反垄断法》的重要性不言而喻。但是由于立法技术及对于反垄断法的理解角度不同等,新颁布的《反垄断法》及配套规章仍引发了广泛的争议,部分长期未能得到解决的问题仍然存在,对其中部分法律条文、立法背景和立法进展进行深入学习、理解同样具有重要价值。

通过“竞争法前沿问题研究”第二课堂,同学们一方面深入思考现行《反不正当竞争法》的规制现状、现存问题与修改思路;另一方面,也对《反垄断法》的条文结构、垄断行为的规制及配套规章等有了进一步了解。将曾经在课本上、论文中了解到的较为刻板、抽象或琐碎的知识概念,在法条逻辑结构之中进行全面梳理并深入思考,实现“两反”知识的融会贯通,同时拓宽了知识视野,锻炼了学术研究能力,为日后的学习和工作打下良好的基础。

组织程序

“竞争法前沿问题研究”沙龙面向所有对竞争法理论与前沿问题感兴趣的学生开放。学期初,教师会发布研究沙龙的相关信息,同学们自愿报名,之后将由竞争法方向班委组织大家加入沙龙的微信群。微信群是发布开展每次沙龙活动具体信息的主要渠道,也是同学们主要的线上沟通渠道,方便教师和同学们及时进行交流与分享。

研究沙龙活动以线上沟通交流为主,同时每学期会不定期开展 2 ~ 3 次线下活动。每次活动举办之前,老师会提前指定本次活动所要研究的前沿问题与案例,如针对反不正当竞争法修订草案的条文解读与分析、关于反垄断法首次修改的条文对比与研究等。参与沙龙的同学需要提前熟悉并初步自行研究老师指定的内容,记录下自己感兴趣或者认为有讨论价值的部分,对相关内容进行广泛的文献检索,阅读大量学术文献、制度文献与案例文献并形成文献综述,以便在沙龙活动中进一步讨论。

活动开展前,老师会在微信群内与同学们协调当次活动开展的具体时间并通知具体地点。如无特殊情况,读书会通常于陈明楼的会议室内开展,时长 3 小时左右。每次沙龙活动开展前,班委会负责在微信群内统计当次自愿报名的人数并为同学们统一订餐。

活动过程以老师带读和同学参与讨论的形式开展。一方面,老师会对本次沙龙涉及的前沿问题进行导读,从问题的学术背景、社会背景、相关理论观点以及理论演变过程等方面做整体的解读。同学们在这一过程中可以自由发言,针对某一问题或观点提出自己的思考与看法,由其他同学交流回复、展开讨论,最后再由老师进行总结与点评。活动结束后,老师还会组织午餐会,同大家一起吃饭聊天,和同学们进一步交流关于学习和生活的体会和感悟。

■ 研习成果

论《反不正当竞争法》第 6 条中“有一定影响”的商业标识

巫旖梦[北京大学法学院 2021 级法律硕士(法学)研究生]

一、研究背景

《反不正当竞争法》自 1993 年公布施行以来曾进行两次修改,分别是 2017 年的“大修”和 2019 年针对侵犯商业秘密行为的“小修”。两次修改至今虽间隔时间不长,但面对经济社会的快速发展与市场竞争行为的演变进化,目前仍有许多理论与实践问题亟待澄清,社会各界对《反不正当竞争法》为市场竞争行为提供更为明确的操作指引也有迫切需求。在此背景下,《反不正当竞争法》的第三次修改提上日程。2021~2022 学年春季学期的第二课堂即以“《反不正当竞争法》的修改”为学习主题。作为第二课堂研究成果,本文以商业混淆行为为研究对象,对现行《反不正当竞争法》第 6 条关于商业标识“有一定影响”的规定进行评析。

二、限定商业标识“有一定影响”的必要性

1993 年《反不正当竞争法》第 5 条第 2 项规定经营者不得擅自使用“知名商品特有”的商业标识,“造成和他人的知名商品相混淆,使购买者误认为是该知名商品”。在 2017 年《反不正当竞争法》修订过程中,修订草案和修订草案二次审议稿均保留与“知名商品特有”类似的表述,却在正式施行的法律文本中表述为经营者不得擅自使用对他人“有一定影响”的商业标识。

经营者商业标识的影响力与其他经营者行为的不正当性之间存在有机联系。[1] 之所以限定经营者所使用的他人的商业标识应具有一定影响,与商业混淆的行为目的和行为后果密切相关。在市场经营活动中,经营者通过自身努力增加其商品或服务的影响力并积累竞争优势,此种竞争优势被承载于其商业标识之上,消费者通过具有一定影响的商业标识识别并选择经营者及其提供的商品或服务。当其他经营者使用与此类有一定影响的标识相同或近似的标识时,相关公众可能认为其所提供的商品是该标识所有者的商品或与其存在特定联系,进而,行为人无须通过自身努力,仅仅通过“搭便车”“傍名牌”便可获得交易机会。从这一意义上说,如果标识所有者的商业标识不具有足够影响,经营者将不会有使用其标识的动机,因为在这种情况下实施的混淆行为无法实现其“搭便车”以增加交易机会或竞争优势的目的。[2]

现行《反不正当竞争法》并未明确商业标识“有一定影响”的具体内涵。有学者质疑,从现实情况来看,并没有其他充分的证据能够标明“一定影响”比“知名商品”之类说法更加具有明确性,在没有显著优势的前提下,用一个模糊的概念去代替另一个模糊的概念并不合理。[3] 对此,笔者认为,将对商业标识的限定由“知名商品特有”修改为“有一定影响”具有法律适用明确性之外的积极意义。一方面,现行规定将对商业混淆行为对象的聚焦从商品回归到商业标识本身,明确商业标识系经营者商誉的载体和商品的表征,商业混淆行为以

---

〔1〕 参见周樨平:《不正当竞争法对“商业抄袭行为”的规范》,载《法学》2012 年第 6 期。

〔2〕 参见肖顺武:《混淆行为法律规则中“一定影响”的认定》,载《法学评论》2018 年第 5 期。

〔3〕 参见肖顺武:《混淆行为法律规则中“一定影响”的认定》,载《法学评论》2018 年第 5 期。

商业标识为行为对象;另一方面,以“有一定影响”替代“特有”,意在体现反不正当竞争法与作为知识产权法的商标法之间的界分,强调反不正当竞争法的独立适用,有助于摆脱知识产权法以设权性思路规制违法行为的路径依赖。“有一定影响”在概念上缺乏明确性,并不意味着立法上应沿袭旧有规定,而恰恰指明了在现行规定基础上法律修改工作的努力方向,即明确“有一定影响”的内涵,为法律适用提供指引。

三、对商业标识“有一定影响”的认定

(一)法释〔2022〕9号规定不具有合理性

2022年公布的最高人民法院《关于适用〈中华人民共和国反不正当竞争法〉若干问题的解释》(以下简称《反不正当竞争法司法解释》)第4条第1款规定,“具有一定的市场知名度并具有区别商品来源的显著特征的标识,人民法院可以认定为反不正当竞争法第六条规定的‘有一定影响的’标识”。笔者认为,该规定并不具有合理性。首先,2017年《反不正当竞争法》修订时以“有一定影响”代替1993年《反不正当竞争法》“知名”与“特有”的限定,如前文所述具有积极意义;而《反不正当竞争法司法解释》以“具有一定的市场知名度”解释“有一定影响”,相当于又回到1993年《反不正当竞争法》的规定。其次,《反不正当竞争法司法解释》第4条第2款除增加“相关公众的知悉程度”这一因素外,所列举的参考因素与2007年《关于审理不正当竞争民事案件应用法律若干问题的解释》(法释〔2007〕2号)对“知名商品”的认定并无本质区别,未体现出“有一定影响”作为修订后的法律表述的不同之处;且考虑商品销售的时间、区域和数额的规定忽略了“有一定影响”是对商业标识而非商品或服务的性质要求。最后,根据《反法司法解释》的规定,原告应同时证明其商业标识具有市场知名度和显著特征,这一规定加重了原告的举证负担,且对市场知名度的判断十分主观——实际上,商业标识知名度的形成可能有多种原因,如商业标识的美观程度、经营者的宣传投入甚至负面新闻等,知名度本身并不意味着商业标识能够发挥识别商品来源的功能。[1]

(二)根据反推原则认定商业标识影响力不具有合理性

学理与实践中的部分观点采用反推原则判断商业标识的影响力。所谓反推原则,即只要证明行为人实施了混淆行为,就认定其行为所涉及的相关商业

〔1〕　参见熊文聪:《论商标法中的“第二含义”》,载《知识产权》2019年第4期。

标识“有一定影响”。因为行为人作为理性经济人,如果被混淆的对象没有“一定影响”,其将无法通过混淆行为达到获取交易机会的目的。[1] 此种主观推定的认定标准在逻辑上并不周延。经营者使用与他人的商业标识相同或类似的标识,并非在所有情况下均是为造成消费者混淆进而“搭便车”,也可能存在经营者因为他人商业标识具有新颖性与独特性而进行模仿的情形。此外,反推原则实际上抛弃了“有一定影响”的要件要求,而仅以混淆行为为标准。因此,反推原则不能代替“有一定影响”的判断。

(三)对商业标识“有一定影响”的认定应坚持竞争法本位

作为《反不正当竞争法》规定的禁止商业混淆条款,对商业标识“有一定影响”的认定须遵循竞争法的动态竞争本位,把握反不正当竞争法的经济法特性。一方面,在反不正当竞争法下,对商业标识“有一定影响”的判断是个案判断,并不使得某一商业标识取得普遍的对抗效力。对于同一商业标识,即使其在前案中认定具有一定影响力,该影响力可能随着时间的推移或地域的差异而发生变化,并不能在另案中将该商业标识有一定影响的结论当然适用。另一方面,在判断商业标识的市场影响力时,可以考虑的因素包括但不限于:使用相关标识的商品的销量、销售额、市场份额和销售时间,商业宣传强度,其特征在商品来源上的区分度,公众的知悉程度,商业标识所受保护的程度。

四、小结

综上所述,通过对现行《反不正当竞争法》第6条中商业标识应“有一定影响”的分析,笔者认为,在《反不正当竞争法》第三次修改的过程中,就商业混淆行为的规制应注意以下要点:其一,厘清《反不正当竞争法》与《商标法》的边界,把握市场竞争的动态性和《反不正当竞争法》的经济法属性,避免落入知识产权法静态的权利保护的思维误区;其二,应进一步明确条文涉及的概念含义,为法律适用实践提供具体可操作的行为指引。具体到对行为对象的认定上,即表现为坚持对商业标识“有一定影响”的限定,强调考察商业标识本身而非商品的影响力,并通过产业组织理论与规制经济学的相关内容判断商业标识的市场影响力。

---

[1] 参见肖顺武:《混淆行为法律规则中“一定影响”的认定》,载《法学评论》2018年第5期。

平台封禁行为的反垄断规制问题研究

周旺旺[北京大学法学院2021级法律硕士(法学)研究生]

一、研究背景

自2020年下半年以来,我国持续加强平台经济反垄断监管,一系列平台垄断行为进入监管机构的视野。2021年下半年,有关部门对互联互通的关注和推动,尤其是工业和信息化部(以下简称工信部)“互联网行业专项整治行动”的开展以及对“屏蔽网址链接问题”的积极表态,使得互联互通继“二选一”之后成为平台经济领域的热门问题。2021年7月,工信部发布《关于开展互联网行业市场秩序专项整治行动的通知》,明确将互联网平台恶意对其他互联网企业服务或产品的网址链接实施屏蔽等不兼容行为纳入专项治理。在工信部互联网行业专项行动的治理框架下,各主要互联网企业已陆续按照监管部门要求分阶段、分步骤地解除网址屏蔽。2021年9月17日,微信在点对点(私聊)场景中解除对淘宝、天猫、抖音等网址链接的屏蔽措施;9月28日,阿里巴巴宣布旗下部分App已接入微信支付或已申请接入微信支付;11月30日,微信在群聊场景下解除了对淘宝网址链接的屏蔽措施。但截至目前,国内平台互联互通仅停留在外链开放阶段,还未进入更深阶段[1]。

监管部门对互联互通的强调与2020年年底以来互联网平台的反垄断和防止资本无序扩张密不可分,但根本原因还是我国平台经济发展中出现了较为严重的封禁现象,其中尤以屏蔽网址链接和关闭API接口两类行为最为突出。究其本质而言,这种平台“封禁”行为的主要目的是阻断平台经营者之间流量的连通,强势平台或者具有流量优势的平台往往已经积累了巨大的数据流量优势,具备市场支配地位,在激烈和变幻的市场竞争中通过扼杀竞争对手的方式,阻碍流量从自身平台导流到其他竞争性平台。围绕封禁现象,我国司法实践中出现过多次反不正当竞争及反垄断诉讼,其中传播度最广的莫过于“头腾大战”,腾讯与字节跳动两家公司自2016年起已经发起了上千起诉讼,各方论战更是经久不息。双方先是互诉对方侵犯著作权,后以不正当竞争为由提起多起诉讼,抖音更是于2021年2月2日就腾讯以“短视频整治”为由对抖音的

---

[1] 参见张姗姗、朱伟嘉:《全球平台间互联互通的现状分析和趋势研判》,载《互联网天地》2022年第6期。

产品实施长达3年的封禁和分享限制一事,向北京知识产权法院正式提起反垄断诉讼,诉称腾讯滥用其在移动端即时通信服务市场的市场支配地位。而就国外的视角来看,也存在诸如FTC诉Facebook、Twitter关闭Twidroyd接口以及SiteLink诉Red Nova等相关案件。

从目前国内外的司法、执法实践来看,在规制路径上,实施网络封禁行为可能违反反垄断法、反不正当竞争法以及消费者权益保护法。其中,以是否属于反垄断法规定的滥用市场支配地位的讨论最为激烈,而2022年首次修改的《反垄断法》第22条也明确新增"具有市场支配地位的经营者不得利用数据和算法、技术以及平台规则等从事前款规定的滥用市场支配地位的行为"[1],平台封禁行为显然属于"技术"范畴。综上,本次研究报告将对此展开具体分析。

二、平台封禁行为的规制合法性分析

关于是否应当规制平台封禁行为,学界主要有两类观点。主张封禁行为合法的学者主要立足于平台的经营自主权,认为平台有权封禁竞争对手。部分学者指出,平台经营者有权对自己建立的平台行使支配权,没有义务向竞争对手开放平台;平台有权依据规则限制第三方的行为;[2]在交易相对人违反平台管理规则的背景下,要求平台与之交易不仅会使其利益受到不正当损害,还会挫伤整个市场的投资和创新积极性。从司法实践来看,在"徐书青诉腾讯滥用市场支配地位案"中,最高人民法院认为,平台经营者有权设定合理的平台管理和惩戒规则,以实现良好的平台管理。[3] 在域外司法实践中,美国联邦政府诉Colgate公司案里,美国联邦最高法院认为,"在没有实施垄断的目的下,经营者有权自主选择交易对象,拥有自由裁量权"。[4] 在FTC诉Facebook案中,哥伦比亚地区的法院裁决认为,即使是垄断者也有权拒绝与其他公司交易,包括拒绝与竞争对手合作。[5] 还有部分学者从隐私保护的角度着手,认为隐私保护能够成为反垄断法上的正当理由。[6] 也有学者认为,如果将必需设

---

〔1〕 参见《反垄断法》第22条第2款。

〔2〕 参见黄晋:《从飞书与微信纠纷看平台竞争问题》,载宁立志主编:《知识产权与市场竞争政策》(第6辑),社会科学文献出版社2020年版。

〔3〕 参见最高人民法院民事裁定书,(2017)最高法民申4955号。

〔4〕 See U. S. v. Colgate & Co. ,250 U. S. 300(1919).

〔5〕 See Federal Trade Commission v. Facebook, Inc. ,1:20 - cv - 03590 - JEB.

〔6〕 参见宁立志、喻张鹏:《平台"封禁"行为合法性探析——兼论必需设施原则的适用》,载《哈尔滨工业大学学报(社会科学版)》2021年第5期。

施理论予以常态化适用,则会遏制潜在竞争者和竞争者进行投资和创新的能力。[1]

反对平台封禁行为的学者则认为,超级平台通过搭建的平台生态系统成为系统的控制者和监管者,对参与该系统的所有主体实施断流量、封端口、锁链接等行为,[2]将数据界定为必需设施不会阻碍创新,反而有利于数据开放,从而打破市场壁垒。[3] 基于互联互通的考虑,互联网平台应当以开放为原则,以封禁为例外,且封禁的理由要有正当性,否则可能构成滥用市场支配地位的行为。[4]

笔者认为,平台封禁行为的合法性分析核心在于判断相较于互联互通,平台封禁是否具备效率、公平和竞争等价值层面的正当理由。作为当前具备流量优势的平台企业,其数据优势的获得与互联网经济特征以及国家过去宽松的政策因素息息相关,因而有必要承担起相应的社会责任,通过互联互通的方式进行数据交换,实现平台之间的互操作性,降低互联网平台从事生产经营活动的成本。推动平台的互联互通,实质上避免了互联网行业市场的过分集中,确保市场自由竞争机制的有效运行,其价值位阶要高于前述支持平台封禁类观点中提出的契约自由。而且,从平台互联互通的效率促进等方面的研究也可以发现,平台的互联互通较平台封禁行为更能实现经济效率和社会效益的提升。综上,对于平台互联互通的担忧是不必要的,在反垄断法视域下能够确认平台封禁行为的违法性和互联互通的必要性。

三、平台封禁行为的反垄断规制标准

在现有的反垄断法框架下,规制平台封禁行为的第一步就是界定相关市场,也就是对数据进行需求替代性分析。尽管目前国内外反垄断法体系中并未明确提出相关数据市场的概念,但一方面,数据成为"商品"并不存在障碍,有研究指出其更类似于相关技术市场且应当在大数据的反垄断领域引入;[5] 另一方面,数据作为一类要素也存在可供对比的参考系,因此,从这一角度出

---

[1] 参见赵鑫、周国和:《核心设施理论的意愿是提高消费者社会福利——专访中国社会科学院法学研究所研究员、博士生导师王晓晔》,载《深圳特区报》2019年9月24日,第B08版。

[2] 参见陈兵:《因应超级平台对反垄断法规制的挑战》,载《法学》2020年第2期。

[3] 参见孙晋、钟原:《大数据时代下数据构成必要设施的反垄断法分析》,载《电子知识产权》2018年第5期。

[4] 参见殷继国:《互联网平台封禁行为的反垄断法规制》,载《现代法学》2021年第4期。

[5] 参见袁波:《大数据领域的反垄断问题研究》,上海交通大学2019年博士学位论文,第162页。

发平台封禁案例中的相关市场界定并不存在特殊困难。不过值得注意的是，目前全球对于数据流通和数据交易仍处于探索阶段，按照传统的SSNIP测试法可能难以进行定量分析，但结合国务院反垄断委员会《关于相关市场界定的指南》或《欧盟关于相关市场界定的通知》所列举的因素，在个案分析中具体考察数据的需求替代性和供给替代性，界定出相关市场的范围并不存在理论上的障碍。

在市场支配地位的认定上，我国《反垄断法》将经营者的市场份额、对上下游市场的控制能力、经营者的财力和技术条件、市场壁垒等视作市场支配地位的重要考虑因素。由于平台企业的数据市场份额受制于数据类型等多个因素无法直接计算，参照《禁止滥用市场支配地位暂行规定》第11条“规定对于互联网行业的市场支配地位认定，可以考虑关联市场的市场力量”以及第12条中滥用知识产权领域市场支配地位的认定标准，可以考虑计算该数据产品所生产的下游产品或服务的市场份额。而“数据优势”的判断，则可以从平台企业终端产品的各项具体指标入手，如下载量、月活量、平均使用时长等因素。总结而言，对于实施封禁行为平台的市场支配地位的认定，应当结合个案，在现行的反垄断法分析框架中进行分析。

论纵向地域限制的反垄断规制

王钰婵[北京大学法学院2021级法律硕士(法学)研究生]

一、研究背景

第十三届全国人民代表大会常务委员会第三十五次会议审议通过了全国人民代表大会常务委员会《关于修改〈中华人民共和国反垄断法〉的决定》，自2022年8月1日起施行。这是《反垄断法》于2008年8月1日施行近14年来的首次修订，标志着我国反垄断领域迈向新阶段。但是，由于立法技术限制以及理解角度不同，新颁布的《反垄断法》仍引发了一定的争议，部分长期未能得到解决的问题仍然存在，纵向非价格限制的规制缺失即为其中之一。2021～2022学年秋季学期的第二课堂以“《反垄断法》的修改”为学习主题，作为第二课堂研究成果，本文结合域外经验和我国当前的立法和司法实践，试析纵向地域限制的反垄断规制路径。

二、纵向地域限制

(一)纵向地域限制的定义

纵向限制是指两个或两个以上在同一产业中处于不同环节而有交易关系的企业,如制造商与销售商、批发商与零售商,通过合同或其他形式实施的限制竞争行为。[1] 经济合作与发展组织(Organization for Economic Co-operation and Development,OECD)将其界定为“制造商或供应商有关其商品的转售的特定类型的行为”。[2] 作为纵向限制的一种,纵向地域限制一般是指供货商在供货协议中,对销售商转售该商品时的地域范围进行限制的协议行为。这里的地域,不完全是地理意义上的区域,也不是我们所指的相关地域市场,而是人为划分的地域,是通过双方协商最终确定的地域。

纵向地域限制行为的特征表现如下:第一,主要是上游经营者对独立的下游经营者的纵向限制竞争行为,即该行为是处于不同经营层次的经营者之间的限制竞争行为;第二,该行为的核心内容是对销售商转售地域的限制;第三,该行为表现为基于平等、自愿的双向行为。虽然纵向地域限制的基本内容是对销售商经营范围与空间的限制,但在现实中比较常见的是,协议同时对供货商的经营自由也有一定限制,以作为销售商的经营自由受到限制的对价。

(二)纵向地域限制的经济效果

纵向地域限制具有积极的经济效果。首先,可以减少“搭便车”行为。利用纵向地域限制协议,生产商在特定地域内给予个别销售商独家销售的权利,避免销售商依赖于其他人在销售方面多投入成本,而自己却可以在不投入相应成本的前提下,分享品牌价值提高带来的利润。其次,可以提高经济效率,实现供销双赢。采用排他性协议可以降低交易成本,制造规模效应。再次,可以促进品牌间的竞争。纵向地域限制使服务投入与其经营利润紧密联合,有利于推动新的制造商和新的产品进入市场。最后,可以增进社会整体福利。纵向地域限制的安排可以提高生产效率,增加交易量,并促使边际成本下降,引起零售价格下降,这就增加了消费者剩余与生产者剩余,增进了社会整体福利。[3]

---

[1] 参见黄勇、董灵:《反垄断法经典判例解析》,人民法院出版社 2002 年版,第 327 页。

[2] 孔祥俊:《反垄断法原理》,中国法制出版社 2001 年版,第 466 页。

[3] 参见李青:《纵向非价格限制违法性认定的统一框架——基于经济分析的进路》,载《南海法学》2019 年第 3 期。

纵向地域限制同样具有一定的消极经济效果。第一,分割市场。尤其是绝对纵向地域限制,禁止销售商应个人消费者的主动要求向其发送产品或提供服务,即禁止被动销售,严重阻碍了商品的自由流通。第二,引发垄断高价行为。如果对销售商实行地域限制,则生产商很可能在具有市场支配地位时,实行价格歧视,索取垄断高价。第三,减损消费者利益。纵向地域限制协议提高了该品牌的市场地位,但同时也导致同一品牌销售商的减少和品牌内竞争的削弱,消费者的选择权被相应缩减。第四,损害竞争。由于实行纵向地域限制通常伴随独家销售等限制办法,供货商和销售商之间会形成长期稳定的合作关系,这对于新进入市场的生产商或销售商来说,无疑提高了进入的成本和难度。

三、域外纵向地域限制的反垄断规制经验

(一)美国对纵向地域限制的反垄断规制

美国《谢尔曼法》自诞生以来,一直处于不断变化和调整当中。1963 年美国联邦最高法院受理第一个纵向地域限制案件 White Motor 公司案[1],适用合理规则进行判决;1967 年的 Schwinn 案[2]又适用本身违法规则;到了 1977 年的 Sylvania 案[3],再从本身违法规则重回合理规则。1985 年,美国司法部颁布了《纵向限制指南》,该指南第一节提到,指南是根据联邦最高法院所作的判决,尤其是在 Sylvania 案判决的基础上制定的。该指南适用于纵向非价格限制,包括地域限制、顾客限制、独家交易和搭售,还对企业的特定行为作了规定,指出"选择性的销售系统"是合法的,其中包括对销售地域的限制,这表明美国在纵向地域限制的规制上从保守走向了宽容。

(二)欧盟对纵向地域限制的反垄断规制

欧盟在反垄断领域采用的是"禁止 + 豁免"的规制思路,首先在《欧盟运行条约》中规定违法的限制竞争行为的形态与抽象的可豁免情形,再由欧盟委员会颁布条例规定具体的可适用豁免理由的行为。《欧盟运行条约》第 101 条第 1 款所包括的范围非常广泛,任何对竞争产生限制的协议或行为都受该条规定的禁止,除非其符合第 101 条第 3 款规定的豁免条件。此后,受到芝加哥学派有关纵向限制理论的影响,欧盟竞争法律制度对于纵向限制的态度逐渐趋于

---

〔1〕 White Motor Co. v. United States, 372 U. S. 253(1963).

〔2〕 United States v. Arnold, Schwinn & Co. , 388 U. S. 365(1967).

〔3〕 Continental T. V. , Inc. v. GTE Sylvania, Inc. , 433 U. S. 36(1977).

温和。2022年新修订的《纵向协议集体豁免条例》调整了安全港的范围，对限制主动销售行为的豁免更加宽泛。此外，为提供某些纵向限制的正当性提供参考，《欧盟纵向限制指南》列举了解决"搭便车"的问题、打开或进入新市场、解决"套牢"问题、解决纵向外部性问题、获得分销中的规模经济、应对资本市场不完善和实现统一性和质量标准化等多项具体因素，以充分考虑纵向限制行为的经济合理性。

四、我国对纵向地域限制的反垄断规制

（一）我国现行立法与司法规制

我国国务院反垄断委员会于2019年1月4日发布的《关于汽车业的反垄断指南》首次出现了"地域限制"的概念。该指南第6条第（四）部分界定了地域限制的概念，认为地域限制是产业链上不同层级的经营者间约定的、一方授权、另一方承诺自愿在一定地区经营的行为方式。同时，在该指南第4条第（一）部分第一段，规定了纵向地域限制的经营者在相关市场占有30%以下市场份额时采取推定豁免的方式。该指南还分析了地域限制对经营的利与弊，并且规定了推定具有经济效率和正当化理由的具体情形。但总的来看，在我国现行法律、法规、指南、规章中，对于纵向地域限制的规制原则并不明确，判断其违法性的标准也尚未统一，亟待立法上的补充和完善。

检索我国当前"纵向地域限制"的案例总结如表1所示。研究发现，由于缺乏明确的反垄断法依据，我国并没有直接对纵向地域限制作出裁判的案例。在检索到的裁判文书中，"纵向地域限制"往往只作为实施转售价格维持行为的辅助证据出现。比如，在君乐宝案中，原告主张依据《反垄断法》第3条以及第14条第1款第1项、第2项的规定，被告与其签订的固定格式的奶粉配送合同中约定的固定转售价格条款以及禁止跨区域销售（窜货）的条款构成纵向垄断协议。法院则认为，《反垄断法》并未对经营者与交易相对人之间达成限制销售区域的协议进行禁止，即是否允许跨区域销售并非《反垄断法》调整的范围[1]。从裁判原则来看，法院大多通过认定协议是否符合意思自治的方式，适用合同法的原则对涉及纵向地域限制的协议进行裁判。从裁判结果来看，法院在认定协议符合意思自治的原则后，一般会认定合同有效从而支持按合同约定履行义务；也有法院从公平原则的角度出发，认为禁止窜货的约束对双方

〔1〕 参见安徽省合肥市中级人民法院民事判决书，(2017)皖01民初260号。

都有约束力,合法有效,应当遵守。

表 1　"纵向地域限制"案例情况

日期	案号	名称	审级	裁判结果
2013.08.01	(2012)沪高民三(知)终字第63号	北京锐邦涌和科贸有限公司诉强生(上海)医疗器材有限公司、强生(中国)医疗器材有限公司纵向垄断协议纠纷案	民事二审	撤销一审判决,被上诉人赔偿上诉人经济损失53万元
2013.09.23	(2013)宁商终字第749号	曹某梅与南京雅客勤商贸有限公司特许经营合同纠纷上诉案	民事二审	驳回上诉,维持原判
2014.04.09	(2013)高民终字第4325号	北京市水产批发行业协会与娄丙林垄断纠纷上诉案	民事二审	驳回上诉,维持原判
2017.12.11	(2017)琼行终1180号	海南省物价局与海南裕泰科技饲料有限公司行政处罚案	行政二审	撤销一审判决,驳回原告诉讼请求
2018.05.10	(2017)皖01民初260号	利辛县贝贝母婴家园与石家庄君乐宝乳业有限公司纵向垄断协议纠纷案	民事一审	驳回原告全部诉讼请求
2018.07.19	(2016)粤民终1771号	东莞市横沥国昌电器商店、东莞市晟世欣兴格力贸易有限公司纵向垄断协议纠纷案	民事二审	驳回上诉,维持原判
2020.07.30	(2018)沪民终475号	武汉市汉阳光明贸易有限责任公司与上海韩泰轮胎销售有限公司垄断协议纠纷案	民事二审	驳回上诉,维持原判
2020.10.13	(2019)浙01民初3270号	康健苗苗(杭州)医药有限公司与登士柏(天津)国际贸易有限公司纵向垄断协议纠纷案	民事一审	驳回原告全部诉讼请求
2020.12.29	(2020)鄂01民终11175号	湖北健能医药有限公司、河南东泰制药有限公司买卖合同纠纷案	民事二审	部分维持原判

(二)完善我国纵向地域限制的反垄断规制建议

第一,对纵向地域限制协议进行明文规定。从反垄断法理和实践来看,需要规制的纵向垄断协议不止价格限制,典型的纵向非价格垄断协议,如纵向地域限制也应被纳入反垄断法规范的范围。故建议对《反垄断法》第18条第1

款进行修改，在第1项中合并固定转售价格和限定最低转售价的内容，在第2项中对纵向地域限制进行规定，为规制纵向地域限制行为提供法律依据。

第二，出台“纵向限制指南”。在梳理有关案例、批评借鉴域外经验的基础上，有必要出台我国专门的“纵向限制指南”。在该指南中，除违法性认定外，也可以对调查程序等内容进行详细规定，同时应该包括违法性认定具体考量因素及“安全港”制度，既保证违法性认定的实效，又兼顾办案效率。如此一来，方可大大提高对包括地域限制在内的纵向限制竞争行为的规制效能。

第三，健全豁免程序制度。纵向地域限制具有广泛的积极效果，不一定会对竞争产生较大的损害。因此，完善豁免制度对于合理规制纵向地域限制行为、防止过度干预市场经济，发挥着重要的作用。然而，由于缺乏与原《反垄断法》第15条配套的执法程序制度，既并未体现出集体豁免与个案豁免在程序上的个性，又没有规定豁免申请审查的时长，十多年来经营者依第15条的规定提出豁免申请的案件非常少，造成第15条在反垄断执法领域中被实质性空悬的状况。[1] 2022年《反垄断法》亦没有改变这种局面。因此，有必要设置一套行之有效的垄断协议的豁免程序制度，实现豁免制度的立法目的，避免对纵向地域限制打击过重而影响了市场经济的持续健康发展。

---

〔1〕 参见肖江平：《我国垄断协议豁免执法程序的制度设计——基于〈反垄断法〉修订的分析》，载《华东政法大学学报》2020年第2期。

廖雪霞老师的私塾

国际法的“知”与“能”读书会

关于作者

廖雪霞

北京大学法学院助理教授。研究领域为海洋划界、国际海洋法和国际争端解决。

总体说明

举办读书会是北京大学法学院国际公法学科的传统之一,其目的在于鼓励有志学术研究的硕士研究生、博士研究生阅读一手的经典国际法文献,启发思辨、拓宽视野或提升学术品位。在这一宗旨下教员选择的往往是理论性强、较为晦涩难懂甚至令学习者望而生畏的国际法专著,这与国际公法学科同时开设“国际法名著选读”的专业课程区分开来——后者选取国际法领域内公认的名家名篇并遵循一定的学科脉络,而读书会研读的书籍则更具有前沿性或批判力,这里存在和学生共同探索“森林中人迹更为罕至的那条路”的意图。当然,读书会的聚会性质也消解了独自攀登学术高峰的孤独感和偶尔(或经常)的挫败感,原本一个人读得不明就里的“天书”在一群人的畅所欲言中变得轮廓清晰起来。当然,经验也表明交换各自对文献的误读也不失为学习过程中的乐趣和战胜畏惧感的意外收获。

但当2021年秋季学期我向新入学的法律硕士研究生(涉外律师方向)同学发出国际公法读书会邀请时,则有一些不同的考虑。在以往法律硕士国际公法的教学过程中,教学周期的缩短使课堂教学在体系和内容上均较为节制,而学生繁重的学业压力也使得布置提前阅读或课后阅读的文献并不现实,再加上法律硕士同学在研一下学期就学习国际法(法学本科生通常在三年级才学习国际法),这些因素可能导致学习国际法过程中的两种“认知障碍”:要么对国际法的认识简单化,将国际法视为国际政治的附庸或国家政策的“仆从”,忽略国际法作为法学的部门法所内在的方法论和应用性;要么对国际法的认识静态化,将某些概念、原则、规则视为绝对的参照系,难以将新规则、新现象安置在所知所学中,也无法辩证地看待国际法的不确定性。结果是轻则质疑国际法的法律属性,重则怀疑学习国际法的必要性。我认为,造成这些障碍的部分原因是在国际法学习起步时,未能对国际法的基本问题作充分的思考和讨论。

因此,面对这些法学学习刚入门、怀着对国际法和涉外法律事务的兴趣或者好奇选择了涉外律师项目的法硕同学,我希望以读书会的形式在他们正式学习国际法之前与他们一起探讨国际法的某些基本问题,包括国际法是什么、国际法与国内法的区别与联系、国际法的作用、国际法有哪些能为与不能为。2019 年,宋英老师给法硕同学讲授《国际法学》时将第一节课的主题定为“国际法学习的‘知’与‘能’”,向同学们介绍学习国际法应着重掌握哪些知识、培养哪些能力。我将宋英老师的题目移植到读书会上,既有传承宋老师教授国际法学习方法的意思,也有探讨认知国际法的性质和功能的想法。

为此,我选择了负有盛名的牛津通识读本系列中的 *International Law*: *A Very Short Introduction* 作为阅读文献。熟悉牛津通识读本的人知道,只有在某一领域内拥有权威的学者才能参与这一系列丛书的写作。此书由国际法学家 Vaughan Lowe 撰写。Lowe 教授任牛津大学国际法教授,也是多次代表各国政府在国际法院等国际司法与仲裁机构出庭的英国皇家律师。作为通识读本,该书跳脱出国内外国际法教材的常见体例,在短小精干的 100 页左右的篇幅内讨论了国际法的性质、来源、如何发挥作用以及如何未能发挥作用。该书行文简练又不失深刻,浓缩了作者几十年来对国际法运用与发展的观察和反思。更重要的是,该书的写作带有英国人特有的无处不在的冷幽默,阅读的趣味性极大而门槛又极低,能显著改善同学们对英文文献敬而远之的态度。

从读书会开展的实际情况来看,2021 年秋季学期共举办了 4 次,虽然没能读完这本书,但每次在读书会阅读的过程中我们穿插讨论了书中提及的国际法案例或国际法事件,或者从文本引申开去,就作者的某些观察进一步提问和思考,有时也联系当前发生的国际法时事,从而不断地从具体问题向国际法的基本问题回归,反复地、多角度地重访国际法的性质与功能。参加读书会的法律硕士同学拥有多元的本科教育背景,如外交学、语言学等,他们常常能联系自己的专业或者正在学习的法学科目来理解我们所读的文本,并且在大家的发言中意识到不同视角下对国际法差异化的理解。有时,我们也邀请国际法学科的其他老师来参与读书会,其他老师的加入也会带来独特的观察视角,这对我们所讨论的国际法基本问题也是有助益的。当同学们在不同视角中来回穿梭时,或许能更好地理解为何 Lowe 教授将国际法的本质理解为一种语言,以及这一观察在实在法学中的特定含义。通过读书会,希望同学们能够认识到国际法学习中理念先行或立场主导的思维方式的局限,尤其是这种思维方式其实并不能真正实现特定利益或立场的原因所在。

读书会每次都以同学们的阅读和讨论为主,我主要承担类似主持人的工作,向同学们发问,偶尔也补充一些与文本有关的背景知识。每次大概有 10

位同学参加读书会,每位同学轮流发言,其他同学可以补充或者回应某位同学发言中涉及的问题。虽然我们阅读的是英文文献,但是不要求同学们翻译,除非文本中某些表达较为复杂难懂(但这也是非常偶尔才会出现的情况)。相反,我们会直接讨论作者的观点或观察,并且鼓励同学们表达自己的观点和认识。我个人的一项意外收获是,来参加读书会的同学们愿意表达、愿意发表自己的观点,不像在课堂上那样拘谨。我在国际法的课堂上时常感觉同学们十分不愿展露自己的智慧,作为一个教师新人,这常常让我担心是否讲得太难懂或是太简单。这也是读书会的好处:每一个观点的表达都不附带任何考核或评价的意味,我们关心的仅仅是观点本身以及观点背后的逻辑与思考。

组织程序

2021 年秋季学期开学不久,得益于学院“第二课堂”的慷慨支持,我通过法律硕士课程群发布了读书会的信息,包括阅读的文本和每次读书会的主题,同学们自愿报名加入读书会的微信群,最终有群成员 20 名,除涉外律师项目的法律硕士同学外,也有两三名国际法专业的学术硕士。为了保证提前阅读的时间,读书会每两周举办一次,通常在周四下午陈明楼 402 会议室举办,时长 2 ~ 3 小时,一般每次有 8 ~ 10 位同学参加。读书会提前一天在微信群中统计当周参加的学生人数,提前预订咖啡、奶茶等饮料,并准备一些茶点。

每次读书会前,我会安排读书的主题并要求同学阅读相关的章节,每次阅读量 20 ~ 30 页。同学在自主阅读的过程中,记录笔记并思考相关的问题。读书会以讨论的形式进行,同学们先轮流阅读材料,随后归纳阅读材料的观点,并进行提问与讨论。读书会鼓励每一位同学参与讨论,并确保每次每位同学至少有一次发言机会。有时我或者其他来参加的国际法老师会介绍某些国际法问题的历史背景,或结合国际法的具体实践、各国论辩乃至偶尔的传闻逸事,试图立体地呈现真实的国际法。

在读书会中,围绕阅读的文本并穿插国际法的案例或事件,同学们集中阅读和讨论了部分国际法基本问题。在第一次与第二次读书会中,讨论的主题为“什么是国际法”。同学们通过阅读书目的第一章,了解作者将人的社会关系类推成国家的国际社会关系,并熟悉主权等概念,同时对“国际法是不是法”以及“怎样保证国家之间是平等的”展开了讨论。在第三次与第四次读书会中,讨论主题为"国家真的遵守国际法吗",同学阅读了书目的第二章和第三章,了解了国际法的主要渊源,并探讨了国际法的实施方式,讨论了国际法力所能及和力所不能及之处。

■ 阅读篇目

1. Vaughan Lowe, *International Law: A Very Short Introduction*, Oxford University Press, 2015.
2. Hersch Lauterpacht, *The Function of Law in the International Community*, Oxford University Press, reprinted edition, 2012.
3. Hersch Lauterpacht, *The Grotian Tradition in International Law*, 23 British Year Book of International Law 1(1946).
4. Prosper Weil, *Towards Relative Normativity in International Law ?* ,77 American Journal of International Law 413(1983).

■ 研习成果

对"国际法是法吗"的再思考
——读 *International Law:A Very Short Introduction*

刘禹岑[北京大学法学院2020级法律硕士研究生(涉外律师项目)]

本学期读书会围绕 *International Law:A Very Short Introduction* 一书展开。正如其名,Vaughan Lowe 在这本一百余页的小册子中对国际法进行了非常简要的介绍,回答了什么是国际法、国际法的渊源、国际法的实施及其在国际社会中的作用、国际法可以做什么、无法做什么等问题。Vaughan Lowe 的著作篇幅精简,廖老师带领我们逐字细读,在文本基础上不断深挖开拓,在书本讲述的观点下填充国际实践的经典案例,回顾相关事件的历史背景,引导我们对国际法学的基本问题进行深入思考。

一、从"国际法是什么"谈起

"国际法是什么"是每一个徘徊在国际法学科大门之外的求学者都需要思考的问题。该书虽然没有直接设置章节专门回应,但通篇却都是关于这一问题的回答与解释。

该书首章从“国际法”的字面含义出发,作者指出国际法基本功能为确保主权国家的共存,[1]认为国际法即是调整主权国家之间国际关系的法。[2] 这一定义指明,国际法主体主要是主权国家。

当然,本书对这一问题的探索没有止步于此,在这种简短的、形式主义的解答基础上,作者在第二、三章进一步探索了国际法渊源与国际法实施等问题。第二、三章的论述一方面交代了国际法从何而来、国际法为何被遵守以及国际法实施方面的特征,另一方面也侧面证成了国际法的法律性。

对法律性的质疑与争议可以说是国际法学科的特征之一。白桂梅老师的《国际法》教科书第一章第一节即对“国际法是不是法”进行说明,[3] Malcolm N. Shaw 将“国际法的法律性”设为其巨著 *International Law* 第一章“论国际法的性质和发展”中所要解决的第一个问题。[4] 或许很少有部门法学科分支像国际法一样,在进入正题前需要花费大量篇幅来自证学科的法律身份与特性。Vaughan Lowe 虽然没有将法律性的证明放在开篇首句,但是对这一问题的回答亦被揉进字里行间。例如,作者在第三章中专门回应了国际法相较于国内法缺乏强制执行效力的质疑,他指出法律的作用在于防止特定社区的违法行为达到不可接受的程度,国内法也并未针对每一次不法行为都提起诉讼,因而国际法也不应被期待对每一国际不法行为都作出强制执行的反应。[5] 这一观点反过来说明,国际法某一层面的“软性”不足以成为质疑其法律性的充分论据。

除强调国际法是法律外,作者在最后一章还直白地写道:“国际法本质上是一种语言,用于记录国家之间关于原则和目标的协议。”[6]尽管作者是站在实在法的立场上,借用语言的概念来形容国际法无法自我生成的局限性——国际法无法在没有协议的地方制造协议,但这种认为国际法是一种语言的表

---

[1] See Vaughan Lowe, *International Law: A Very Short Introduction*, Oxford University Press, 2015, p. 2.

[2] See Vaughan Lowe, *International Law: A Very Short Introduction*, Oxford University Press, 2015, p. 18.

[3] 参见白桂梅:《国际法》(第3版),北京大学出版社2015年版,第1页。

[4] See Malcolm N. Shaw, *International Law* (9th ed.), Cambridge University Press, 2021, p. 384.

[5] See Vaughan Lowe, *International Law: A Very Short Introduction*, Oxford University Press, 2015, p. 42 – 43.

[6] See Vaughan Lowe, *International Law: A Very Short Introduction*, Oxford University Press, 2015, p. 120 – 123.

述令人不得不想起批判国际法学派的经典论调。该学派代表人物Koskenniemi也将国际法视为语言,他将国际法与语言概念结合是为了借助语言学来解释国际法的矛盾性与不确定性。[1] 无论是从本书作者表述的层面,还是从批判国际法的角度来理解国际法的语言性,我们至少能达成一种基础共识:国际法语言是实践不可或缺的工具,是业界所有人的共同语言,也是批判法学与实在法学等不同学派的通用语言。[2] 作为语言的国际法必然是一门应用学科,语言的背后必然是国际法的工具性。

每个人关于"国际法是什么"的答案实际上反映了其识别、看待国际法的视角以及处理国际法问题的分析进路。就像一千个人眼里有一千个哈姆雷特,不同的理论对于国际法的理解也不尽相同,如何认识国际法只有道理没有真理。[3] 该书的回答并非对这一问题的唯一解,但对于初学国际法的我而言,该书的讨论确实为我理解国际法学科打下基础。

二、以"国际法能做什么"结束

在对国家不受外部干涉、国内法与国际法关系、国际法如何促成合作等国际法重要问题的讨论之后,该书以"国际法在哪些方面做得不好或者根本无能为力"话题作为全书结尾。该章无奈地揭示了国际法鞭长莫及之处,例如,国际法本身无法实现国际正义,无法确保其自身的实施,无法直接为人类福祉作出很大贡献。[4] 国际法固有的局限性令人失望,但真正的英雄主义或许就在于认清真相之后依然不失理想与热忱。诚然,法律不可能建立起一个不需要人为的完美体系,[5] 但所幸,人可以在不完美的法律体系下有所作为。

法律秩序始终是法律工作者对它的认识的投射,[6] 国际法亦是如此。尽管国际社会主体的行为背后通常具有复杂的政治动因,但国际法秩序从产生

---

[1] See Martti Koskenniemi, *From Apology to Utopia: The Structure of International Legal Argument*, Cambridge University Press, 2006, p. 565.

[2] 参见李鸣:《国际法的性质及作用:批判国际法学的反思》,载《中外法学》2020年第3期。

[3] 参见李鸣:《国际法的性质及作用:批判国际法学的反思》,载《中外法学》2020年第3期。

[4] See Vaughan Lowe, *International Law: A Very Short Introduction*, Oxford University Press, 2015, p. 120 – 123.

[5] See Vaughan Lowe, *International Law: A Very Short Introduction*, Oxford University Press, 2015, p. 123.

[6] See Max Weber, *Max Weber on Law in Economy and Society*, edited with an introduction by Max Rheinstein, translated by Edward Shils and Max Rheinstein, Harvard University Press, 1954, p. 6 – 7, cited in Martti Koskenniemi, From Apology to Utopia: The Structure of International Legal Argument, Cambridge University Press, 2006, p. 548.

到运行的整个流程中,始终离不开国际法学人[1]对国际法的诠释与应用。国际法不存在于智力的真空之中。[2] 国际法本身不会以自己的力量奇迹般地产生正义和公平,但国际法学人依然有余地运用自己的国际法技艺使得国际法朝向更好的方向发展。举例而言,在国际法院审理的“波黑诉塞黑案”中,塞黑能否代表南斯拉夫参加诉讼这一问题上存在很大争议,时任国际法院院长的Rosalyn Higgins将实在法学的语言与政策定向的方法相结合投入国际法实践,运用既判力原则的解释顺利解决了这一问题,实现了其自身对国际法的理想与追求。[3]

对中国国际法学人而言,国际法学习更加任重道远。以该书第二章介绍习惯国际法时所举问题为例,即1999年北约轰炸科索沃和2011年联合国安理会对利比亚实施“禁飞区”等事件是否意味着新的国际法规则——为防止一国政府大规模侵犯人权允许在某些情况下使用武力——正在形成?

国际法显然没有形成这样的规则,西方在人权干涉问题上保持一致显然不能代表国际共识的形成,更加不能决定国际法未来的进程。但同时,作者也提示读者,尽管国际行为背后动机与习惯国际法规则的形成并不相关,动机或者名义上的动机会对各国普遍接受新做法产生重大影响。[4] 从使用武力到单边制裁,以人权为名的国际行为始终蕴藏巨大现实风险与法律风险,在带来更大程度的人权侵害风险的同时,[5]更可能引发现行国际人权保护机制甚至现行国际法规范的失序与崩溃。面对此等局面,如何探索出中国的国际法方法?如何用国际法语言讲好中国故事、发出中国声音?如何在国际舞台上贡献中国智慧、承担大国责任、与全球共话人权治理体系建设?这些都需要中国国际法学人发挥才智。

Vaughan Lowe以“国际法不能做什么”结束了写作,但本文希望在“国际法能做什么”的探讨中敲下句点。国际法无法摆脱其固有局限,但它并非无用

---

[1] 此处的国际法学人概念是广义的,指所有学习、使用国际法的研究者与实践者。

[2] See Iain Scobbie, *Wicked heresies or legitimate perspectives? Theory and International Law*, in Malcolm D. Evans, International law(3rd ed.), Oxford University Press, 2010, p. 83.

[3] See *Application of the Convention on the Prevention and Punishment of the Crime of Genocide* (Bosnia and Herzegovina v. Serbia and Montenegro), Judgment, I. C. J. Reports 2007, p. 43.

[4] See Vaughan Lowe, *International Law: A Very Short Introduction*, Oxford University Press, 2015, p. 24 – 25.

[5] 参见联合国大会第七十五届会议:《在冠状病毒病大流行期间单方面强制性措施对享受人权的不良影响》,A/75/209,2020年7月21日。

之学。国际社会从动荡不安、荒蛮无序中走来,国际法是人类走向文明的重要创造;这条坎坷之路仍在蜿蜒向前,未来国际社会中一切或灰暗或光明的新故事,也必然由国际法的语言所写就。

作为世界通用语言的国际法

——基于 *International Law: A Very Short Introduction* 的反思

冯绰莹(北京大学法学院2021级国际法学专业硕士研究生)

一、总述

Vaughan Lowe 教授笔下的 *International Law: A Very Short Introduction* 是大道至简的经典著作,汇聚国际法理论的精华。

国家相互独立,却无所不在枷锁(chains)之中。国家与国际社会的关系正如人与社会的关系,国际法主体相互独立,但又互相依赖。[1] 譬如,国际组织依靠国家而建立;国家间互相尊重主权,确保主权国家共存;国家和国际组织之间自愿订立条约,受条约的约束,在国际法许可的范围内活动等。因此,在国际社会中,国际法就是国际法主体的枷锁,由于国际法主体同意受国际法的约束,所以国际法将所有国际法主体连接为一体,使之组成秩序稳定的国际社会。

正如拉丁语法谚:"有社会就有法律。"以此类推,在国际社会就有国际法,虽然将国际法形容为枷锁,但国际法不是超国家主体或世界政府强加给国际法主体的法,不是对国际法主体无端的限制。国际法的基础是国际法主体的同意(consent),[2]国际法是国际法主体自己创造的规则,国际法主体主导国际法,条约和习惯国际法都是基于国际法主体的同意而形成的。[3] 可见,国际法主体是国际法的制定者和促进者,创造国际法具有必然性,国际法为国际法主体(特别是主权国家)之间的共存、依赖和合作等共同目标而服务[4]。

---

〔1〕 See Lowe, Vaughan, *International Law: A Very Short Introduction*, Oxford University Press, 2015, p. 4 - 6.

〔2〕 See Lowe, Vaughan, *International Law: A Very Short Introduction*, Oxford University Press, 2015, p. 19.

〔3〕 See Lowe, Vaughan, *International Law: A Very Short Introduction*, Oxford University Press, 2015, p. 7.

〔4〕 See Lowe, Vaughan, *International Law: A Very Short Introduction*, Oxford University Press, 2015, p. 2.

二、回应质疑:国际法是行之有效的法

国际法往往面临外界甚至是法学界内部的质疑,尤其是面临战争时(不管是武力战争还是国家间的贸易战),国际法常被认为无用。因此,国际法学者往往需要论证国际法是否属于法以及国际法的作用。

首先,对于国际法不属于法的质疑主要有二:其一,国际法主体违反国际法;其二,国际社会上缺乏强而有力的执行机制。然而,国际法主体违反国际法的行为并不代表国际法不是法,国内社会中常有主体违反国内法律,但违法行为不代表法律无效或无用。事实上,大部分国际法主体遵守国际法规范,如有国际法主体违反国家主权原则、不干涉内政原则、禁止使用武力原则等国际法基本原则,其他国际法主体会予以谴责,违反国际法规范的国家往往也会发声论证自身的行为符合国际法。可见,违反国际法是例外情况。再者,国际法的执行机制与国内法的执行机制的不同并不代表国际法的执行机制无效,国际社会没有超国家的世界政府,国际法不具有强制执行力,而是依靠国家单独或集体的行为加以实施和保障,[1]所以出现国际法院裁判后国际法主体迟迟不执行的情况,基于国际法院的判决,国家对其违反国际法的事实是无法辩驳的,则其不执行的行为将影响其国际声誉,受侵害的国家可以采取国际法上的措施使违法国家承担责任,如单方面终止条约,[2]不可否认国际法的约束力相对于国内法较弱,但国际法并不能被随意践踏。

其次,国际法对国际社会以及各国国内社会均有重大作用。在国际社会方面,国际法主体透过国际法维护利益、避免争端,在实践中成功起到维护国际社会秩序的作用,如相邻的国家以边界条约解决争端。在国内社会方面,条约以转化或纳入的方式进入国内法的领域使条约得以在国内执行,除此之外,一国的内部问题也需要国际法来解答,以刚果(金)在香港被诉承认与执行外国仲裁裁决案(以下简称“刚果金案”)为例,我国香港在回归前依据英国的《国家豁免法》而适用限制豁免主义,而我国一贯支持绝对豁免主义,香港在1997年回归祖国后该遵循哪种豁免主义存在争议。国际法学家伊恩·布朗利受邀解释相关国际法理论,全国人民代表大会常务委员会解释《香港基本法》

---

〔1〕 参见白桂梅:《国际法》(第3版),北京大学出版社2015年版,第3页。

〔2〕 See Lowe, Vaughan, *International Law: A Very Short Introduction*, Oxford University Press, 2015, p. 44-45.

后,香港特别行政区终审法院判香港特别行政区应该遵循绝对豁免主义。[1]“刚果金案”在香港特别行政区法院审理,却大量运用国际法规则,以国际法进行分析,在审理过程中,外交部驻香港特别行政区特派员公署三次发函都表明国家坚持绝对豁免原则,所以国际法是维护国家立场不可或缺的工具,足以显示维护“一国两制”的作用。

因此,国际法是法,在国际社会上具有稳定秩序的功能,各国国内也需要运用国际法处理问题。

三、真实的国际法:国际法是国际社会通用的语言

各国有不同的语言,为了让国际社会理解本国的语言,国际法主体需要使用国际社会通用的语言,而国际法正是被国际社会接纳的语言,[2]国家运用国际法进行发言,才能加强国家的国际传播能力,让本国的思想在国际社会上传播。举例而言,我国张彭春先生参与起草《世界人权宣言》,积极地弘扬中国思想,《世界人权宣言》第1条:“人人生而自由,在尊严和权利上一律平等。他们富有理性和良心,并应以兄弟关系的精神相对待。”其中的“良心”指儒家上的“仁”,[3]起草过程坚持中国文化价值观,但不僵硬地使用中国的字词,在传播中国声音时,适应国际社会的话语形式,才能被国际社会接纳。

同时,国际法主体间利用国际法说理斗争。国际社会以世界和平与安全为目标,对于国家之间的冲突或者对立立场,国家往往通过“话语”的方式表达不满或解决问题。具体而言,即单方面发布声明指责另一国,或者通过政治或司法方法和平解决争端,加上国际法主体交往频繁,若国际法主体想在国际社会上争取利益,必须依靠国际法话语进行说理斗争,与其他国际法主体进行论辩。正如批判法学的观念,国际法是国际法律论辩术,[4]法律存在不确定性,有各种解释方法,法律论辩时要找法律的证据,要有法律的材料证明自己的论点,国际法上的论辩就要找条约、有拘束力的决议、习惯国际法规则和一般法

---

[1] FG Hemisphere Associates LLC v. Democratic Republic of the Congo and Others,原讼法庭关于“刚果金案”的判决书(HCMP 928/2008),上诉法庭关于“刚果金案”判决书(CACV 43/2009),终审法院关于“刚果金案”的终局判决书(FACV5/2010、FACV6/2010、FACV7/2010)。

[2] See Lowe, Vaughan, *International Law: A Very Short Introduction*, Oxford University Press, 2015, p. 120.

[3] 参见孙平华:《〈世界人权宣言〉研究》,北京大学出版社2012年版,第93~112页。

[4] See Martti Koskenniemi, *From Apology to Utopia: The Structure of International Legal Argument*, Cambridge University Press, 2006, p. 600.

律原则。因此,国际社会上的辩论必须依靠国际法。

举例而言,瑞士良好棉花发展协会(Better Cotton Initiative,BCI)称“新疆存在强迫劳动”,导致外国品牌抵制新疆棉花。此说法纯属是无稽之谈,为了反击外国错误且不合理的声音,我国商务部运用国际法话语进行反击,譬如,发表声明表示“我们反对任何外部势力干涉新疆事务和中国内政,反对基于谎言和虚假信息、以所谓新疆人权问题为借口对中方有关实体和个人实施制裁”。[1] 其中,不干涉内政原则正是国际法上的基本原则。可见,国家在说理斗争的过程中需要运用国际法话语,以维护国家利益。

因此,关于国际事务,必须利用国际社会上通用的语言——国际法的话语,譬如,在涉及国家豁免问题时,要说明“我国一贯坚持绝对豁免原则”[2],借国际社会上通用的话语作为强而有力的回应,坚定立场,维护权益。

四、展望:如何学习国际法

法律与社会息息相关,社会不断变化,法律固然也会改变,国际法是变化中的法。举例而言,100 年前没有气候难民的概念,更没有相关的国际法规则,可见,国际法领域不断出现新的法律概念和法律规则,在这日新月异的世界里,我们甚至可以畅想 100 年后的国际法,或许动物保护的国际法规则得到完善发展。因此,国际法不是客观、静态的规则,而是主观的,国际法学习者需要接受国际法在不断变化,国际法学习者可以评价法律,批判不合理的法律。

此外,作为国际法学习者,需要学习不同的国际法理论,培养复合视角。拥有复合视角即能够站在不同角度审视问题。以国际法环境法条约为例,自然法学派看到背后的理念符合的人类理性,政策定向学派会具体分析整个法律制定的过程,以政策为导向去追求人类尊严。因此,国际法学习者依复合视角审视问题,能使分析更全面。

---

〔1〕《商务部召开例行新闻发布会(2021 年 3 月 25 日)》,载中华人民共和国商务部网,http://us.mofcom.gov.cn/article/jmxw/202103/20210303047718.shtml。

〔2〕在刚果金案中,2008 年 11 月 20 日外交部驻香港特别行政区特派员公署致函香港特别行政区政制及内地事务局:“我国的一贯原则是,一国国家及其财产在外国法院享有绝对豁免,包括绝对的管辖豁免和执行豁免。”

张康乐老师的私塾

国际法的审美读书会

张康乐

北京大学法学院助理教授（国际公法专业），北京大学国际法研究所所长助理，北大—耶鲁法律与政策改革联合研究中心研究人员，芬兰埃里克·卡斯特伦国际法研究所研究员，曼彻斯特国际法研究所研究员。在芬兰赫尔辛基大学法学院取得博士学位，师从著名批判国际法学大师Martti　Koskenniemi教授；在北京大学取得本科和硕士学位。主要研究国际公法和经济发展的连接点问题，涉及法律与发展、环境与发展、发展权、国际金融秩序、国际法中的企业等问题。主要讲授国际公法和国际环境法。

总体说明

对国际法学核心学术脉络有较为清晰的掌握，能够快速且敏锐地分辨出学界研究成果的智识渊源，了解学界动向并形成自己的判断，参与学界话题讨论并通过研究成果获得学界关注，理应是有志于学术科研工作的国际法学专业研究生具备的能力。但国际法专业研究生普遍面临着几个困难。首先，相比国内法能够相对直观地对应到日常生活，国际法处理的问题似乎与日常生活有一定距离，因此，国际公法研究容易从概念到概念，花更多时间去学习外文的规则并对此做系统地梳理。这就意味着，在研究问题的选择上容易“大而空”，同时不能理解外文国际法学界的问题意识和研究进路，也就没有动机去深挖不同作者的政治动机和哲学基础并在此基础上形成自己的“基础知识宇宙”。其次，中文的国际法研究和英文的研究在选题、内容和方法上存在割裂，从中文核心期刊发表中极难获取学术灵感也几乎无法系统地看到作者的研究进路与方法，对英文文献的阅读又无法超越内容获取层面、在写作思路和方法上起到积极作用。此外，国际法教育在一定程度上侧重于强调“国际”，对“法”略有忽视，过于关注语言能力和国际视野，却忽视了更为基础的对法学领域的基础或经典文献的阅读和掌握——在改革开放后等特定时代背景下看重国际法学生学者的语言能力定然合理，但在我国参与和改革国际秩序的当下，我们培养的研究生不能仅仅是“国际范”的，还应当是有扎实的法学基础的。

我于2020年博士研究生毕业，毕业后进到北京大学法学院博士后工作站，和在读的研究生年龄差相对来说不大，有的研究生也是我读博时就认识的师弟师妹，大家日常就学术和学习的交流自然也比较多。多数研究生的感受是，他们阅读了无数的外文文献、了解了一些名家精英、掌握了一些学术流派，但自己的研究无论是在选题上还是在写作上都比较茫然。有志于科研的硕士研究生在申请博士研究生阶段和博士研究生开始阶段尤其容易陷入发表压力和学业焦虑。大家普遍的感受是，国际法非常有趣同时纷繁复杂，既有实在国际法学、政策定向学派、批判国际法学、第三世界国际法学、女性主义国际法学等流派的著述，又有国际组织法、海洋法、国际环境法、国际人道法、国际人权法、国际刑法、国际难民法等极具专业性的领域，学生很容易在知识的海洋中迷失,更别提构建自己的知识宇宙、围绕一个问题进行深耕。这严重影响了学生的学术发展。

我个人的看法是,至少对于有学术研究兴趣的国际法专业学生而言,有目的、有选择、有引导的阅读是掌握国际法学界动态,明晰不同国际法学研究方法,通过学术"共情"(透过作者的肩膀思考作者的动机和一系列写作选择)激发自己的学术兴趣点,并最终通过发散式阅读构建起自己的知识宇宙,是国际法学研究生不能跳过的环节。通俗地讲,这就是培养一个年轻学者的学术审美的过程。就像建筑师们看到一座建筑,大致会有流派和方法上的归纳以及对建筑作品的评判,国际法学的研究生们看到一篇文章、一本书,应该能够在自己的知识宇宙中找到连接点(或者明确地割断其中的联系),并在思路和方法上批判性地阅读这些作品。当有了品判他人作品的审美能力以后,也就可以在自己的写作过程中加以应用——这一类的文章别人怎么写了、怎么样的写法最为讨巧且有趣、我如何来写这一类文章。阅读和写作其实是一体的,也都需要有最基本的审美能力。

基于上述感受和认识,也得益于学院提供的慷慨支持,我从 2021 年秋季学期开始,组织了第二课堂读书会,主题为"国际法的审美",挑选了国际法领域一些有代表性的外文期刊文章,和国际法专业的硕士、博士研究生定期讨论。2021~2022 学年选择了 7 篇文章。(1) Erika de Wet 的文章试图为存在一个国际宪政秩序提供支持。(2) Arjun Sengupta 关于发展权的文章试图论证存在"国际发展人权权利"国际法律概念,因此 Sengupta 从国际法律资料中寻找能够证成论点的资料并作以加工。(3) Andrew Guzman 关于国际造法和履行的文章是国际法领域比较少见的法律经济学分析,他将造法过程中的各类制度性设计界定成"制度因素",分析了不同制度因素如何增加或减少国家在履行国际法律义务时的违约成本,并在此基础上探讨了为何国际法相较国内法违约成本更低,以及如何通过增加履约获利的方式降低国家违约的情况。(4) Yuval Shany 对于国际法中的自由裁判余地的讨论是另一篇关于国际法中一个特定概念的讨论。自由裁判余地是指在国际法庭案件中,国际法庭给予一个国家自由裁量的空间,也就是说,对于一些国际法庭无法明确辨析的问题,当事国可能有权利作出自己的判断。Shany 从诸多国际法院以及欧洲人权法院(还有少量国内法院)判例中提炼分析了这一概念,认为尽管国际法院在一些案件中没有适用这一概念,但是有理由相信这一概念会成为一个国际法律概念并得到广泛适用。(5)Anne Peters 关于联合国安理会“保护的责任”这一法律责任的讨论是比较典型的实在法分析,尽管保护的责任在国际法中仍未确立,但是 Peters 通过假设论证的方式,讨论了确立保护的责任对于联合国安理会成员在法律上带来什么具体责任,并在这一基础上讨论了如何在国际法“责任与义务”框架下理解联合国安理会成员承担的“保护的责任”(认为这应该是一项程序性责任而非实体性责任)。(6)Jean D' Aspremont 关于国际法与民主的讨论与 Susan Marks 之前发表的一篇关于国际法与民主话题的文章呼应。文章指出,尽管“冷战”后的 20 年间,国际法与民主概念似乎产生了盘根错节的联系,但是国际法学者们对于这些联系的讨论存在诸多问题。(7)China Miéville 的文章将美国为首的军队入侵伊拉克背后的“单边主义”实践和美国与海地贸易关系内嵌的“多边主义”主张相提并论,认为美国表面上打着多边主义的口号,实际上是在推行帝国主义政策。

2021 ~ 2022 学年选择的这 7 篇文章在难度上依次递进,且展示了不同的研究方法流派,也为讨论如何选择研究问题、如何展开论述、如何写作提供了比较好的基础。第一篇 Erika de Wet 的文章较为简单,在论点和论证方式上也有较为明显的问题——从国际法律资料中寻找可以支持论点的证据却不做思辨性分析,适合作为第一篇文章进行阅读,让学生产生批判意识。第二篇 Sengupta 的文章与第一篇文章的相似点在于,两篇文章都试图论证存在一个特定的国际法律概念,但与第一篇文章不同,Sengupta 有较多的概念型分析,比如,关于集体权利和个体权利的分析,关于如何重新构思国际机制以实现发展权的分析。Sengupta 的文章在论理上能够自圆其说,是实在国际法范畴中相对比较典型的概念性文章。第三篇 Guzman 的文章用法律经济学的方法讨论国际法律问题,有助于理解如何在国际法学研究中应用不同的法学方法论。第四篇 Shany 的文章也是围绕一个概念展开,但是从判例中寻找论据的方法以及整体行为结构是相对比较典型和优秀的实在法论证。与之类似,第五篇 Peters 的文章在选题和问题意识上都可圈可点,结构极为清晰,实在法论证非常扎实。第六篇 Jean D' Aspremont 在难度上有一定提升,在阅读了前面的文章以后,预期同学们都掌握了阅读这一类文献的能力。这篇文章有比较明显的作者主观意识,通过包括史料在内的材料论证了 D' Aspremont 对于国际法与民主的看法,并通过话语分析(discourse analysis)的方法讨论了国际法学者关于民主问题的研究。这一文章已经超越了实在国际法,而是转向了对于国际法学和国际法学者工作的反思。第七篇 Miéville 则是比较典型的批判法学研究,专门致力于解构——一般认为多边主义是好的,那么 Miéville 就偏要说美国奉行的多边主义的背后是霸权。参加读书会的同学们可能在观点上与这些作者并不相同,但是通过这些作者的观点,反思作者的行文思路、支持他们行为思路的知识结构、作者的政治立场等,能够为同学们在研究选题方面提供指引。

2022~2023 年秋季学期开始,我更新了第二课堂阅读的内容,选择阅读欧洲国际法期刊(European Journal of International Law)在 2022 年发表的一期中的一套组稿文章。欧洲国际法期刊毋庸置疑是当下国际法学研究中少数极具代表性和影响力的期刊之一,在 2022 年这一期的组稿中,围绕"不平等"(inequality)问题,从不同的国际法领域展开讨论。这一期稿件涉及国际移民法、国际投资法、国际人权法、国际金融法、国际贸易法、国际法与大数据、国际法与科技等诸多领域。这些稿件或是分析了国际法律秩序如何加剧了特定领域的不平等现象,或是解释了为什么法律机制本身存在不平等,或是讨论了如何通过国际法来缓解和改善不平等现象。之所以选择这期组稿,主要是基于两点考虑。首先,2022 年的欧洲国际法期刊发表能够比较清晰地呈现主流国际法学的研究兴趣,同时,纵观不同领域和不同方法的学者对于同一问题的研究,可以更为清晰地比较领域和方法之间的区别。其次,这一期稿件的作者主要是非英语母语的学者,仔细阅读和学习这些文章的写作方式,对于同学们的英文写作也有益处。值得一提的是,基于提升英语写作能力这一考虑,这一学年秋季学期的读书会上,我也鼓励参加的研究生同学,自愿分享他们的英文写作,读书会来阅读和讨论同学们的英文写作。无论是对分享了自己写作成果的同学还是对参与讨论的同学,这在英文写作方面都会有益处。

我考虑过将这些阅读放进日常教学中,在第一课堂完成这些工作。但是第二课堂有第一课堂无法取代的优点。第二课堂能够有效地筛选出真正对学术研究感兴趣的学生——只有真的觉得每次这两个小时没有浪费的学生才会愿意在不获得学分的情况下参加第二课堂。而且第二课堂能够将不同年级中有志于学术的同学聚集起来,共同交流。在同学们口中的"内卷"盛行、太多人习惯于精细地计算得失的当下,尝试着建立和维持一个学术共同体,与志同道合的年轻人一起成长,是很值得做的一件事。

组织程序

“国际法的审美”读书会面向所有博士研究生、硕士研究生和本科生开放,主要通过学生口耳相传的方式发布通知。每学年伊始,教师发布读书会相关信息,同学们自愿报名并加入读书会的微信群。读书会也欢迎新同学中期加入。微信群是主要的沟通和发布组织信息的平台。

读书会每2~3周开展一次,每次时间固定。比如,2022~2023学年的读书会固定在周日16~18时。第一次读书会安排了阅读的篇目,并明确了每次的领读人。负责领读的同学需要在读书会上介绍文章的主要内容,主要用来帮助大家记起之前阅读过的内容。每次读书会时长在2小时左右,每次参加的人数在6人左右。每次读书会统一订餐,读书会结束后老师和同学们一起聊天吃饭,在指导同学们阅读文章之外,进一步交流关于学习和生活的体会。

读书会主要由领读同学介绍文章内容、同学评议、老师评议和讲述、集体交流四个部分组成。其中,领读同学需要20~30分钟,老师评议和讲述需要40分钟到1小时。为了避免讨论浮于表面或框架内容,老师会提前针对有讨论价值的段落和语句设计问题,供集体讨论用。读书会讨论的内容包括文章内容、结构、思路、行文方式、作者的政治立场、作者的知识结构、对同学自身研究的启发等。

2022~2023学年开始,读书会鼓励同学们分享自己的英文写作,作为读书会阅读的内容。本着自愿原则,由同学主动联系老师分享后,老师首先协助同学尽量完善稿件,然后再发给参加读书会的同学阅读、讨论。

阅读篇目

(一)2021~2022学年

1. Erika de Wet, *The International Constitutional Order*, 55 International and Comparative Law Quarterly 51(2006).
2. Arjun Sengupta, *The Human Right to Development*, 32 Oxford Development Studies 179 (2004).

3. Andrew T. Guzman, *The Design of International Agreements*, 16 European Journal of International Law 579(2005).

4. Yuval Shany, *Towards a General Margin of Appreciation Doctrine in International Law*, 16 European Journal of International Law 907(2005).

5. Anne Peters, *The Security Council' s Responsibility to Protect*, 8 International Organizations Law Review 15(2011).

6. Jean D' Aspremont, *The Rise and Fall of Democracy Governance in International Law: A Reply to Susan Marks*' ,22 European Journal of International Law 549(2011).

7. China Miéville, *Multilateralism as Terror: International Law, Haiti and Imperialism*, 19 Finnish Yearbook of International Law 63(2008).

(二)2022~2023 学年

1. Petra Weingerl, Matjaž Tratnik, *Climbing the Wall around EU Citizenship: Has the Time Come to Align Third - Country Nationals with Intra - EU Migrants ?* , 33 European Journal of International Law 15(2022).

2. Lorenzo Gradoni, Luca Pasquet, *Voice under Domination: Notes on the Making and Significance of the United Nations Declaration on the Rights of Peasants*, 33 European Journal of International Law 39(2022).

3. David Schneiderman, *International Investment Law and Discipline for the Indebted*, 33 European Journal of International Law 65(2022).

4. Johan Horst, *Inequality, Law and Distribution in Transnational Financial Markets*, 33 European Journal of International Law 97(2022).

5. Donatella Alessandrini, *A Not So "New Dawn" for International Economic Law and Development: Towards a Social Reproduction Approach to GVCs*, 33 European Journal of International Law 131(2022).

6. Bernard Hoekman, *On Trade Agreements and a Social Reproduction Approach to GVCs: A Reply to Donatella Alessandrini*, 33 European Journal of International Law 163(2022).

7. Dimitri Van Den Meerssche, *Virtual Borders: International Law and the Elusive Inequalities of Algorithmic Association*, 33 European Journal of International Law 171(2022).

8. Shin - yi Peng, *The Uneasy Interplay between Digital Inequality and International Economic Law*, 33 European Journal of International Law 205(2022).

9. Amrita Bahri, Daria Boklan, *Not Just Sea Turtles, Let' s Protect Women Too: Invoking Public Morality Exception or Negotiating a New Gender Exception in Trade Agreements ?* , 33 European Journal of International Law 237(2022).

研习成果

谁的多边主义?

——《作为恐怖的多边主义:国际法、海地和帝国主义》读书报告

冯丽羽(北京大学法学院2020级国际法学专业硕士研究生)

作为国际法专业的学生,我初次阅读米埃维尔(Miéville)的《作为恐怖的多边主义:国际法、海地和帝国主义》时感觉十分困难。原因大概是,不同于大部分教义学研究,这篇文章使用的不是我们所熟悉的国际法词汇,而是各方的政治说辞和博弈过程;它也没有采用常见的规范研究方法,而是运用批判话语分析展现法律背后更广阔的场域。但是,在克服最早的理解障碍之后,我阅读本文的收获也是巨大的:作者通过独到的法律外部视角,向读者全面地揭露了国际法、多边主义和帝国主义如何在海地的案例中交叉和互动,导致国际法律人形成了对多边主义的片面认知,却忽略了多边主义背后的帝国可能。

该文的作者米埃维尔是第三世界国际法方法的一位著名学者,曾在伦敦政治经济学院获得国际关系博士学位。同时,他也是一名马克思主义者。米埃维尔长期以来同时从事学术和科幻小说写作,并始终试图将他的政治立场融入各类作品中。该文就是他在2008年针对当时的海地情势所写的分析。

在该文中,作者的分析通过四个部分展开。在第一部分"伊拉克,单边主义和对其的不满"中,作者从2006年美国国际法学会对美国行动的谴责写起。这份声明似乎反映了当代国际法学者对自身地位的肯定,以及国际法在现实政治讨论中的相关性。美国发动的伊拉克战争和布什政府对国际法的公然违反,都是学界最近对国际法产生浓厚兴趣的原因。从这些案例中可以看出,国际法日益受到重视,正是因为违反国际法的情况越来越多。这使国际法律人担忧,我们是否在进入一个没有法律的世界——新保守主义兴起、单边主义盛行,导致了对国际法虚无主义的想法产生。美国的行径正是这种无视国际法思潮的体现。

但是,作者认为,新保守主义并不是仅仅体现为国际法虚无主义。它的另外一种表现形式,实际上是"国家主义国际法"观点。持有这种观点的人并不是直接否认国际法的作用,而是认真对待国际法,试图用国际法正当化自己的

行为。在2008年的美国总统选举中,奥巴马就提出了类似论调。这种承认国际法的观点,一度使自由主义学者对国际法的未来充满信心。但是,多边主义是否等同于理想的国际法似乎并未被仔细考虑过。

在第二部分,作者详细分析了多边主义在海地问题上的得失。2004年,海地的政变推翻了阿里斯蒂德总统的统治,随后,美国、加拿大和法国军队占领海地,并迅速被联合国联海稳定团的部队取代。这一事件得到过政治学等学科的关注,但是国际法主流分析却令人惊讶地没有展现出对这一问题的兴趣。在事件发生后,美国国际法学会就安理会第1529号决议发表了一篇简略但误导性极强的文章,支持联合国在当地的驻军,展现了阿里斯蒂德总统在叛乱后黯然辞职并离开该国的场面。

与此同时,阿里斯蒂德总统的律师一直在坚定地质疑政变和占领的合法性;全国律师协会组织了两个人权代表团前往海地,并成立了一个海地问题小组委员会以促进海地人民的正义和主权。类似的对主流报道的反叛,其实在很多地方都可以发现,但是他们却系统性地被国际法所忽略了。此外,关于阿里斯蒂德总统的政治举措和政治倾向的报道很多也是误传;他当政期间采取过各类促进国内产业发展、改善教育的措施。他的统治被推翻后,其他国家借机干涉海地的内政,海地国内的法律在这一过程中也扮演了重要角色。海地的司法机关便利了新政权拘禁其反对者。美国、法国和加拿大共同训练右翼的代理人,培养他们进行叛乱。从其他国家的行为中可以看出,联合国的行动并非毫无争议:非洲联盟和加勒比共同体都反对政变(阿里斯蒂德被推翻后,加勒比共同体中止了海地的成员资格)。然而,联合国的入侵得到了西班牙等国家的积极支持。联合国军队在行动过程中多次违反了战争法,但是这种情况也被国际法忽视了。作者认为,这就是作为恐怖的多边主义。

在"多边主义恐怖的后果"一节中,作者分析了干涉海地是如何产生和被正当化,从而使人们接受的。自由主义的国际法学者为何对多边主义对海地造成灾难的情况视而不见?这是由一系列的政治二元主义观点所决定的。在这样的二元观点中,"单边主义/多边主义"的对立被等同于"国际法虚无主义/支持国际法"的对立,在某种程度上也是"新保守主义/自由主义"和"帝国主义/反帝国主义"的对立。因此,自由主义者实际上被多边主义的话语所禁锢了,因为如果他们批评多边主义,自身也将无处立足。在指出这一系列二元的对应的同时,作者也就证明了这种对应的无逻辑性。单边主义和多边主义的对立并不必然意味着一个是保守的,一个是自由的。在这种意义上,自由主义国际法学者尽管意识到了多边主义的问题,却还是选择沉默,这种沉默本质上就是一种共谋。

美国在海地掀起政变以后,在海地国内推行血汗工厂、医疗和教育私有化改革。

最后,作者指出,美国的策略有可能转化为转向多边帝国主义。他们对伊拉克进行的单边主义行为可能已经成为历史,但是类似海地的情况可能在未来继续发生。这必须引起我们对于多边主义的警觉。一个看起来一切都是"合法"的世界,比一个没有法律的世界更加危险。

批判国际法学已经让我们意识到,国际法并非必然促进各国平等发展,实现共同利益,而是也可能成为被大国用以正当化自身霸权的工具。但是,了解了这一点不一定能保证使我们在任何情况下都能敏锐地反抗:霸权往往以更加幽微的、不引人注目的形式存在。在该文中,作者批评的"多边主义",就是一个常常被国际法律人不假思索地接纳的概念。多边主义被等同于进步、平等、自由、正义——即使在今天的国际法学术领域,我们仍然能看到这种认知的产物。举例来说,在国家责任领域,对世义务所引起的争端被称为"多边争端",大量国际法学者试图对现有的双边争端解决机制进行改革,以实现国际社会的共同利益。〔1〕 多边主义作为一种理想被国际法律人不断输出、交流、重复、固定。

为什么多边主义会被自由主义国际法直接接受?该书作者并未进行深入分析,但这仍然是一个值得我们反思的问题。这背后的原因可能是,在谈及多边主义时,法律人自然地联想到"多数"、"合作"、"民主"和"正义",〔2〕但是这些概念在本质上没有必然联系,联合国等多边机构也不意味着行动的绝对合理。但是,米埃维尔早在2008年就指出,从单边主义到多边主义,并不一定意

〔1〕 See Federica I. Paddeu, *Multilateral Disputes in Bilateral Settings: International Practice Lags Behind Theory*, 76 Cambridge Law Journal (2017); Vincent - Joël Proulx, *The World Court's Jurisdictional Formalism and Its Lost Market Share: The Marshall Islands Decisions and the Quest for a Suitable Dispute Settlement Forum for Multilateral Disputes*, 30 Leiden Journal of International Law 925(2017).

〔2〕 See Georg Nolte, *From Dionisio Anzilotti to Roberto Ago: The Classical International Law of State Responsibility and the Traditional Primacy of a Bilateral Conception of Inter - state Relations*, 13 European Journal of International Law 1083(2002).

味着国际法发展到了更好的阶段。也许恰恰相反,多边主义只是霸权的新的表现形式。国际法律人需要避免的正是不假思索地被政治和学术上的二元主义固化思维,[1]防止把多边主义当成要追求的目标本身,从而利用多边主义压迫主权、发展、自决等其他同等重要,甚至更加重要的目标。在这种意义上,如果我们作为国际法律人,没有对多边主义的危险有足够的警觉,那么也会像海地的案例中一样,无意识地成为帝国主义的共谋者。

如何避免以上情况发生?这正是本文为我们提供的另一个启示:国际法研究的视野不应该局限在学科的规范内部。米埃维尔的做法可以为我们提供一个很好的话语分析案例。他对于新闻报道的大量运用,包括对美国国内继任总统政治倾向的分析,都使本文不同于其他国际法作品,也让论述有了更多广度和深度。当我们对国际法事件的政治和历史背景有更多了解,就能更深刻地反思国际法和权力关系的互动。另外,国际法律人也不应该限制自己的研究对象。在从事国际法研究时,我们经常有一种类似直觉的感受,即某一事项不属于国际法应该处理的范围。[2] 正是这样的想法使国际法律人对海地的政变、联合国的驻军和国内后续的动荡视而不见——因为这些似乎属于政治而非法律问题。如果从事国际法研究者以减少国际社会的不平等和霸权为己任的话,那么以上锢见和思维盲区是必须要被摒弃的。

课堂之外的“习文馆”和“演舞台”

——“国际法第二课堂”的思与得

高辰(北京大学法学院2021级国际法专业博士研究生)

一、文章评述

该文是《欧洲国际法杂志》国际法与不平等专题的9篇文章中的开篇之作,反映了国际法固有的不平等现象(inequalities intentionally entrenched in international law)。实际上,从提到“文明标准”的法律文件到联合国安全理事会常任理事国的特别权力,国际法固有的不平等现象屡见不鲜。[3] 该篇文章

---

[1] S. I. Hayakawa, *Language in Thought and Action*, Harcourt Brace, 1977, p. 223.

[2] Martti Koskenniemi, "*The Lady Doth Protest Too Much*": *Kosovo, and the Turn to Ethics in International Law*, 65 Modern Law Review 159(2002).

[3] See Anne van Aaken, Diane Desierto et al., *Introduction*: *International Law and Inequalities*, 1 European Journal of International Law chac012(2022).

的标题翻译成中文是《爬上欧盟公民身份的墙,是时候平等对待第三国国民和欧盟内部移民了吗?》。Petra Weingerl 和 Matjaç Tratnik 着重讨论了欧盟法在工人自由流动方面对欧盟国民和从第三国入境的移民工人的不平等待遇。[1] 作者将移民工人(migrant workers)分为三类:本国工人、本国以外的欧盟成员国工人和非欧盟第三国的工人。后两类工人相对于本国劳工来说都是外籍工人。然而,在后两类的外籍工人之中存在不平等待遇,特别是在合法移民的自由迁徙(free movement)方面的权利。该篇文章的作者分析了构成欧盟合法移民法的法律和政策框架,指出这种基于国籍的不平等待遇的社会和经济影响。研究支持和反对在欧盟内部平等对待欧盟和第三国移民工人的有关论点,并展示了这些论点如何朝着不同的方向发展。

该文的标题设问和结论的呼应颇具巧思。通过分析法律框架和支持反对平等对待的理由,作者得出的结论并非我们应当平等对待,而是我们无法证明不平等对待是正当的。文章的结尾巧妙地回应了文章标题的提问:是时候平等对待欧盟和第三国移民工人了。[2] 作者的设问颇具巧思,回避了"是否应当平等对待"的是与非设问,避免了欧盟移民法中政治相关问题讨论,而是详细介绍的欧盟法律框架、判例,全面分析了支持和反对的观点,说明现在没有差别对待的理由。因此,是时候把平等对待提上日程了。

二、延伸思考

(一)寻找"小切口"

该文是《欧洲国际法杂志》关于国际法与不平等的命题作文。作者是如何从宏观命题出发,找到小切口并"以小见大",才能从投稿的 177 篇论文中脱颖而出?[3] 在好奇心驱使下,我开始研究起作者的写法。为了回应宏观命题,作者在中观层面上选择了"基于国籍的歧视"和"欧盟移民法的发展"两条线贯穿全文。在微观层面,引言部分抛出法律问题:不平等对待欧盟和第三国合法移

---

[1] See Petra Weingerl & Matjaž Tratnik, *Climbing the Wall around EU Citizenship: Has the Time Come to Align Third - Country Nationals with Intra - EU Migrants?*, 1 European Journal of International Law chac008(2022).

[2] See Petra Weingerl & Matjaž Tratnik, *Climbing the Wall around EU Citizenship: Has the Time Come to Align Third - Country Nationals with Intra - EU Migrants?*, 1 European Journal of International Law chac008(2022).

[3] Supra note 1, Anne van Aaken, Diane Desierto, Isabel Feichtner, Jan Klabbers, Doreen Lustig, Sarah M. H. Nouwen, & Joseph H. H. Weiler, *Introduction: International Law and Inequalities*, 1 European Journal of International Law 12(2022).

民工人在法律上是否有足够理由？第二部分说明法律问题相关法律现状。第三部分引入国家主权和个人权利的理论分析框架：从政治、社会、文化、人权和经济五个方面展开全面分析评价。第四部分得出结论。该篇文章行文结构与思路注重与读者的对话与交流，[1]能够让读者清晰且迅速地了解作者的研究问题和中心论点。

阅读和写作相辅相成，互相促进。在以往的学习中，老师常告诉我们可以通过模仿的方式练习写作。该篇文章是很好的学习范例，作者是一位斯洛文尼亚人，他的写作语言平实，相比于经典著作也没有很强的智力性。与智力性较强的经典文章相比，对于思想上还未形成稳定体系的研究生来说，本文的模仿可操作性更强，较为容易把读者视角转变为作者视角去思考，以写作者的思维去考虑文章的谋篇布局和遣词造句。

（二）观点立场的选择

作者观点是国家立场的映射。欧盟移民法是欧盟条约中最具有政治色彩的法律之一。[2] 以往有关此类话题的论文往往很难将法律和政治剥离开来，而该文仅仅将政治作为反对理由之一阐述，避免了权力考量。然而，斯洛文尼亚作为新晋的欧盟国家，可能更希望提高欧洲一体化的程度以带动本国发展。尽管作者在文中处处逃避谈权力，但是不可避免地带有一定的政治立场，谈论了一个资深欧盟国家国际法学者不会关注的第三国移民工人问题。

（三）实在国际法分析

扎实的实在法分析有较强的说服力。作者熟练掌握运用欧盟法，展现了深厚的实在法功底。一系列论证的开展由一个个问题环环相扣，对于问题的法律回答论证有力、论据充分。相较于传统的实在法，现在我们在课堂上可能更多关注批判国际法、第三世界国际法等，但是实在国际法作为正统国际法曾有深远的影响力，批判国际法的著名学者 Martti Koskenniemi 的启蒙正是由实在国际法开始的。[3] 我认为，作为青年国际法研究生，我们应当充分打好实在

---

〔1〕 参见阎天编：《法意文心：法学写作思维六讲》，中国民主法制出版社 2021 年版，第 4～5 页。

〔2〕 Supra note 2, Petra Weingerl & Matjaž Tratnik, *Climbing the Wall around EU Citizenship*: *Has the Time Come to Align Third – Country Nationals with Intra – EU Migrants* ?, 1 European Journal of International Law 17 (2022).

〔3〕 See Martti Koskenniemi, *Letter to the Editors of the Symposium*, 93 The American Journal of International Law 351 (1999).

国际法基础,才能更好运用国际法话语论辩。[1]

(四)对于平等问题的进一步思考

结合本学期的课程知识,我认为该文关于不平等的国际法观点是传统规则主义的观点。规则主义假定国际法在规则运行过程当中始终是平等无差别地对待所有的主体。作者还是对于国际社会的和平合作抱有一定的希望,希望通过平等对待第三国移民工人,降低欧盟内部的老龄化并刺激经济增长。平等地对待强者(欧盟成员国的移民工人)和弱者(第三国移民工人),而不平等对待弱者的问题可以扩大为欧盟国家甚至是国际社会的共同问题。同时,作者往往只谈欧盟法,在一般规则的层面讨论问题,避免谈及国际政治,试图将两者严格区分。作者对于规范性法律体系的呼吁似乎是乌托邦式的表达,可能并不能赢得这场不平等讨论的胜利,也似乎不能解决实际的问题。此外,从历史的角度来看,国际法从诞生之初就是欧洲中心主义的,将国家分为"文明"国家和"未开化"国家,第三国移民工人和欧盟成员国移民工人的这种差别对待具有一定的历史渊源。

在我看来,法律概念都是用来创造不平等的,而且法律概念的重要作用使得所有不平等都看起来如此地自然、可接受。比如,在宪法中区分公民和非公民,在劳动法中区分雇员和非雇员。所以常规的法律工作就是制造等级和不平等。

如果转换角度,站在论辩主义的角度看待,那么对于平等问题的讨论似乎就丧失了政治空间。论辩主义放弃了对于一般规则的讨论,规范体系从规则本身变成了不同主体对规则的主张,变成了国家之间的角力。论辩主义关注论辩的主体对象和场所,不同的主体可以基于不同的场景选择不同的规则主张对于平等问题进行论辩,以服从、服务于本国的价值选择。平等似乎丧失了一般性讨论的价值,而是放到具体的场景中解决当下的问题,变成了特定主体之间的法律较量。如果从论辩主义角度看该文,平等对待第三国移民工人的目的并非要让区域内所有的国家都接受该主张,而是只需要特定的目标国家接受或者容忍即可。将第三国移民工人的问题放到具体的论辩场所中,根据不同的论辩对象,选择不同的论辩形式、语言选择和斗争策略。

总之,该文作者选择了客观的角度、清晰的结构和充实的实在国家法论

[1] 参见李鸣:《国际法的性质及作用:批判国际法学的反思》,载《中外法学》2020 年第 3 期。

证,为我们认识不平等问题提供了一个全面的切片。透过这个切片,我们看到了欧盟移民法昨天的法律框架、今天的现实法律情况,并和作者一起畅想关于未来的种种设想。更重要的是,我们学着将思维从读者身份转变到作者身份。通过仔细品读作者的理论假设、论证方式和智力渊源,我们有意识地模仿如何解题、架构和论证,思考作文的立场观点和学说选择。把阅读变为有意识地开展写作构思,细细体味他人的写作思维为何会与自己的思维存在差距。关注自己熟悉的领域并进行持之以恒的追踪和探索,逐渐提升自己的理论视野和学术贡献,把"小切口"论文写成有价值的"大文章",将自己训练成为一名合格的国际法论文写作者。

斗争的国际人权法:第三世界的视角

——《支配下的声音:论〈联合国农民权利宣言〉的制定及其意义》读书报告

汪家雨(北京大学法学院2021级国际法学专业博士研究生)

由Lorenzo Gradoni和Luca Pasquet撰写的《支配下的声音:论〈联合国农民权利宣言〉的制定及其意义》是《欧洲国际法杂志》(*European Journal of International Law*)第33卷所讨论的"不平等"(inequality)议题项下的一篇主要涉及国际人权法问题的文章。[1] 之所以选择领读这篇文章,是因为它与我近期的研究兴趣息息相关。第一,该文关注了长久以来在国际人权领域或多或少被遮蔽或忽视的农业和农民问题,特别是与之相关的发展权(right to development)问题。第二,虽然该文并未明确采用第三世界国际法方法(Third World Approaches to International Law),但其采用的自下而上的视角以及研究对象《在农村工作的农民和其他人权利宣言》(United Nations Declaration on the Rights of Peasants and Other People Working in Rural Areas,UNDROP)深深地植根于第三世界国家长期以来所积极倡导的"国际经济新秩序"(New International Economic Order,NIEO)。第三,该文将历史研究与文本分析结合起来,将国际法中的真实冲突具象化,即国际法不仅仅是权力的工具,也是批

〔1〕 See Lorenzo Gradoni and Luca Pasquet, *Voice under Domination: Notes on the Making and Significance of the United Nations Declaration on the Rights of Peasants*, 33 European Journal of International Law 39(2022).

判权力的工具,[1]由此呈现了伴随国际法律制定过程始终的弱者利益与既存权力之间的矛盾,以及这一矛盾如何推动国际法治向前发展。

一、文章结构及评述

全文分为六个部分,除引言及结论外,作者以"拥抱人权"(Embracing Human Rights)、"人权的特殊语言"(Human Rights Vernaculars)、"农民的普遍性权利"(Universal Rights of Peasants)及"软性人权与新的法律制定策略"(Soft Human Rights and New Law - making Strategies)为题,对 UNDROP 的起草与修改过程、由国际组织"农民之路"(*La Via Campesina*)所主导的农民群体的利益表达与国际法专家的规范化重述之间的互动关系等问题进行了详尽、系统化讨论。

在概括 UNDROP 的起草与修改过程的基础之上,作者引入了美国政治学和人类学者詹姆斯·斯科特(James Scott)提出的"支配下的声音"(voice under domination)这一概念,对 UNDROP 的文本变化所体现的权力关系与抵抗意识进行了精彩的分析。从农民群体利用国际人权法的语言表达其核心利益,到人权专家以文书得以在联合国机构通过为目标对其进行规范化转述,这一过程充满着复杂的斗争与合作、抵抗与妥协——这正是国际法律秩序运行的常态。作者更为精细地将其区分为两个阶段:一是专家的规范性语言对于人权诉求的规训,二是主权国家对于特定议题的激烈争议。前者依托于文本的对比研究,例如,"农民之路"发布的 2009 年宣言[2]的原始文本明确提到的"通过真正的土地改革来摆脱饥饿的权利",在专家的建议下被改为了"农业制度的发展与改革";在咨询委员会的草案中仍有所体现的涉及跨国公司在农业部门的专横存在的内容消失在最终的版本中;2009 年宣言所指出的国际法在强加的资本主义全球化当中所起的共谋(complicity)作用也未能得到保留;等等。[3] 后者则依赖于对"筹备工作"(*travaux préparatoires*)的重视,在常规的文本研究之外,作者也将会议录像作为研究的素材,并发现了在最终的记录中被抹去的表态的细节。[4]

---

[1] Martti Koskenniemi, *What is International Law for ?* , Oxford University Press, 2010, p. 52.

[2] "农民"之路于 2009 年发布的文件,完整名称为"*Declaration of Rights of Peasants - Women and Men*"。

[3] *Supra* note 1, p. 50 - 51.

[4] *Supra* note 1, p. 53.

在政策定向学及批判国际法的理论视域下,国际法并不仅仅关乎合作,更关乎斗争[1]。该文的文本研究实际上铺展开了一幅生动的"斗争的国际法"的图景,并在此基础上为"支配下的声音"作出了颇为有力的辩护。比如,面对UNDROP的反对国所提出的强调农民群体的特殊权利有悖于国际人权法的"平等和普遍性原则"(the principles of equality and universality),作者反驳道,平等取得进展,正是因为法律使特定人群(这里主要指既定秩序下弱势群体)得以克服有效享有权利的障碍;[2]或者可以一般性地将之理解为:平等地享有往往是不平等的,离开特殊性去谈普遍性是没有意义的。在此认知的基础上,作者指出了UNDROP所具有的NIEO的底色及其饱受争议的原因,即植根于农民这一弱势社会群体的"农民之路"所主导的斗争性话语很难被纳入新自由主义的治理结构。[3]

激烈的争议同样出现在深受NIEO原则浸润的"发展权"问题上。但是,在作者看来,1986年由联合国大会决议通过的《发展权利宣言》是非常不足的,因为它"忽视了使人权生效所需的手段",而UNDROP列出的一套消除贫困和饥饿的措施恰好能够充实、丰富其内涵。[4] 此外,一些将国际层面的"软法"(soft law)纳入法律解释框架的"基层人权实践"(grassroots human rights practices)也为重振与"发展权"有关的政治进程提供了一种可能的路径。[5]

二、延伸阅读与思考

该文将历史视角与文本研究结合起来,为采用第三世界国际法方法或批判国际法的视野进行国际法相关研究提供了一个出色的范例。与将"平等"作为一种预设前提的法律理论不同,第三世界国际法方法及批判国际法都更加关注国际法秩序下的"不平等",这源于国际法自身发展的历史。近代国际法将标志着欧洲"三十年战争"落下帷幕的《威斯特伐利亚和约》(The Peace Treaty of Westphalia)的签订视为其起点,这与国际法的欧洲中心主义起源紧密相关。在以"欧洲协调"(Concert of Europe)和"均势"(balance of power)为特征的欧洲国际法随列强对外殖民扩张的进程拓展到世界其他地区的过程

---

[1] 参见李鸣:《合作与斗争:国际法的双重功能》,载《地方立法研究》2022年第4期。

[2] Martti Koskenniemi, *What is International Law for?*, Oxford University Press, 2010, p. 53.

[3] *Supra* note 2, p. 56.

[4] *Supra* note 2, p. 59 – 61.

[5] *Supra* note 2, p. 63.

中,国际法被作为一种所谓的“教化”的工具以合法化“文明世界”对于“非文明”乃至于“野蛮”地区的征服和压迫。[1] 赤裸裸侵犯他国主权的领事裁判权、不适用于殖民战争的人道法规则等建立在“文明等级论”之上的国际法实际运行的现实,构成了国际法史中无可逃避的黑暗一章。

第二次世界大战后,随着联合国机制的建立,无论国力强弱的所有国家的平等被作为国际法律秩序下不证自明的前提被确立下来,“文明等级论”也随之退居历史舞台的幕后。“国家主权平等原则”(the principle of sovereign equality of states)被明确写进1970年联合国大会通过的第2625(XXV)号决议《关于各国依联合国宪章建立友好关系及合作之国际法原则之宣言》之中。然而,“书本上的法”(law in books)与“行动中的法”(law in action)依然存在巨大的鸿沟,主要表现为国际法内含的西方中心主义与其普遍性的承诺之间的矛盾。一方面,国际法规则在解释与执行方面的西方中心主义依然主导着国际法律秩序;另一方面,国际法在主体、标准、观念等方面的普遍性对于构建公正、合理的国际法律秩序至关重要,[2]而国际法治内含的普遍性与正义性的承诺使得以少数强者的利益优先的规则解释与执行表现出对于国际法治的明显背离。

随着国际法的普遍性承诺与西方中心主义的旧秩序的张力不断凸显,这一内生的矛盾逐渐在旧的语境下孕育出了新的规则。例如,20世纪五六十年代,第三世界国家主张殖民地人民在根据自决权反对殖民主义时使用武力是合法的,这时,西方国家坚持联合国机制下禁止使用武力的规则适用于这种情况。有学者认为,这时在国际社会中其实出现了两套区域性的习惯法规则(regional custom):一套属于遵循旧规则的国家,另一套属于遵循新提议的国家。[3] 但是,这样一种法律拟制并不能解决新旧规则对撞时产生的巨大裂痕,因为在殖民与反殖民的话语框架下,遵循旧规则和新提议的国家恰好是这一法律关系的相对方,如果两者各自遵循一套习惯法,那么就很难存在以法律的方式解决国际争端的空间。从国际法发展的进程来看,裂痕的产生归根结底

---

〔1〕 Martti Koskenniemi, *The Gentle Civilizer of Nations: The Rise and Fall of International Law 1870 - 1960*, Cambridge University Press, 2002, p. 98.

〔2〕 参见蔡从燕:《国际法的普遍性:过去、现在与未来》,载《现代法学》2021年第1期。

〔3〕 Robert Kolb, *Selected Problems in the Theory of Customary International Law*, 50 Netherlands International Law Review 140(2003).

是国际法在实现其主体的普遍化后对于旧的不平等秩序提出的挑战,第三世界国际法方法正是在这样一种寻求平等的观念的引导下产生的。

在第三世界的斗争中逐渐形成的第三世界国际法方法对于旧秩序中存在的殖民主义与新殖民主义的权力结构极其敏感,这与第三世界人民共同的历史经验息息相关。第三世界国际法学者寻求将国际法从"一种压迫性的语言"(a language of oppression)转变为"一种解放性的语言"(a language of emancipation),从而实现真正的全球正义。〔1〕 若将该文围绕 UNDROP 的制定展开的讨论置于这一广阔的第三世界国际法方法的视野之下,就会发现:农民的权益作为一种"支配下的声音",实际上与19世纪以来所产生的"贸易帝国主义"息息相关,这是一种对于不平等秩序的嵌入式的制度化规训,〔2〕而作者在文章中对此背景有着充分的认知。因此,与法律学者通常所采的专业主义的视角不同,该文关注的是专业主义如何在致力于消除不平等的同时助长了不平等,以及"支配下的声音"如何在既有的法律框架下寻求发挥国际法的斗争作用;而展现国际法律秩序运行的过程中存在的丰富的斗争与合作、抵抗与妥协,正是第三世界国际法方法以及批判国际法为道阻且长的平等愿景所开辟的宝贵道路。

---

〔1〕 Antony Anghie and B. S. Chimni, *Third World Approaches to International Law and Individual Repsonsibility in Internal Conflicts*, 2 Chinese Journal of International Law 78(2003).

〔2〕 参见殷之光:《作为主体的第三世界:行动中的立法者与现代国际秩序的创造——评络德睦〈法律东方主义:中国、美国与现代法〉》,载《人大法律评论》编辑委员会组编:《人大法律评论》(2017年卷第1辑·总第23辑),法律出版社2017年版。

陈一峰老师的私塾

国际组织法律与政策读书会

关于作者

陈一峰

北京大学法学院副教授，主要研究方向为国际法理论、国际组织法、全球治理、劳工保护等。

主讲如下课程：（1）国际法基础理论；（2）国际公法；（3）国际组织法。

总体说明

“国际组织法律与政策读书会”是在法学院课程设置之外所组织的“第二课堂”,2018 年 12 月 ~ 2019 年 5 月,一共举行了 8 次。活动采用读书会的形式,打破老师主讲的模式,由师生围坐,进行圆桌讨论。活动以国际组织为主题,开展跨学科文献的阅读,所选文献涵盖法学、国际关系、政治学、社会学等多学科视角。读书会旨在加深学生对国际组织的理解,通过阅读、讨论、分享和跨学科的对话与交流,拓宽学生的学术视野。

在整合校内外学术资源的基础上,“国际组织法律与政策读书会”于 2018 年 12 月开启。国际关系学院刘莲莲老师与法学院访问教授、亚洲基础设施投资银行资深法律顾问 Peter Quayle 和我一同担任了读书会的指导教师。法学院访问教授 Peter Quayle 从 2017 年开始就与北京大学国际法研究所展开了合作,每年都会在法学院开设有关国际组织法的课程或系列讲座。我和 Peter Quayle 一直都想跳出现有的学科框架,组织感兴趣的学生们阅读和研讨跨学科的国际组织经典文献。在法学院的支持下,我联合国际关系学院研究国际组织的刘莲莲老师,共同组织了这一读书会。两位老师分别从国际组织实践与跨学科两个方面,丰富了读书会的讨论。

在与会老师方面,读书会还有幸邀请到联合国国际法委员会委员、北京大学法学院访问教授村濑信也(Shinya Murase)和亚洲基础设施投资银行资深法律顾问高暄博士等作为读书导师,多次参与了讨论。在学生参与方面,读书会向全校研究生、本科生开放,不限年级、专业,但要求报名学生至少能够出席 3 次讨论。最终读书会共有近 50 名学生报名参加,涵盖了北京大学法学院、国际关系学院、燕京学堂等多个院系的本科生、硕士研究生,一部分校内的外籍学生也参与了讨论。同时,还有来自外交学院、中国人民大学、中央财经大学的外校同学踊跃参与。除此之外,同时期在北京大学法学院交流访问的外籍学者也多次参与了读书会的讨论。

在形式上,读书会没有采用传统的“讲台在上、老师主讲”的模式,而是利用法学院凯原楼的圆桌,让学生与老师围坐在一起,以研讨会的形式讨论文本。读书会主要由学生主导,先由 1 ~ 2 位学生对讨论材料进行总结,提出几个自己关心的问题,其他学生再加入讨论,指导老师会在讨论的最后提出自己对文本的理解。老师们鼓励同学自由讨论,提出自己的观点,强调很多讨论的问题没有“正确答案”,同学们不用担心自己是否说出了正确理解,只需言之有据即可。在学生讨论的过程中,指导老师以旁观者的角色聆听讨论,不时作为讨论者提出新的问题。在形式上,读书会尝试将课堂和学习的过程还给学生,学生作为主导者、主讲者主动阅读和讨论,老师们则通过提出问题而不是讲解的方式引导同学们思考。另外,读书会的所有讨论以英文形式进行。一是因为有外籍老师和同学的参与,二是因为阅读材料本身为英文,使用英文交流沟通更加顺畅,可以避免翻译导致的误解。更为重要的是想通过英文讨论,锻炼和提高同学们用英语思考和交流的能力。

在内容上,几位指导老师选取了写于不同年代、来自不同学科、有关国际组织的文献作为阅读材料。材料涵盖了法学、政治学、国际关系、社会学等多个学科,作者包括来自欧洲和美国的学者。无一例外,这些文献都是学习和研究国际组织必读的经典文本。有的文献从政治学的角度讨论了国际组织存在的意义,以及其在国际社会中的性质和发挥功能的方式;有的文献将国际组织视为一种组织现象,从组织社会学的角度探讨了国际组织与当代的国际组织研究;法律文献则从“国际组织法”这门学科存在的意义入手,并讨论了其与一般国际法、欧盟法等其他学科之间关系。有些文献的讨论比较理论和抽象,比如,讨论了国际组织的“暗含权力”,以及国际组织理论中最有代表性的功能主义理论。有些文献讨论的主题则比较具体和实际,比如,研究了国际组织内部的代表制,探究了国际组织的官僚主义问题以及其在责任制和效率方面造成的影响。将这些文献编排在一起,原因是多方面的:一是这些文献的写作时间跨度很长,能够让同学们以历史的视角去感受人们对于国际组织的想象是如何变迁的;二是跨学科的阅读能够帮助大家跳出法学文献,在历史和广阔的社会背景下,多维度地审视国际组织;三是抽象与具体的讨论相结合,无论参与读书会的同学们未来是从事国际法研究,还是国际组织实务,相信读书会都能够帮助他们更好地理解国际组织的外部角色和内部运行。

8 次讨论会均有相当数量的同学参加,且同学们的阅读材料准备得都比较完备。在讨论过程中,大部分同学能得到机会发言,并与其他同学和老师形成有效互动。几位外籍读书导师十分认可同学们在读书会上的发言和表现,师生之间进行了深入互动与交流。此外,参加读书会的外籍同学表现也十分积极,并能够借助本国的经验以及各自的专业背景与其他同学开展多元化的探讨。总体而言,通过本次第二课堂活动,同学们不仅学习并探讨了国际组织领域经典文献和前沿问题,还锻炼英文阅读和听说能力,并在与各国、各领域内的同学和导师们交流的过程中,开阔了自身的眼界。

组织程序

读书会召开的两周前,北京大学国际法研究所的微信公众号发布了读书会招新通知。报名以向特定邮箱发送报名邮件的方式进行。报名确认后,有关读书会召开时间地点的通知和阅读材料,将以邮件的方式发出。

读书会阅读材料和讨论均采用英文,每次至少有 2 名教师或读书导师出席。读书会一般在周一 18 时开始,时长约为 2 小时。学期中,读书会每两周一次召开。在每次读书会的一周前,参与学生会收到长度为 20 ~ 30 页的阅读材料。老师们鼓励学生在阅读后准备 100 字左右的笔记,并提出 3 个问题,以促进讨论的展开。

经过协调与安排,每次读书会上,有 1 ~ 2 位学生先总结阅读材料的内容,提出自己的问题,其他学生进行回应。随后,学生和参与老师们展开自由讨论,讨论过程以学生为主。最后,由主持教师或读书导师对材料和讨论进行总结。

读书会开始前,法学院国际法专业的硕士研究生会帮忙准备茶歇。在读书会进行的过程中,老师、同学们可以“边吃边聊”,这样的形式在很大程度上拉近了参与者之间的距离,读书会得以在一种轻松、愉悦的氛围中进行。

读书会一共举行了 8 次,2018 年秋季学期共举行了 2 次,2019 年春季学期举行了 6 次。

阅读篇目

1. L. Kenneth W. Abbott and Duncan Snidal, *Why States Act Through Formal International Organizations*, 42 Journal of Conflict Resolution 3(1998).

2. M. Pitman B. Potter, *The Classification of International Organizations*, 29 American Political Science Review 212(1935).

3. Jan Klabbers, *The Paradox of International Institutional Law*, 5 International Organizations Law Review 151(2008).

4. Gayl D. Ness and Steven R. Brechin, *Bridging the Gap: International Organizations as Organizations*, 42 International Organization 245(1988).

5. Viljam Engstrom, *Implied Powers of International Organizations: On the Character of a Legal Doctrine*, 14 Finnish Yearbook of International Law 129(2003).

6. Jacob Katz Cogan, *Representation and Power in International Organization: The Operational Constitution and its Critics*, 103 American Journal of International Law 209 (2009).

7. Chery Shanks et al., *Inertia and change in the constellation of international governmental organizations*, 1981 - 1992, 50 International Organization 593(1996).

8. Jan Klabbers, Contending Approaches to International Organizations: Between Functionalism and Constitutionalism, in Jan Klabbers and Åsa Wallendahl(eds.), Research Handbook on the Law of International Organizations, Cheltenham: Edward Elgar, 2011, p. 3 - 30.

■ 研习成果

国际组织暗含权力的宪法维度

李枚远(北京大学法学院2019级国际法学专业硕士研究生)

在国际组织法的职能主义(Functionalism)视域下,国际组织的暗含权力是一个颇具争议的理论问题。职能主义聚焦于成员国与国际组织之间的委托代理关系,并且强调对于国际组织的赋权。为了正当化国际组织的权力,它将国际组织视为国际共同善的天然代表,并假定其具有非政治性和中立性。一般认为,职能主义具有三个核心假定。首先,成员国通过特定方式将其自身的一些职能委托给国际组织。其次,这些职能将会确定国际组织权力的边界。最后,国际组织将会由此获得权力,同时承担义务。因此,国际组织的上述权力必须是有限的。

然而,随着数以万计国际组织的诞生和发展,以及它们日益深入地参与到国际社会的各种实践活动中,国际组织的职能和权力呈现明显的扩权倾向。从现实的层面来说,国际组织权力的扩大虽然产生了部分问题,但切实地满足了国际社会的各种需要。但从理论的层面来说,这一现实情况是传统的明示权力规则(也有学者归纳为约章授权理论)所无法解释的,因此倒逼了国际组织暗含权力理论的发展,并进而引起了更多对于暗含权力理论的批判和反思。许多学者认为,暗含权力理论在本质上是空洞的,这一理论为在特定情境下国际组织是否应当被允许使用所谓的暗含权力提供任何指导,相关的判断仅能根据现实性的各种实体考量而作出,因而,关于暗含权力理论的研究也不可能产生任何结论性意见。尽管这种批评切中了暗含权力理论的痛点,但无论是从理论还是从实践的层面来讲,这种批评除了解构而言,并不具备明显的建树性。而 Viljam Engstrom 的这篇文章则采取了独到的视角,试图在暗含权力理论中为实体考量和争议解决中寻找一个窗口。

事实上,暗含权力问题并非国际法上独有的问题。以美国法为例,在美国 1787 年《宪法》的起草过程中,联邦党人曾就联邦的权力限度问题与反对者展开过激烈的论辩。最终,美国 1787 年《宪法》采用了"必要且正当"(necessary and proper)这一表述,而这一语义不明的表述并未弥合双方之间的意见分歧,而仅仅只是刻意而为的立法艺术。这也成为美国宪法理论中的职能主义和暗含权力理论得以生发的实定法渊源。在麦卡洛克诉马里兰州等(McCulloch v. The State of Maryland et al.)案中,作为联邦党人的马歇尔大法官作出了说理:"如果对宪法做合理解释,就必须允许国家立法机关拥有为实施宪法所赋予的权力所需手段的自由权利。""一切手段只要是正当的,只要是显然适合目的的,只要并非曾被禁止而与宪法文本及精神相一致的,都是合宪的。"而随着联邦政府活动的日益频繁,联邦政府在事实上的权力不断扩大,以及经济社会的不断发展和变化——与国际法上的情形类似——暗含权力理论自然而然成为"房间里的大象"。就职能主义而言,国际组织和国家之间存在明显的相似之处。而在西南非洲案等一系列案件中,国际法也发展了一套语义不明的"必要性"(necessity)的说理方式,而这使得暗含权力成为一个可松可紧(且在绝大多数时候都极其松散)的口袋,进而招致了广泛的批评和反思。

而在国际法中,暗含权力理论的萌芽最早见诸 1926 年常设国际法院的咨询意见,并成形于国际法院 1948 年损害赔偿案(Reparation for Injuries case)。在该案件中,联合国就其是否有权为其调解人提出国际索赔之相关事项向国际法院请求提供咨询意见。而国际法院认为,在国际法中,这一机构必须被认为享有相关权力,尽管这些权力并未为联合国宪章明确规定,但这些权力是可以通过必要性推论被视为联合国行使其职责所必需的。但是,无论是损害赔偿案,还是此后诸多关于暗含权力的国际司法案件中涉及暗含权力的推理,在国际法学界都颇具争议,并招致了广泛的批评与论争。

在美国法中,自麦卡洛克诉马里兰州等案后,暗含权力理论似乎就自然而然地为美国宪法学界和实务界所接受了。但在国际法中,时至今日,国际组织暗含权力仍然是一个备受争议的话题。两相对比,一个有意思的问题是,暗含权力理论在美国法和国际法上受到的待遇为何会有如此之大的差别?笔者认为,这与国际社会本身的结构特征密切相关。与国内法所对应的社会环境不同,国际社会具有明显的水平性和无政府性。在国内法中,如果州与联邦、地方与中央之间就暗含权力问题产生争议,由于其垂直而有秩序的社会结构,可以根据国内宪法寻找到这一问题的最终裁决者或决定者,而由此作出的决定也将得到广泛尊重。而在国际法中,一方面,并不存在一个机构能够对特定国际组织的暗含权力问题作出有现实约束力的裁决或决定;另一方面,国际组织之间的职能也存在明显的重合和冲突,将暗含权力理论适用于国际组织将加剧这一实践难题。由此,关于暗含权力的理论研究似乎走到了穷途末路——国际社会本身的权力结构一日不改变,关于暗含权力的争议就一日不可能停止。而这样的结论无疑是令人沮丧的。

而在这智识的废墟之上,Viljam Engstrom 却做了另外一种发现式的尝试,并使得我颇有些豁然开朗。他认为,暗含权力的不确定性不应当被视为一个问题,国际组织的暗含权力没有明确的边界并不代表其没有边界。由于法律语词的有限性,法学研究中注定有许多概念是无法用确定的语言进行阐发的。对于赋予国际组织暗含权力的"必要性"的阐释注定是一个活动的法律解释的过程。与许多的法律解释一样,也许没有一种解释称得上是绝对正确的法律解释,但对特定解释的怀疑、反思和挑战却能够在相当程度上保证暗含权力使用的正当性。这一过程恰恰是暗含权力理论本身的价值所在。而笔者认为,国际社会多中心的复杂权力结构能够使得这种怀疑、反思和挑战的过程更为常见和持久。正是在这个意义上,暗含权力的不确定性很难在实践中构成一个国际社会的现实问题。以联合国海地霍乱事件为例,当联合国在行使"暗含权力"的过程中产生一些问题之后,来自国家、其他国际组织和国际社会的舆论足以倒逼联合国审视其在整个事件中扮演的角色和不良损害发生的具体原因,并进而承担相应责任。这种制约的力量是极为强大的。

饶戈平教授认为,“国际组织行使暗含权力,既为其取得最大成就开辟道路,又为其犯下错误创造条件。它既要发展,又不能偏离原有基础和精神,问题的复杂性就在于此”。笔者对此极为认同。正是以这一复杂的国际社会现象为背景,暗含权力理论本身蕴含着两层含义:一方面,其是对于国际组织既有权力和基于此开展的活动的肯定和确认,进而成为国际组织暗含权力的合法性依据;另一方面,这一理论亦通过“必要性”和“正当性”限制了现实中国际组织的权力。因此,这一理论和马伯里诉麦迪逊案类似,都是失之东隅、收之桑榆。我们需要看到这一理论的价值。

未名湖畔好读书(代后记)*

在北京大学法学院,有一类教学课程计划之外的研学活动,以培养学生独立之研究精神为己任,强调师生间交流对话,为法学生获得“定制式”的深层次研学提供可能。这就是北京大学法学院“第二课堂”。

第二课堂的教改项目脱胎于师生们自发组织的各种读书会。“第二课堂”是教师在“第一课堂”的正式课堂与标准课时之外,不计薪酬、自愿开展、自选形式的体系性与规律性的教学学术活动,学生结合学术兴趣自愿地加入,在内容上以读书和理论研究为重点,侧重学生综合性学术能力的养成性栽培。“第二课堂”教学项目每半学年为一期,平均每 1 至 2 周举办一次,由一名或多名教师领授,班型呈几人到十几人的小班规模。

秉持着学术自由的教育理念,自 2018 年秋季学期以来,法学院师生在第二课堂中已渡过了 5 个学年,三十余位教师参与立项,并圆满完成了上百个教学改革项目。三尺讲台之外,或同读书,或辩议题,或评习作,或增视野……师生的互动间蕴腾着汩汩不绝的学术烟火气,“传道、授业、解惑”的为师者之景似应如是。

一、斯“塾”若彩虹,遇上方知有

作为对法学教育的创新性探索,“第二课堂”项目就如一堂私塾课,引领学生领略法学研学道路上的独特风景。

从各种第二课堂的内容来看,老师们比较关注学生在方法论、分析能力和研究能力等方面的创新性培养,并在这一基础上建立批判意识,以灵活知识的运用。在选材上,第二课堂多聚焦前沿理论问题、最新研究成果、社会科学经典文献,以丰富的经典学著导读、学术前沿研讨、校外名家访谈、学术成果讲评等形式推进活动。在第二课堂中,同学们可以跨方向自主选择参加,来去自

---

* 原文载于 2021 年 3 月 23 日“中国法律评论”微信公众号。

由,没有出勤的束缚。自由的形式并不代表散漫,大部分学生参与第二课堂时都主动做了较为详尽的发言准备,延伸了学生课堂的学习链条;一些现场阅读的课堂形式,则对学生的即时反应能力和基础知识储备提出了更高的要求,督促了学生对课外知识的积累。

于学生而言,第二课堂为其提供了传统人才培养方式之外、更具个性化的高阶教育资源;于教师而言,第二课堂使教师更从心地回归教书育人的职业本位,破解科研成果与教书育人衔接的难题;于学院的学科建设而言,第二课堂促进了北京大学法学院各学科的学科优势向人才培养优势的转化,对学科后辈人才的发现、学生学术底蕴的建塑、学生创新能力的养成均有重要意义。为此,北京大学法学院众多学科的法学研究平台都提供了教学支持:法学理论学科、法律史学科、宪法与行政法学科、刑法学科、民商法学科、诉讼法学科、经济法学科、国际法学科、知识产权法学科均开设了第二课堂。

第二课堂在实践中探索形成了开放、多元的崭新教育样态:在这之中,有从传统走向传承的经典读书会,有"纸上终浅""绝知躬行"的案例研讨,有日积跬步常为常新的学术评议,也有十年树木开启学智的能力探培……多种培养路径的探索,并不是为一些教育形式的外在涂抹的"糖衣",而是师生付出心血精心耕耘的排排田垄。师生在量"法"而授、因材施教的互动中迸发出思想的火花:在过往的课堂中,老师、学生译读形成的外文经典文献译本拟提交出版;立法专题研讨形成了专业的修法意见;论文评议后进一步完善的学术成果获得发表;在前沿话题的讨论中,很多学生找到了学术兴趣点,提前锁定了毕业论文的研究主题……

作为第二课堂教改项目的推动者,车浩老师特别提到,北京大学的读书会传统源远流长,在课堂之外另设"私塾",面对面一起读书和讨论,始终在北大师生间有着不可取代的魅力。"因为它体现了一种独特的师生关系,一种在正规课堂之外展开的深度智识交流,一种因材施教的教育理想。"

二、对话"第二课堂",漫谈法学教育

"第二课堂"不像空中楼阁一样高悬着,它始终建立在一个非常扎实的基础上,这个基础就是师生现实地投入心血、付出努力。多样培养、不断调整的背后,是老师们对教学的真心与"较劲儿"。围绕第二课堂,授课的老师们形成了诸多思考。既有和弦般的认识共鸣,也有此消彼长的思想碰撞。"和而不

同,美美与共”,在对话间,又让我们对第二课堂的存在有了更为深入的观察。

第二课堂项目的教学形式来源于“百廿北大法学”在薪火相传的教学中萃取的精华成分。彭冰老师指出,从20世纪以来,以读书会为主要形式的第二课堂就普遍出现存在,学生们在与老师、同学的充分互动中能够不断得到激励,获得共同的成长。

办好读书会,本质上在于形成正确的教学理念、传授正确的学习方法,为此很多老师都投入了很大心血。常鹏翱老师分享到,阅读方法对于读书会很重要,把握正确的读法,能够形成对某个理论学派思想脉络的掌握;肖江平老师强调,老师可以将研究成果、学术积累向第二课堂输送并形成共享,通过师生互动的研究经历实现对学生规范、沉浸式的学术训练;张平老师指出,第二课堂要坚持以按需培养为驱动,基于同学们已经形成认识,并希望能在相关领域做进一步的研究热情,实现师生的互相促进推动;章永乐老师分享到,读书会上除了常规内容,还可以借助诗歌所记录的经验,深入到对文明传统或重大历史事件的回顾和思考。

对于读书会的教学效益与成果,很多老师都指出要保有耐心与信心,不拘此处、心怀远方。张骐老师认为,在读书会中阅读的纯粹哲学著作,在法学层面很难说有直接的帮助,但“无用”也有“大用”,长期的基础积累能够为推陈出新奠定基础;李红海老师认为,读书会的逐步推进很现实地存在自然淘汰过程,能力培养也不是一蹴而就的,既需要长久的坚持,也需要尽早形成兴趣、培养专业素养;张双根老师认为,读书会的培养效果往往取决于个人的投入程度,这种方式能够引导学生花时间读书,减少投机取巧。

第二课堂投入诸多额外精力的教学与培养,与第一课堂最终殊途同归,助益着学生的成长成才。楼建波老师认为,第二课堂除了具有培养学生能力和拓宽学生知识面的重要性,更重要的一点,是让学生学会处理问题;杨明老师指出,第二课堂能够促使同学们在学术研究中,明白自身的不足,通过不断地阅读,提升研究视野、问题意识和研究方法;刘哲玮老师指出,读书会对于学生的最大意义在于可以使大家静下心来读一些理论书籍,在读书会的时光里,每个人都能很愉悦地享受这个阅读过程,感受读书的乐趣,开阔视野,展现不同的知识结构。

结合第二课堂的实践,很多老师对法学教育形成了更为立体的反思,并踏出从理想到现实的第一步。葛云松老师认为,通识教育在法学教育中意义重大,设置通识类读书班能够使学生具备哲学、人文与社会科学的良好基础和贯通能力,应当从本科低年级抓起,在学生最没有成见、各方面处于萌芽状态时给予充分的指导与培养;凌斌老师强调,阅读经典著作、接受杰出头脑的训练是很重要的,北大学生应当深入阅读哲学、社会学、经济学、政治学领域的经典作品;陈一峰老师指出,今后的法律人才要面临日益全球化的工作环境,在法学教育中要注重培养跨文化交流的能力,使学生拥有能够跨越自身文化去理解别人文化的兴趣和心态,拥有能够与他人沟通、论辩、说服的能力,建构跨文化的法律概念理解;何其生老师分享到,法学教育中要注重内在修养和外在修为的结合,要注重对学生的综合素质培养,在掌握知识的同时强调逻辑与思维的训练。

三、北大精神与"第二课堂"

进入新时代,新文科教育改革的聚焦是终身学习、自主学习,本质在于创新性学习,以指导创新性社会实践。国家将法学本科教育的功能定位于基础性教育,研究生教育则应培养学生搭建知识的体系网络、规则运用和理论融通的能力,由此需要高等教育培养学生扎实的理论分析能力和思维方法。法学学科作为应用型的社会科学,具有面向社会问题的特质,需要专业人才具备以理论分析工具系统分析问题的创新能力。消除教育的积弊,不仅需要思考整体的教育理念,还需要从具体的教学模式上加以探索。"第二课堂"在此方面做出了自己的特色。

第二课堂项目能够顺利推进、广泛开展,根本上得益于北京大学法学院老师们的无私奉献与支持。第二课堂所开展的各种读书会、案例沙龙活动,并不是学院推动老师们去开展的活动,而是老师们的行动感召了学院,积土成山,才使学院能够搭建起第二课堂教学项目。对此潘剑锋老师表示,"第二课堂为学生拓展学术视野,养成良好的读书习惯,以及促进师生之间的学术互动,搭建了一个很好的平台,也体现了北大法学院教师关爱学生、乐于奉献的情怀"。

提到自己的同事们,车浩老师深感自豪,"北大老师的精神,不是靠学院管理和号召出来的。所有这些举办读书会活动的老师们,从来没有主动地向学院提出任何方面的要求,而是把这当作一种很自然的为师之道与为学之道。这是非常令人感动和敬佩的。不是因为有了第二课堂这样的教学项目,然后老师们才去开展各种读书会、案例沙龙等,而是因为先有了老师们这些无私奉献的读书会活动，才有了学院设立‘第二课堂’教学项目的想法，觉得有义务去支持、弘扬和鼓励这样的精神”。

刘哲玮老师对此也颇为感触，“在这个快节奏的时代，教师们往往忙于应付各种科研考核、社会活动，而对作为本职工作的教学不够关注。但北大法学院的老师不仅在课堂教学上倾情投入，而且愿意自带干粮不计时间和报酬地带领学生在课余开展读书会、案例阅读会等活动。这些活动不仅拓宽了同学的知识边界，更重要的是形成了坚持读书和研讨的良好学风，也给老师和学生提供了从容沟通的交流空间。近年来学院对这类第二课堂的支持和肯定，更加调动了老师们组织和参与的积极性”。

大师身边宜聆教，未名湖畔好读书。未来，北京大学法学院会持续推进、继续支持“第二课堂”教学项目，努力塑造一批具备影响力、可借鉴的“法学私塾”，号召更多的法学教师创新教学活动、增加教学供给，引领更多法科学子在记忆性的学习之外，能够深度思考，领略学术的无限风光。敬请期待！